中国語における
"把"構文の研究

連語論の視点から

小路口ゆみ 著

白帝社

まえがき

　小路口ゆみ氏は本学大学院博士課程前期課程で高橋弥守彦先生に師事し、連語論を学ぶとともに"把"構文を研究テーマとして修士論文に取り組んだ。高橋先生のご定年により、その後、大島が小路口氏の指導を引き継ぐことになり、氏は連語論に加え、通時的観点および認知言語学の研究手法を用いて博士論文を完成させた。本書は氏の博士論文で得られた成果と論点を整理し、そこに現在における最新の知見を加え、まとめられたものである。

　通時的観点というのは、主に清朝後期から清末にかけての、19世紀後半における明治政府の外交方針に基づく北京官話受容期に編まれた北京官話教科書を主たる言語資料として、現代中国語の視野だけでは解明しにくい問題を歴史的に俯瞰しつつ、ほぼ150年間の言語的変容をたどる研究手法であった。普通話成立以前の時期における、しかも明治期に編まれた官話テキストを言語資料に"把"構文の通時的変化をたどり分析する研究は、日本において前例を見ないものであった。

　小路口氏が"把"構文の研究に取り組むことになった契機には、教育経験上の問題意識が深く関わっているようである。中国語ネイティブにとって使用上の困難が何ら感じられない"把"構文が、日本人学習者にとっては感覚的にもつかみにくい文法項目であり、教師の側からすれば細かな文法規則の説明に加え、文法上の誤りを訂正する際の「なぜそれではいけないのか」という問いに対する理論的説明が難しいことは贅言を要しないであろう。

　中国語は類型論上、SVO・前置詞型言語に分類され、日本語のSOV・後置詞型とは対称的な語順により文を構成する。ところが、"把"構文はSVO型中国語にあってSOV型への傾斜を示す言語現象であり、北方語に"把"構文が存在する理由について、どう理解し解釈すべきかという論理構造上の問題が浮かび上がる。中国語の情報構造が本書の論旨にとって重要な位置付けがなされることになるが、体系的な理論を構築するには先ず丹念な事実摘示と分析、総合が求め

られる（第一部「中国語における"把"構文の特徴」）。小路口氏はこのような
問いに独自の結論を見出すべく、連語論の枠組みを基に考察を重ねたのが本書
第二部「"把"構文が存在する理由」である。

　"把"構文は王力博士が 1943 年に《中國現代語法》の中で「処置式」と命名
して以来、今なお多くの研究者の探求心を掻き立て止むことがない。王力先生
が提起された「処置」の基本義は、「"把"によって示される受け手（客体）に
対する仕手（主体）の能動的働きかけ（処）と、それによってもたらされる結
果（置）」を意味するものと想像されるが、実際の用例からうかがわれる意味領
域は我々の予想を超えて広く、且つ単純ではないことは小路口氏の示す例及び
結論からも明らかである。

　中国における研究のスピードは極めて速く、新たな成果が大量に産出されて
いる。"把"構文についても例外ではなく、これらを網羅することは困難を極め
る。現代における情報の洪水の中にあって、本書は小路口氏にとっての里程標
であると同時に、"把"構文の探求にとっても一つの成果として、後に続く研究
者に資する重要な論考として評価され続けることを願ってやまない。

大東文化大学外国語学部中国語学科教授　大島吉郎

iii

目　次

まえがき i
序　論 3
　0.1 本研究の目的と意義 3
　0.2 "把"構文についての先行研究 5
　0.3 連語論に関する先行研究 30
　0.4 本書の構成 35
第一部 中国語における"把"構文の特徴 37
第一章「変化のくみあわせ」とは 38
　1.1 はじめに 38
　1.2 先行研究 40
　1.3 "把"構文の意味分類 42
　1.4「変化のくみあわせ」の定義 49
　1.5 おわりに 52
第二章 "把"構文の客体について 53
　2.1 はじめに 53
　2.2 "把"構文及び"把"の客体に関する主な先行研究 53
　2.3 本章における「定」と「不定」の定義づけについて 65
　2.4 話し手と聞き手の立場からみる客体の「定性」 70
　2.5 単語レベル・連語レベル・文レベル・文脈レベルからみる「定性」 ... 78
第三章 "把"構文における動詞について 91
　3.1 はじめに 91
　3.2 中国語における動詞の分類 92
　3.3 従来の考え 94
　3.4 文構造の角度からの分析 96
　3.5 語義の角度から分析する 103
　3.6 おわりに 106
第四章 "把"構文における「その他」について 108
　4.1 "把"構文における「その他」の分類 108
　4.2 "把"構文「名詞₁＋"把"＋名詞₂＋動詞+"了"」について 120
　4.3 "把"構文の可能表現について 128
　4.4 "把"構文における可能表現の否定について 138
第五章 "把"構文の主体について 147
　5.1 はじめに 147
　5.2 "把"構文の先行研究 148
　5.3 "把"構文における客体の変化について 148

iv

5.4 "把"構文における主体の変化について.............................149
5.5 おわりに...153

第二部 "把"構文が存在する理由.......................................155

第六章 「"把"＋空間詞」の"把"構文について.........................156
6.1 はじめに...156
6.2 空間詞の先行研究について 157
6.3 「"把"＋空間詞」構文の語義について...............................159
6.4 「"把"＋空間詞」構文と"在字句"との異同について.............161
6.5 おわりに...164

第七章 "把"構文における使役表現について...........................166
7.1 はじめに...166
7.2 使役表現についての先行研究.......................................167
7.3 「作用使役」の名付けについて.....................................171
7.4 "把"構文と"使"構文の異同について..............................172
7.5 おわりに...177

第八章 "把"構文における副詞の位置について.........................179
8.1 "把"構文における副詞"都"について..............................179
8.2 "把"構文における副詞"又""再"について.........................191

第九章 "把个"構文について...203
9.1 はじめに...203
9.2 先行研究...204
9.3 "把个"構文における"个"について................................206
9.4 "把个"構文の意味について 211
9.5 おわりに...216

第十章 実例からみる"把"構文の日本語訳の傾向.....................217
10.1 はじめに..217
10.2 "把"構文及び"把"構文の客体に関する種類.....................218
10.3 実例からみる"把"構文の日本語訳...............................221
10.4 おわりに...229

終 章..230

言語資料..232

参考文献..233

図表一覧..245

あとがき..247

索 引..249

中国語における“把”構文の研究

——連論語の視点から

序　論

0.1 本研究の目的と意義

　言葉は現実を反映する。しかし、一つの現実を反映するのにさまざまな表現がある。コップに残った半分の水を見ると、「水は半分しか残っていない。」と表現する人もいれば、「水は半分も残っている」と表現する人もいる。「張三さんが李四さんを殴った。」という現実を捉えて、

(1) 张三打李四了。（張三が李四を殴った。）（筆者訳 [1]、下同）

(2) 张三把李四打了。（張三が李四を殴った。）

(3) 李四被张三打了。（李四が張三に殴られた。）

　例 (1) は主動賓構文であり、「張三が李四を殴った。」という事実を客観的に述べている。例 (2) は"把"構文であり、張三が李四を殴って、張三がこの行為の責任者であるということを表す表現である。例 (3) は受身文であり、李四が被害を受けたことを表している。例 (2) は"把"構文であり、その日本語訳が例 (1) の主述文と同じであっても、話者の表現の意図は例 (1) とは違う。そのため、これは日本人の中国語学習者にとっては、最も習得・把握しにくい文法表現の一つであると言えるだろう。

　"把"構文は中国語文法の中で最も重要な文構造の一つである。罗竹风（2003 : 420〜427）は"把"の意味については"①握；②谓一掌所握的粗细或多少"などとする。また、《现代汉语词典》第 7 版（2016 : 20〜21）によれば、介詞 [2] の用法もある。同辞書（644〜645）によれば、"将"の一つの用法が介詞

---

1) 日本語訳に特に言語資料が書かれていない場合は、すべて筆者が訳したものである。
2)《现代汉语词典》第 7 版（2016 : 20〜21）によれば、"把"は介詞もある。"a) 宾语是后面动词的的受事者，整个格式大多有处置的意思，把衣服洗洗。b) 后面的动词，是 '忙、累、急、气' 等加上表示结果的补语，整个句子有致使的意思：把他乐坏了。c) 宾语是后面动词的施事者，整个格式表示不如意的事情：正在节骨眼儿上偏偏把老张病了。"

"把"の用法である。よって、本研究の範囲は"把"構文から"将"構文まで
カバーする。本研究は"把"構文と"将"構文を中心に、分析・考察する。

　従来の研究と違って、本研究は中国語の"把"構文について研究するだけで
はなく、その上に、"把"構文と関連する文型（"使"構文と"在字句"など）
と比較しながら、"把"構文が他の文型に取って替えることができない理由を明
らかにしたい。なぜなら、それも"把"構文が存在する理由の一つだと思って
いるからである。

　従来、各言語学者は"把"構文について、主に三つの角度から研究してきた。
第一に、語用或いは機能の角度からの研究であり、代表的な言語学者は张旺熹
（1991：88～103）、王一敏（1993：122～124）、金立鑫（1997：415～423）である。
第二に、意味の角度からの研究である。その中で、"処置"説を主張するのは王
力（1943：160～172）と宋玉柱（1979：84～85）と王红旗（2003：35～40）であり、
受事主語文を主張するのは朱德熙（1982：185～189、2010：164～169）であり、
"影响"説を主張するのは薛凤生（1987：4～22，1994：34～59）と金立鑫
（1993：361～366）と崔希亮（1995：12～21）であり、"位移"説を主張するの
は张伯江（2000：28～40）と张旺熹（2001：1～10）であり、"処置"でもあり
"致使"でもあると主張しているのは刘培玉（2001：17～19）であり、"主观処
置"説を主張するのは沈家煊（2002：387～399、478）であり、"致使"説を主張
するのは郭锐（2003：152～181）と叶向阳（2004：25～39）であり、"焦点标记"
説を主張するのは邵敬敏と赵春利（2005：11～19）である。第三に、構造の角度
からの研究であり、吕叔湘（1948：169～191）、胡附・文炼（1995：116～124）、
沈阳（1997：402～414）などが代表的な先行研究である。

　本研究は先行研究に基づき、連語論の観点を取り入れて、"把"構文について、
以下の二点の角度から、検討することを試みる。

　まず、"把"構文の文構造は「名詞₁＋"把"＋名詞₂＋動詞＋その他」であり、
一般的に"把"構文を成立させるための成立条件および名詞₂と動詞とその他の
制約は様々である。中でも、"把"構文の"把"の客体が定であるか不定である
のか、"把"構文の動詞がどのような特徴をもっているか、"把"構文の中の
「その他」がどんな要素が含まれるか、さらに、"把"の主体の変化についても
考察する。

序論　5

　次に、"把"構文が存在する根拠についてである。"把"構文と他の文型との相違点はもちろん、主に「"把"＋空間詞」の"把"構文と「名詞＋"在"＋空間詞＋動詞」の構造の文との異同、"把"構文で表される使役表現と"使"構文の異同について分析し論じる。さらに、"把"構文における副詞の位置についても論じる。例えば、「張三さんが李四さんと王五さんの二人のどちらも殴った」を表現する場合、例 (4) によってしか表現できない。例 (5) は非文である。

　　(4) 张三把李四和王五两个人都打了。
　　(5) ＊张三都打李四和王五两个人了。

　また、"把个"構文の意味についても論じていて、最後に、日中対照の視点からみる"把"構文の"把"の客体の日本語訳の特徴などについても考察する。
　この一連の調査と研究は実用・教育・研究の各方面から見ても、中国語の学習者および中国語教師にとっても、基本的な知識を提供する研究として有益であると思われる。

0.2　"把"構文についての先行研究
0.2.1 語用論および機能の角度からの先行研究
　"把"構文について語用論或いは機能の角度からの先行研究では、以下の言語学者が行っている。张旺熹 (1991：88～103)、王一敏 (1993：122～124)、金立鑫 (1997：415～423) である。

0.2.1.1 张旺熹 1991
　张旺熹 (1991：88～103) [3]は、"把"字構造の意味及び語用についての詳細な

---

3)　张旺熹 (1991：88～103) によれば、"'把字结构'，作为一个相对完整的独立的语法、语义单位。它以表达与目的意义紧密相关的语义内容为本质特征。它包含了三层含义：第一，'把字结构'本身表达目的的意义；第二，'把字结构'表达目的的实现—结果的意义；第三，'把字结构'表达了特定的目的而执行特定的行为动作—手段的意义。'把字结构'在语用上的基本规律是，它始终处于一个明确的因果关系（包括条件关系、目的关系）的意义范畴之中，当人们强调这种因果关系时，便使用'把字结构'的语句形式。"

分析と研究を行っている。その結果、"把"字構造は一つの相対的に完全な独立した文法、語義単位であり、目的意味に関連する語義内容を表すことを本質的特徴とする、としている。

張(1991)によれば、"把"字構造には以下の三つの意味が含まれている。

①"把"字構造自体は目的の意味を表す。

②"把"字構造は目的の実現―結果の意味を表す。

③"把"字構造は特定の目的のため特定の行為を行うこと―手段の意味を表す。

"把"字構造の語用上の基本ルールとして、それは終始一つの明確な因果関係（条件関係、目的関係）の意味の範疇内にあり、このような因果関係を強調する場合、"把"字構造の語句を用いると述べている。

0.2.1.2 王一敏 1993

王一敏（1993：122～124）は、語用論の観点から"把"構文の構造を分析している。典型的な"把"構文は NP₁ 把 NP₂VP（NP は名詞或いは名詞フレーズを指し、VP は動詞フレーズを指す）であり、NP₁、NP₂ はともに文の話題である。これは"双话题成分"（ダブル話題成分）と呼ばれ、王一敏（1993：122～124）は以下のように述べている。

> "把"字句话题成分所反映的说话者谈论的话题是在预设命题和"先行一步"策略的基础上产生的。所谓双话题成分，即"把"字句句首的名词或名词短语（NP₁）和"把"后名词或名词短语（NP₂），它们作为两个话题成分共同体现一个谈论话题。（"把"構文の話題成分に反映される話者が言おうとする話題は前提命題と「先手を打つ」（情報を先行させる）のストラテジーの基礎の上にできたものである。いわゆるダブル話題成分とは、即ち、"把"構文最初の名詞或いは名詞フレーズ（NP₁）と"把"の後の名詞或いは名詞フレーズ（NP₂）であり、それらは二つの話題成分として、同じ議論の話題をともに表す。）

0.2.1.3 金立鑫 1997

金立鑫（1997：415〜423）は、主に"把"構文の構造、文脈について分析している。

金（1997）は、"把"構文の構造には以下の三つの種類があり、それはA把B－VR、A把B－V、A把B－DV/A把B－V－NMであり、使用された動詞は必ず結果補語、または趨向補語、または動量補語を伴うか、動詞の重ね型を用いるか、或いは前置詞と一緒に使われるかのうちのどれかである。これらの動詞はいずれも「V得」構造に用いることができ、「他動詞」がそのほとんどを占めていて、「自動詞」は一般的に"把"構文に用いられることがないと述べている。

0.2.2 語義の角度からの先行研究

語義の角度から見た研究は以下の通りである。"処置説"を主張する王力（1943：160〜172）と宋玉柱（1979：84〜85）と王红旗（2003：35〜40）、受事主語文を主張する朱德熙（1982：185〜189、2010：164〜169）、"影响"説を主張する薛凤生（1987：4〜22、1994：34〜59）と金立鑫（1993：361〜366、1997：415〜423）と崔希亮（1995：12〜21）、"位移"説を主張する张伯江（2000：28〜40）と张旺熹（2001：1〜10）であり、"処置"でもあり"致使"でもあると主張している刘培玉（2001：17〜19）、"主観処置"説を主張する沈家煊（2002：387〜399、478）、"致使"説を主張する郭锐（2003：152〜181）と叶向阳（2004：25〜39）、"焦点标记"説を主張する邵敬敏と赵春利（2005：11〜19）。さらに、近年では、認知文法などの角度から研究している言語学者も現れてきた。認知文法の角度から研究している张黎（2007：52〜63）、"句式群"の角度から研究している施春宏（2010：291〜309）、"语言信息结构视角"から研究している陆俭明（2016：1〜13）、"述结式""把"構文を研究している王璐璐・袁毓林（2016：54〜63）などである。

0.2.2.1 王力 1943

王力はもっとも早い時期に"把"構文が"把"の客体を"処置"（「処置」）するという考え方を提示し、それを"処置式"（「処置式」）と命名した。"処置式"

8

（「処置式」）[4] について、王力（1943：161）は見解を述べている。

王力によれば、処置式とは、人をどのように配置し、どのような影響を及ぼすか、どのように扱うか。或いは、物をどのように処置し、事をどのように進めるかである。それがもっぱら「処置」のために作られているものである以上、行為が処置の性質を持っていなければ、「処置式」を用いることはできない。時には、「処置式」は本当にある種の処置を表しているのではなく、単にそのことがほかの影響を受けた結果であり、或いは自分がコントロールできないことを表すこともあると主張している。また、"偏又把凤丫头病了"（あいにく"凤丫头"に病気にかかられてしまった。）という文を"処置式的活用"や"継事式"と命名した。さらに、"継事式并不表示一种処置，只表示此事是受另一事影响而生的結果。"と述べている。

"把"構文が「処置」を表すという王力（1943：160〜172）の指摘は、それ以降の"把"構文の研究に極めて大きな影響を与えている。

0.2.2.2 宋玉柱 1979 1981

宋（1979：84〜85）は、"把"構文の処置が広い意味での処置であると説明し、処置について、以下のように述べている。

> 句中谓语动词所表示的动作对"把"字介绍的受动成分施加某种积极的影响，这影响往往使得该成分发生某种变化，产生某种结果，或处于某种状态。（文中の述語動詞が表す動作が"把"によって表される受動成分に対して、ある種の積極的な影響を与え、その影響は往々にしてその成分に変化を起こさせたり、ある種の結果に至らしめたり、ある種の状態下に置いたりする。）

4）王力（1943：160〜173）によれば、処置式是指把人怎样安排，怎样支使，怎样对付；或把物怎样处置，或把事情怎样进行。它既然专为处置而设，如果行为不带处置性质，就不能用处置式。例：便把手绢子打开，把钱倒了出来。……有时候，处置式并非真的表示一种处置，它只表示此事是受另一种影响而生的结果。例：谁知接接连连许多事情，就把你忘了。或不由自主的事。例：小红不觉把脸一红。

さらに、「主―述―賓」構文と“把”構文の区別は以下のように述べている。

　　　“主-谓-宾”句式强调的是宾语，而“把”字句则强调动词代表的动作
　　对受动成分的处置作用。（「主―述―賓」構文は賓語を強調しているが、“把”
　　構文は動詞が示す動作が受動成分に与える処置作用を強調する。）

よって、宋（1979）はこの二つの文は完全に違う種類の文であると主張している。

宋（1981）は、前述の“把”構文の処置が広い意味での処置であると述べているほか、“把”の賓語が“有定”であるかどうかについても以下のように述べている。

　　　早期的“把”字句“宾语”可能必须是有定的，但由于表意的需要，这
　　条规律逐渐在变化，在某些情况下，已被突破。但语法又有其稳定性特点，
　　完全改变原来的规律要有一个较长的历史过程。所以今天还有很多“把”字
　　句必须是有定的。（早期の“把”構文の「賓語」は基本的に「定」でなけれ
　　ばならなかったかもしれないが、意味を表すことの必要性によって、その
　　規則はだんだんと変化してきて、ある種の状況下では、破られていること
　　もある。しかし、文法は安定性の特徴があるので、元々の規則を完全に変
　　えるには長い年月を必要とするものである。そのため、今でも多くの“把”
　　構文の賓語は“有定”でなければならない。）

0.2.2.3 朱德熙 1982 2010

　朱德熙（1982：185〜189）は、“把”構文が受事主語文と関連していると主張している。また、朱德熙（2010：164〜169）[5]は、大部分の“把”構文が“把”

5）朱德熙（2010：164〜169）は、以下のように述べている。“绝大部分的‘把’字句，去掉
‘把’字剩下来的那一部分都能站得住；而这类句子中的大部分，主语在意念上是受事。因
此，我们可以假定在某些受事主语与‘把’字句之间有变换关系。即：No+VP←→把
+No+VP，我们用双箭头表示这个变换关系的方向是不确定的，其所以不确定是因为我们还
不能确定变换为‘把’字句的‘No+VP’的范围。（中略）受事主语句和‘把’字句在以下两

10

字なしで、文として成り立つとしている。これらの文の主語は意識上において受事であり、よって、私たちは一部の受事主語文と"把"構文は変換関係を持つと仮定できる。いわゆる、「No+VP←→把+No+VP」である。（中略）受事主語文と"把"構文は以下の二つの点において共通している。

①両文型の主語はともに受事であり、しかも意識において特定である。
②両文型の動詞はともに複雑なものである。
　朱（1982）は、「主語説」と主張しているが、実際には主語は受事ではない文は少なくない。

　　(6)　把伙计们都累跑了。(朱德熙 1982：185～189)[6]
　　　　召使いたちはみな疲れはて、逃げてしまった。

　例 (6) の"把"の賓語である"伙计们"は受事ではなく、"施事"である。

0.2.2.4 薛凤生 1987 1994

　薛（1987）[7]は"把"構文の構造を「A把B+VP」と定めた上で、その語義意味は（Aがかかわることにより、BはVPの表す状態になった）である。そして、「A把B+VP」の構造中のA、"把"、B、VPのそれぞれについても論じている。
　①「A把 B+VP」中のAは"把"構文の主要なトピックではなく副次的なトピックである。VPはBと直接的な関係があり、Aとは間接的な関係である。"把"構文において、Aは省略することができる。Aの"把"構文での役割はAがあるから、"把"によって結び付けられて、BがVPの表す状態になることで

点上是共同的：①主语都是受事。而且在意念上是有定的；②动词都是复杂的。"
6) 先行研究にある例文の番号は筆者がつけたものである。以下の先行研究の例文番号も同様である。
7)　薛凤生（1987：4～22）によれば、"'把'字句中的'把'只能是一个单一的语素(morpheme)；'把'字句中的VP必须是一个说明由于某一行动而造成B的某一状态的描述语段(a descriptive statement)；'把'字句中的B必须是句子的首要主题（main topic）；'把'字句中的A只能是句子的次要主题（secondary topic）."

ある。

　②「A 把 B＋VP」の"把"はただの単一の語素である。このため、"把"構文のそれぞれの用法に共通点がある。

　③「A 把 B＋VP」の B は"把"構文の主要な話題であり、VP の主語である。よって、B を省略することができない。B になるものは必ず"定指"である。

　④「A 把 B＋VP」の VP は、ある動作によって B をある状態にもたらす記述的な表現（a descriptive statement）でなければならない。

　さらに、薛（1994）[8]は、"把"構文（「A 把 B＋C」）の意味については「A がかかわることにより、B が C の表す状態になる」であり、その内、「C」が「V_1＋V_2」である場合、V_1 は状況語であり、V_2 は中心語であると述べている。しかも、"把"構文の特性としては、文中の「B」は述語「C」の主語であり、「B」は全文の主要な話題であり、その中の「B＋C」は"把"構文と同じ意味の文になれると主張している。

　しかし、「B＋C」が主述文として成立しない"把"構文も多く存在している。例えば、"把别人往坏处想。"（人を悪い方に考える。）、"把老王吵醒了。"（王さんを起こしてしまった。）、また、"你把房间打扫打扫。"（部屋をちょっと掃除してください。）、"他把门一推"（ドアを押すと。）のような"把"構文がどのように「B が C の述べている状態になった」で説明するかについては、薛（1987：4〜22、1994：34〜59）は触れていない。

0.2.2.5 金立鑫 1993 1997

　金立鑫（1993：361〜366）[9]は、「把 OV 在 L」の文では、「元々 L の中に存在し

8）薛凤生(1994：34〜59)によれば、"由于 A 的关系，B 变成 C 所描述的状态。其中，如果 C 是"V_1＋V_2"，V_1 是状语，V_2 是中心语，B 是主语，"B＋C" 能构成一个与 "把" 字句意思基本相同的自然句子。"

9）金立鑫（1993：361〜366）は、「把 OV 在 L」の意味について、以下のように述べている。"把 OV 在 L" 句式有 '致使原来 L 中不具有的事物留存于 L 中' 的语义信息，而 '在 LVO' 却不具有这样的语义信息。（中略）'处置的说法' 不够科学，因为任意一个带宾语的动词都可以说是对宾语的处置，'洗衣服'中的'洗'是不是对'衣服'的处置？但我们不说 '把衣服洗在院子里'，尽管说话人已经预设了'衣服'的存在。可见以往的解释不尽如人意。"

ていない事物をLの中に残らせる」という意味である。しかし、「在LVO」では
このような意味がない。また、"把"構文に関する以前の「処置義」の説は科学
的ではない、なぜならば、賓語を従える動詞はどれも賓語に対する処置だと言
えるからである。例えば、"洗衣服"の"洗"は"衣服"にたいして、「処置」
ではあるが、"把衣服洗在院子里"とは言えないと述べている。

　また、金（1997：415〜423）は、"把"構文の語義についても三種類の意味が
あると述べている。第一類は「結果類」であり、主に二つの主述フレーズの間
に因果関係のある場合を表し、具体的に言えば、「Aがある原因で、Bにある種
の変化をさせた（結果）」である。例えば、"把脸冻得通红。"（顔が凍えて赤く
なりました。）である。第二類は情態類であり、「AがBに対して働きかける際
に、A或いはBがある種の状態を持つ」である。例えば、"请你把地扫扫。"（床
をちょっと掃いてください。）である。第三類は動量類であり、「AがBに対し
て特定量の行為を行い、動詞前の成分に"把"構文の焦点を当てることによっ
て、目的語を強調する」である。例えば、"他把这些过程又演了一遍。"（これら
の過程を再現した。）である。「"把"構文の目的語はしばしば前の文の目的語と
同じ対象を指し、この同指関係は文をつなぐ役割を果たすと同時に話題を続け
ることに役に立つ。」と述べている。

0.2.2.6 崔希亮 1995

　崔希亮（1995：12〜21）は"把"構文を「(A) 把/将B—VP」と表し、"把"構
文の文法構造を典型的な形式とその他の形式の二つに分けている。

　　　一、典型形式 VP＝VR或VP包含VR
　　　二、其他形式 ①VP＝（AD）＋一＋V
　　　　　　　　　　②VP＝（AD）＋V（一）V
　　　　　　　　　　③VP＝（AD）＋VR（R是动量补语）
　　　　　　　　　　④VP＝0或Idiom或单个V

　第一は、典型的な形式：VP＝VR、或いはVPがVRを含む（Rは補語である。）
例えば、"你把衣服都弄湿了。"、或いは"我把马鞭交给他"である。この種の
"把"構文の焦点はRに当てられている。

第二は、その他の形式：①VP＝（AD）＋一＋V

②VP＝（AD）＋V（一）V

③VP＝（AD）＋VR（Rは動量補語）

④VP＝0、或いはIdiom、或いは単独のV。例えば、
"你能把我怎么样？"、"把他千刀万剐方解我心头之
恨。"、"不然也要当场将你逮捕。"

この種の"把"構文の焦点は"（B）－VP"に当てられている。

薛凤生（1994）の結論である"把"構文の構造が"A把B＋VP"であり、その語義は「Aが原因で、BがVPの記述する状態になる」であることについて崔希亮は以下のように修正した。

①语法结构：A把B－VP典型形式的VP是一个VR或包含VR的谓词性结构；其他形式的VP是动词的重叠或者在动词前面加"一"；

②语义诠释₁从语义上看"把"字句有两类：结果类和情态矢量类；结果类都可以分析成两个表述P₁和P₂，两者之间存在着因果关系。而情态矢量类"把"字句不能做这样的分析；也就是说，这一类"把"字句不能解释为"由于A的关系，B变成了VP所描述的状态。"

③语义诠释₂如果把汉语的动词看成一个连续统，那么能进入"把"字句的动词是动态动词。

④功能诠释：从语法功能上看，能进入"把"字句的动词大部分都有这样的特点：或能带结果补语或趋向补语或重叠或介词共现；从认知范畴上看，它们是表示活动、动作、评价、感觉和生理活动的动词，而最多的是动作动词。

（①"把"構文の構造は"A把B－VP"である。典型的な"把"構文のVPは一つのVRであるか、VRを含める述語的構造であり、その他の"把"構文のVPは動詞の重ね型か、動詞の前に"一"を用いるかである。②語義₁：語義から分類すると、"把"構文は二種類に分けられ、結果類と情態ベクトル類である。結果類は"把"構文が二つのP₁とP₂に分けることができ、そしてその因果関係はこの二者の間には存在する。だが、情態ベクトル類の"把"構文はそのような分析ができない。即ち、このタイプの"把"構

14

文は、「A が関係することによって、B が VP で記述される状態に変化をとげた」という解釈では説明できない。③語義₂：中国語の動詞を連続性を持ったものと見なすなら、"把"構文に用いられる動詞は動態動詞である。④文法的な機能から見れば、"把"構文に用いられる動詞の多くは、結果補語や趨向補語を従えるか、動詞の重ね型か、それとも介詞と共現できるものであるなどの特徴を持っている。認知のカテゴリーからみると、これらの動詞は活動・動作・評価・感覚・生理活動を表す動詞であり、最も多いのは動作動詞である。）

0.2.2.7 张伯江 2000

张伯江（2000：28～40）[10]によれば、「構文は完全な認知図式であり、各構成成分の順序、距離、数量はどれも文の全体の意味を作り出す重要な要素である。それは認知心理学の「順序原則」、「隣接原則」、「数量原則」の概念を借りて、"把"構文のそれぞれの特徴の論理関係を説明し、「全体を把握する」という方法で、より幅広い解釈力を示す」と述べている。

张は「文『A把BVC』の全体的な意味は『Aがきっかけとなり、Bという選定対象のみに対して、Vの方式に則って進行するもので、Bが完全にCという変化を実現させる一種の行為である。』といい、「このような文型の全体的な意味は、動詞の支配能力を分析することで得られる物でもなく、使役者、被使役者というような概念によって説明できるものでもない。これは『全体観』という文法的分析の結果である。」と述べ、さらに、"把"構文について、以下のように統一的な解釈を与えている。

A 的起因特点表明 '把' 字句有指明责任的要求，这也是 '把' 字句区别

10）张伯江（2000：28～40）によれば、"句式是一个完整的认知图式，其间各个组成成分的次序、远近、多寡都是造成句式整体意义的重要因素，文中借助认知心理学的 '顺序原则' '相邻原则' 和 '数量原则' 说明 '把' 字句个别特点之间的逻辑联系，显示把握整体这种方法更广的解释力。"その結論としては、"我们得出了句式 'A 把 BVC' 的整体意义：由 A 作为起因的、针对选定对象 B 的、以 V 的方式进行的、使 B 实现了完全变化 C 的一种行为。这样的句式整体意义，不是靠动词的支配能力（配价）分析所得出的，也不是能够靠施事、受事这样的概念说明的，这是语法分析的 '综合观' 的结果。"

于受事主语句的根本一点；B 居于动词的前面，语义上要求它有自立性，因此排斥结果宾语，形式上则要求选择有定形式，排斥代表未知信息的无定形式；B 居于 '把' 和主要动词之间，要求动词在意义上必须是能对受动物产生完全影响的，因此王力（1943：160～172）所指出的 '爱'、'看见'、'上'、'有'、'在' 等动词以及王还（1987：1～37）提出的 '躲'、'到'、'遇到'、'得到'、'离开'、'接近'、'成为'、'赞成' 等动词与 '把' 字句的冲突现象，不仅仅是因为它们表示精神行为，感受现象，领有和存在等意义，根本的原因还是在于，谓语不是表示在空间意义上致使事物发生完全的变化。（A のきっかけとしての特徴により、"把" 構文が責任を指し示す必要性がある。これは "把" 構文が受事主語文と異なる根本的な点である。B が動詞の前に置かれるのは、語義から自立性が要求され、よって、結果賓語が排斥される。形式の上では未知の情報を表す不定形式が排斥され、確定形式が要求される。B が "把" と動詞の間に置かれる場合、動詞が意味上受動物に対して完全に影響を与えることが要求される。よって、王力（1943：160～172）が例挙した動詞 '爱'、'看见'、'上'、'有'、'在' などや王还（1987：1～37）が例挙した動詞 '躲'、'到'、'遇到'、'得到'、'离开'、'接近'、'成为'、'赞成' などは "把" 構文には用いることができない。その理由は、これらの動詞が精神的な行為、感覚表現、或いは所有と存在などの意味を持つからだけではなく、その根本的な理由は、述語が空間的な意味上において事物を完全に変化させるものではないからである。）

张伯江（2000）は文の意味から論じていて、"位移" を主張しているが、VP が VC（述補構造）ではない "把" 構文に適応しているかについては言及していない。例えば、"他把门一推。"、"请你把衣服洗洗。" のような "把" 構文については説明していない。

0.2.2.8 张旺熹 2001
张旺熹（2001：1～10）[11)] は、典型的な "把" 構文は一つの物が外的な力によ

---

11) 张旺熹（2001：1～10）によれば、"典型的 '把' 字句凸显的是一个物体在外力作用下发

16

って、甲の位置から乙の位置へ移動する"位移"というプロセスであり、そして、このような「空間図式」を七つに分けて、以下のように説明している。

　（Ⅰ）物理的な空間移動：
　　(7)　把几百公斤重的杠架一根一根从山下抬上去。（张 2001）
　（Ⅱ）時間的な移動：
　　(8)　他们把可能发生的事情都想在前头，不放过一个疑点。（张 2001）
　（Ⅲ）人体的な空間移動：
　　(9)　把功劳记在神佛的头上。（张 2001）
　（Ⅳ）社会的な空間移動：
　　(10)　张月好把正在准备考大学的五儿子福山又送往军营。（张 2001）
　（Ⅴ）心理的な空間移動：
　　(11)　把话筒对准新闻。（张 2001）
　（Ⅵ）範囲的な空間移動：
　　(12)　我们要把通胀率控制在低于经济增长率的水平。（张 2001）
　（Ⅶ）任意方向（泛方向）への空間移動：
　　(13)　安安静静地把家搬走了。（张 2001）

　また、これらの「空間図式」は、メタファー的な拡張を通じて、"把"構文の係連図式（系联图式）と等値図式（等值图式）と変化図式（变化图式）と結果図式（结果图式）の「変体図式」を形成すると主張している。
　さらに、张（2001）は「変体図式」（係連図式と等値図式と変化図式と結果図式）について、次のように例を挙げている。

　（Ⅰ）係連図式（系联图式）
　　(14)　我们中国人把"吃"跟"福"联系在一起。（张 2001）
　（Ⅱ）等値図式（等值图式）

生空间位移的过程，而这种空间位移过程的图式通过隐喻拓展形成了'把'字句的系联图式、等值图式、变化图式和结果图式等四种变体图式。"

序論　17

（15）我们把生活当作一个扩大了的游乐场。（张2001）

（Ⅲ）変化図式（变化图式）

（16）把一个贫穷的中国变成小康的中国。（张2001）

（Ⅳ）結果図式（结果图式）

（17）您把农业和儿子都打扮得朴素而光景。（张2001）

（18）你还是把钱收好吧。（张2001）

（19）我们把凤凰丢了。（张2001）

　張は、"位移"という説は90%の"把"構文に適用されると結論づけている。残りの10%については言及していない。

0.2.2.9　刘培玉 2001

　刘培玉（2001：17～19）[12]は、"把"の賓語及び"把"構文の意味について以下のように述べている。"把"の賓語は動詞の賓語を前置したものではなく、"把"の後の小節の主語でもなく、補語の主語でもなく、介詞"把"の賓語である。それは介詞"把"と組み合わせることによって、介詞構造となり、状況語になる。さらに、"把"構文の意味の特徴としては、「処置」でもあるし、「働きかけ」でもある。"把"構文の意味は「処置」から「働きかけ」までのプロセスを経由するものである。「処置」と「働きかけ」の間に交錯地帯が存在し、それは「処置・働きかけ」"把"構文である。例えば、"他把羊赶到山上。"（彼は羊を追いかけた。）この文は「処置」の意味もあるし、「働きかけ」の意味もある。「処置」から「働きかけ」までの間にある一つのステップが存在する。それは次のように示される：処置——処置・働きかけ——働きかけ。

12）刘培玉（2001：17～19）は、"把"構文について、以下のように述べている。"'把'的宾语不是动词的宾语前置，也不是'把'后小句的主语，也不是补语的主语，它是介词'把'的宾语，和介词'把'组成介词结构作状语；（中略），把字句的语义特征是：既有处置，又有致使，把字句的语义经由一个表处置到致使的过程。"また、"'处置'和'致使'之间有一个交融地带，就是'处置致使''把'字句。如'他把羊赶到山上'，句子既有'处置'，又有'致使'。从'处置'到'致使'存在一个等级：处置——处置致使——致使。"

18

0. 2. 2. 10 沈家煊 2002

沈家煊（2002：387～399,478）[13] は、以下のように述べている。"把"構文の文法的な意味は主観的な処置を表し、それはすなわち、話者は主観的に主語甲が賓語乙に対して、ある種の処置を行ったことである。さらに、"把"構文のこのような主観性は言語一般の主観性と同じものであり、主に相互関係がある以下の三つとして表現される。

①说话人的情感；②说话人的视角；③说话人的认识。
（①話し手の感情；②話し手の視点；③話し手の認識。）

全体から"把"構文のこのような文法的意味を把握することによってのみ、過去に例挙した"把"構文の各種の文法的な特徴を統一解釈できる。客観的な処置とは、甲（"施事"）が意識をもって、乙（"受事"）に対して、ある種の処置を行うことである。主観的な処置とは、話し手甲（"施事"とは限らない）が乙（"受事"とは限らない）に対して、ある種の処置（意識的な、実際的なこととは限らない）を行うことである。また、"把"が動詞から介詞に文法化（grammaticalization）され、連動式から処置式に変遷したこの過程も一種の「主観化」の過程である。ただし、近代漢語から現代漢語に至るまで、"把"で表す処置の主観性は弱くなっている。

---

13) 沈家煊（2002：387～399,478）は"把"構文について、以下のように説明している。"把字句的语法意义是表示'主观处置'，即说话人主观认定主语甲对宾语乙作了某种处置。把字句的这种主观性跟语言一般具有的主观性一样，主要表现在互相联系的三个方面：①说话人的情感；②说话人的视角；③说话人的认识。只有从整体上把握把字句的这种语法意义，才能对过去分别列举的把字句的种种语法特点作出统一解释。…… 客观处置：甲（施事）有意识的对乙（受事）作某种实在的处置。主观处置：说话人认定甲（不一定是施事）对乙（不一定是受事）作某种处置（不一定是有意识的和实在的）…… '把'字由动词虚化为介词，连动式演变为处置式，这个过程也是一种'主观化'的过程……从近代汉语到现代汉语，'把'字表示处置的主观性已有所减弱。"

序論　19

0.2.2.11 郭鋭 2003

郭鋭（2003：152～181）[14]は、"把"構文の文法的意味は"致使"（働きかけ）であり、その構造としては"致使者（NP$_a$）+把 + 被致使者（NP$_b$）+致使事件谓词（V$_1$）+ 被致使事件谓词（V$_2$）"である。その中の NP$_a$はなくてもいいが、NP$_b$は必ず出現する。多くの"把"構文では V$_1$と V$_2$が同時に存在している。一部の"把"構文は、V$_2$がなくて、さらにごくわずかの"把"構文は V$_1$がない。そのため、"把"構文の意味を分析するときには、まず VP が働きかけの出来事の"谓词"であるか、働きかけられる出来事の"谓词"であるかを分析すべきである。"把"構文は実際に二つの小節が合併してできたものであり、その中の二つの名詞フレーズはそれぞれの小節からきたものである。"致使者"である NP$_a$は"致使事件"を表す小節の主体か或いは客体か、その他の対象からきたものであり、"被使者"[15]である NP$_b$は"被使事件"の小節の主体からきたものである。「処置」は実際には特殊な"致使"であり、意志力のある、主動性、実行性をもつ"致使"である。例えば、"他把衣服洗干净了"、"他把书放在桌子上"である。一方、「処置」で説明できない"把"構文は、

①意志力の参与を持たない"致使"（他把钱包丢了）
②非意図的な"致使"（你把意思理解错了）
③非実行的な"致使"（这些重活把他累病了）

---

14) 郭鋭（2003：152～181）では以下のように述べている。"'把'字句的语法意义是'致使'，其语义构造可表示为：'致使者（NP$_a$）+把+被致使者（NP$_b$）+致使事件谓词（V$_1$）+被致使事件谓词（V$_2$）'其中NP$_a$可以不出现，而NP$_b$必须出现，多数'把'字句中的V$_1$和V$_2$都出现。但也有部分'把'字句的V$_2$为零形式，极少数的'把'字句的V$_1$为零形式。因此，要分析一个'把'字句的意义，应首先弄清VP到底是致使事件的谓词，还是表示被使事件的谓词。'把'字句由两个小句的并合派生而来，其中的两个名词短语也分别来自这两个小句。致使者NP$_a$来自表示致使事件的小句的主体或客体、其他对象，被使者NP$_b$来自表示被使事件的小句的主体。"处置"实际上是一种特殊的"致使"：有意志力的（volitive）主动的（initiative）施行性（agentive）致使，如"他把衣服洗干净了"、"他把书放在桌子上"。那些不能用"处置"解释的"把"字句，或者表示无意志力参与的致使（他把钱包丢了），或者是无意的致使(你把意思理解错了)，或者是非施行性的致使（这些重活把他累病了），或者致使事件缺省(把特务跑了)。

15) 原文は"被使者"と書いてあるが、筆者は"被致使者"と理解している。

20

④使役事態出来事が省略された"致使"（把特务跑了）である。

郭鋭は以上のように述べているが、しかし、次のように、

(20) 把桌子擦一下。[某人擦桌子→桌子干净]（郭鋭 2003：158）

この例 (20) の"把桌子擦一下。"は"某人擦桌子"と"桌子干净"に分けられると主張している。しかし、"他把门敲了几下"のような文は二つに分けられないだろう。この説は全ての"把"構文に通用するわけではない。

0.2.2.12 王红旗 2003

王红旗（2003：35〜40）[16] は、"把"構文の処置は制御できる働きかけ（"可以控制的致使"）であると理解し、以下のように説明している。

"把"構文の「処置」の意味について、この「処置」を理解するのに論理上からではなく、"把"構文の構成及び変遷の二つの角度から「処置」であるはずと証明している。王（2003）は「処置」が"义位"とみなすべきで、この"义位"はどれほどあるかについては検討の余地があり、以下のものを挙げることができるのではないか、としている。

① "施事"が"受事"に働きかけ、"受事"を変化させる。
② "系事"が"主体"に働きかけ、"主体"を変化させる。
③ "受事"が"施事"に働きかけ、"施事"を変化させる。

このように考えると、変体①は王力が主張している「処置式」であり、変体②は王力の"継事式"の意味である。

---

16) 王红旗（2003：35〜40）は"把"構文について、以下のように述べている。"对'把'字句的'处置'意义进行了解释，指出了不能从逻辑上理解这个意义，然后从这种句式的构成和演变两个角度证明'把'字句的意义应该概括为'处置'。'处置'意义应该看作义位，这个义位到底有几个变体可以研究，是否可以有这样几个：①施事作用于受事使其变化；②系事作用于主体使其变化；③受事作用于施事使其变化。这样看来，王力所说的处置式的句子体现的是变体①，而继事式的句子体现的是变体②。"

序論　21

0.2.2.13 叶向阳 2004

叶向阳（2004：25〜39）[17]は、"把"構文の基本語義は"致使"（働きかけ）であると主張している。"把"構文は語義上では働きかけを表し、二つの働きの関係を持つ出来事 E_1 と E_2 で構成され、両方とも揃えなければならない。形式上から見ると、E_1 は必ず言葉で表されなければならないが、E_2 は具体的な言葉表現があっても、隠れていてもいい。働きかけの中では二つの重要な参与者があり、"致使者（causer）"と"被使者（causee）."である。"被使者"は E_1 と E_2 を繋げる役割を持つ、働きかけの出来事の中においては、働きかけの影響を受けるものであり、なおかつ働きかけの効果の体験者であるので、欠かすことができない。"把"構文は「（致使者 A）+把+被使者 B+致使事件 V_1+（致使事件 V_2)」である。VP が述補構造である"把"構文は、働きかけであると分析できる。"致使义"を用いて"把"構文の基本義を説明することで、"把"構文の意味を統一することができる。

　一方では、VP が述補構造である"把"構文は、働きかけと分析でき、しか

---

17) 叶向阳（2004：25〜39）によれば、"'把'字句的基本语义是致使。'把'字句VP在语义上表达了一个致使情景，有两个有致使关系的事件 E_1 和 E_2 构成，二者缺一不可。形式上，E_1 必须具有词汇表达，E_2 可以有具体词汇表达，也可以隐含。致使情景中有两个关键参与者，它们是致使者（causer）和被使者（causee）。被使者是联系 E_1、E_2 的纽带，它是致使事件中的受影响者，也是致使效应的体现者，因此不可或缺。'把'字句可表示为：（致使者 A）+把+被使者 B+致使事件 V_1+（致使事件 V_2)。那些 VP 为述补结构的'把'字句可以分析为致使情景。用致使义来说明'把'字句的基本语义，可以将'把'字句的语义统一起来。一方面，那些 VP 为述补结构的'把'字句可以分析为致使情景，而且那些 VP 只包含一个谓词的单述'把'字句由于隐含着某种结果，也可以分析为致使情景。另一方面，所谓'处置'实际上是有意志力参与的致使，那些不能有'处置'解释的'把'字句是无意志力参与的致使。此外，用致使义来说明'把'字句的语义可以更好地解释'把'字句在形式上的特点及那些不合格的'把'字句的原因。"

さらに、"双述'把'字句"と"单述'把'字句"について、以下のように分析している。"双述'把'字句的 VP：①实义述补式，把衣服洗干净。②偏离述补式，把菜炒咸了。③带'得'述补式，把他打得哇哇叫。④带'个'述补式，恨不得今儿晚上就把事情弄个水落石出。⑤趋向述补式和处所述补式，把它扔出去。把它扔在地上。""单述'把'字句的 VP：①述补省略式，（看）把他高兴得。②虚式述补式，A.V+上/着（zhao)/中/住，把球拿住。B.V+了₂/着₂/过₂，把信烧了。③述宾式，把墙炸了个洞。④状中式，把东西乱扔。⑤动词量化：A.动词重叠，把剩饭煮煮。B.一+动词，把眼睛一闭。C.动词+动量词，把衣服拽了一下。⑥V+了₁，把他得罪了。⑦单个动词，把时间延长。"

22

も、VP が一つのみの"谓词"をもつ単述"把"構文がある種の結果を含蓄しているので、これも働きかけだと分析できる。

　他方では、いわゆる"処置"というのは実際に意志力の参与を持つ働きかけであるが、"処置"で解釈できない"把"構文は意志力を持たない働きかけである。このほか、働きかけを用いて"把"構文を説明することによって、よりよく"把"構文の形式上の特徴及び不適切な"把"構文の原因を解釈できる。

0.2.2.14 邵敬敏・赵春利 2005

　邵敬敏・赵春利（2005：11〜19）[18] は、"把"構文における"把"は「受事」を際立せるためではなく、焦点のマーカーであると主張している。

(21) 老王骂女儿，结果把女儿骂哭了。（邵・赵 2005：11〜19）
　　　王さんが娘さんを叱って、その結果娘さんを泣かせてしまった。
(22) 老王骂女儿，结果把老婆骂哭了。（邵・赵 2005：11〜19）
　　　王さんが娘さんを叱って、その結果奥さんを泣かせてしまった。

　例（21）の動作の「受事」は"女儿"であり、これは"把"構文の中の動作"骂"によって、際立たせる対象となる。しかし、例（22）の動作の「受事」も"女儿"であるが、"把"の賓語である"老婆"は動作の受事ではなく、この動作が影響を与える対象である。これは「焦点」であり、"把"は「焦点」のマーカーである。

　さらに、"把"構文は「有意識把構文」と「無意識把構文」に分類されている。「有意識把構文」は処置義を持っているが、「無意識把構文」は処置義をもっていない。前者は「処置把構文」と言い、後者は"致使把字句"（「働きかけ把構

18）邵敬敏・赵春利（2005：11〜19）によれば、"把字句可分'处置把字句'和'致使把字句'两类，尤其是后者显示'把'实质上是焦点标记，属于前置标记，凸显的是动作在逆方向上对事物的主动性影响。（中略）'把'字句实际上应该分为两类：一是'有意识把字句'，二是'无意识把字句'。只有有意识把字句才有可能具有处置义，而无意识把字句则根本不可能具有处置义，所以，前者也可以叫'处置把字句'，后者也可以叫'致使把字句'。（中略），区分这两类把字句的标准是：前一种'把'字句的宾语是动作的直接目的物，包括受事、直接对象、处所等；后一种'把'字句的宾语不是动作的直接目的物。"

文」）と言える。この二種類の"把"構文を判断する基準としては、前者の"把"構文の"把"の賓語は動作の直接対象であり、その中には、受事、直接的な対象、場所などが含まれている。後者の賓語は動作の直接的な対象ではない。

　邵・趙（2005）の理論によれば、次の例（23）の動作"染"の対象は"那座山"であり、これも「処置把構文」にあたると主張している。しかし、筆者は例（23）の"夕阳"は"那座山"を処置できないため、「処置把構文」とは言えないと考える。

　　(23)　夕阳把那座山染红了。
　　　　　夕陽が山を真っ赤に染めた。

0.2.2.15 张黎 2007

　张黎（2007：52～63）は、認知類型論の角度から"把"構文について分析している。以下はその結論である。
　　　　"‘把’字句的语义结构是一个有层次的复合命题体，其最外层是说话人对N和S之间的缘由关系的主观认定，其中间层是‘事象界变’S，其底层表达的是有界变关系的、表达客观事象的单纯命题 S_1 和 S_2。‘把’字句的主观性主要表现在N和S的关系上，‘把’字句的事象界变性主要表现在S内。"
　　　　（"把"構文の意味上の構造は一つの多層的な複合命題体であり、その最外層はNとSの間の因果関係に対する話者の主観的な認定であり、その中間層は‘事象界変’Sであり、その内層が表すのは、"界変"関係があり客観的な事象を表す単純命題である S_1 と S_2 である。"把"構文の主観性は主としてNとSの関係上において表われ、"把"構文の"事象界変性"は主としてSの中において表われる。）
　さらに、"事象界変"については、次のように説明している。
　　　　"在‘把’字句的公式（N把S）中，S一定要是一个有变化的事件，简而言之，即事象界变。"（"把"構文の公式である"N把S"の中では、Sは必ず変化する出来事である。簡単に言えば、即ち、"事象界変"である。）
　同時に、"把"構文の類型について、以下のように分類している。

```
                           ┌ 如意 "把" 字句
          ┌ 有意 "把" 字句 ┤
          │                └ 不如意 "把" 字句
"把" 字句 ┤
          │                ┌ 原由型 "把" 字句
          └ 无意 "把" 字句 ┤
                           └ 起由型 "把" 字句
```

(24) 小王把信邮走了。(如意 "把" 字句)(张黎 2007)
　　 王さんは手紙を出した。

(25) 田中把人弄错了。(不如意 "把" 字句)(张黎 2007)
　　 田中さんは人を間違えた。

(26) 大雨把他淋感冒了。(原由型 "把" 字句)(张黎 2007)
　　 大雨によって、彼は風邪をひいてしまった。

(27) 她把眼睛都哭红了。(起由型 "把" 字句)(张黎 2007)
　　 彼女は泣いて目を赤くした。

　しかし、"他把钱包丢了。"の中の "他" は "钱包丢了" を意図的に実現させ
るわけではないし、その "钱包丢了" の直接的な原因ではない。よって、その
種類の "把" 構文は以上の四種類の "把" 構文に含まれていない。

0.2.2.16 施春宏 2010

　施春宏(2010：291-309)[19]は、"句式群"の角度から "把" 構文について分析
した。施(2010)は、はじめて "句式群"の概念を提示し、「働きかけ」の意味
を表す文型の間で起きる派生の過程を分析し、"把" 構文の語義が「ある種の方
式を通じて、"致事"が "役事"に対して働きかけて影響を与えて、その結果を
際立たせる」ものであるとした。

---

19) 施春宏(2010：291〜309)では、以下のように述べている。"文章提出了句式群这一概
　 念，并通过对表达致使关系的特定句式群中相关句式派生过程的分析，将'把'字句的语法
　 意义概括为：通过某种方式，凸显致事对役事施加致使性影响的结果。"

0.2.2.17 陆俭明 2016

陆俭明（2016：1～13）[20] は、"语言信息结构"の視点から"把"構文を分析し、「処置義」を表す"把"構文は三つの顕著な特徴を持つと主張している。一つ目は、「処置者」を話題とする。二つ目は、「処置の結果」を情報焦点とする。三つ目は、介詞"把"を使うことによって、自由に「処置対象」を文の中に引き入れることができ、同時に"処置"の強影響性と話者の主観認定性を表し、これによって、「処置結果」を際立たせることが可能だと主張している。

0.2.2.18 王璐璐・袁毓林 2016

王璐璐・袁毓林（2016：54～63）[21] は、"述结式""把"構文の文の配置と文法的意味の制約について研究した。その内容は、"把"構文の構文的意味は述語動詞を中心として、構文的意味のサブタイプは形式的には異なる述語のタイプを参照しているが、意味上においては、主語の意味役割などの意味情報に対応している。"把"構文の構造形式意味は"述结式"が包括する"致使义"と"把"構文が持つ主観性との相互作用によるものである。さらに、動詞と補語の間の制限については、"述结式"の中の動詞と補語の間には相互選択の制約がある。例えば、"放"[22] 類の動詞は趨向補語と組み合わせられ（把书拿出来。本を取り

20）陆俭明（2016：1～13）は、"把"構文について、以下のように述べている。"从语言信息结构的角度看，表示'处置义'的'把'字句存在三个明显的特点：一是要让'处置者'为话题。二是要让'处置结果'作为信息聚焦点。三是运用介词'把'，以便能自由地将'处置对象'引入句子内，同时表示'处置'的强影响性和说话者的主观认定性，由此凸显'处置结果'。"

21）王璐璐 袁毓林（2016：54～63）は、"把"構文について、以下のように述べている。"'把'字句中的构式意义是以谓语动词为核心的，构式意义的小类在形式上的参照是不同的谓语类型，而在意义上对应于主语的语义角色等语义信息。'把'字句的构式意义是述结式所蕴涵的致使义与'把'字句的主观性互动的结果。"さらに、動詞と補語の間の制限について、以下のように述べている。"述结式的动词与补语存在相互选择限制。比如，'放'类动词与趋向补语搭配，把书拿出来。放置类动词与介词补语相搭配。把抗战放在第一位。在'把'字句中，结果补语可以表示事件的状态变化，也可以表示事物的状态变化。而且，趋向补语和介词补语在'把'字句中既可以表示实在物体的状态或位置关系变化，也可以表示抽象事物的关系变化。"

22）原文（2016：60）は"'放'类动词与趋向补语搭配"と書いてあるが、筆者は"'拿'类动词与趋向补语搭配"と理解している。

26

出す。)、放置類動詞は介詞補語と組み合わせられる（把抗战放在第一位。抗戦
を第一位に考える。）。"把"構文における結果補語は出来事の状態変化を表すこ
とができ、また事物の状態変化を表すこともできる。しかも、趨向補語と介詞
補語は"把"構文の中において、具体的な物体の状態或いは位置関係の変化を
表すこともできるし、抽象的な事物の関係変化を表すこともできると主張して
いる。

0.2.3 構造の角度からの研究

構造の角度からの研究には、呂叔湘（1948：169-191）、胡附・文炼（1990：116
～124）、沈阳（1997：402～414）などを先行研究として挙げることができる。

0.2.3.1 呂叔湘主编 1948

呂叔湘主编（1948：169～191）[23] は、"把"構文を広く用いるようになったの
は、賓語を動詞の前に置く必要性があるからであると主張している。さらに、
"把"構文の賓語、"把"構文における動詞、及び動詞の前後の部分についても
述べている。

"把"構文の賓語は"有定性"であり、動詞は処置義を持つと述べている。
また、動詞の前後の部分を以下のように分析している。

①动词后加成分（post-verbal elements）

    A.   额外宾语（extra objects）

        1）偏称宾语（partitive object）（例：把腿跷起一只来。）

        2）动量宾语（quantitative object）

          （a）与动词同形 （例：把那烟袋锅儿挖一挖。）

          （b）与动词不同形（例：把两手拍了一下。）

        3）保留宾语（retained object）－ 带宾动词（verb-object construction）

23）呂叔湘主编（1948：169～191）によれば、"把字句式初起的时候也许并没有特殊用途的
一种句法，但是它在近代汉语里应用的如此其广，主要是因为有一些情况需要把宾语挪到动
词之前去。同时，有两个重要的消极限制：第一，宾语必须是有定性的；第二，动词必须代
表一种'作为'，一种'处置'。这积极消极两方面的条件发生冲突的时候（这种情形很少），
要是没有第三种句式可以利用，把字句式比普通主动句式要占点优势。"

里的宾语（例：我是把诸位绑了票了。）

B. 补语（complements）—— 一般

4）受事（recipient）

（a）无给（例：又把这等的机密大事告诉了你。）

（b）有给（例：把帽罩子摘了，递给华忠。）

5）处所（complement of place）（例：把碟子挪在眼前。）

6）动向与动态（complements of direction and aspect）（例：把他也带了去。）

C. 补语——结果（complements of result）

7）无得（例：把那银子搬齐。）

8）有得（例：把那文行出处都看得轻了。）

9）特种（例：①把我羞哭了。②把手绢儿哭湿了。）

D. 10）"把凤丫头病了。"

②动词前加成分（pre-verbal elements）

11）一（例：把手一拱，说道，"请了。"）

12）都，也（例：把方才的话都说了。）

13）其他（例：把箱子一齐打开。）

（①動詞の後置成分 A.追加の目的語 1）部分目的語 例、片方の足をあげてください。) 2）動量目的語 (a)動詞と同形 例、あの煙草ポットから灰を掻き出してください。 (b)動詞と不同形 例、両手で一回パンと手を打ってください。 3)保留された目的語 動賓構造の中の目的語 例、私は皆さんを人質に取っています。 B.補語——般 4）(受け手) (a) "給"がない。例、またこのような部外秘の情報をあなたに教えてしまった。 (b) "給"がある。例、帽子のカバーを取り、華忠に手渡した。 5)場所 例、お皿を目の前に移動した。6)方向補語とアスペクトの補語 例、彼も連れて行った。 C.補語―結果 7) "得"がない。例、その銀貨のみみを揃えて持ってきてください。 8) "得"がある。例、その文章の出所を軽視してしまった。 9)特種 例、①恥かしさのあまり泣いてしまった。②ハンカチを涙で濡らしてしまった。D. 10)鳳嬢が病気になってしまった。 ②動詞の前置成分 11) "一" 例、拱手して言った、「ではお願いいたします。」 12) "都"と"也" 例、さっきの話をあらいざらい話した。

28

13)その他 例、箱を一斉に開けてください。）

0.2.3.2 胡附・文煉 1990

胡附・文煉（1990：116～124）[24] は、王力（1943：160～172）の処置義について指摘し、"把"構文には処置義があるとは限らないと述べている。

 (28)　墙上那枚钉子把我的衣服撕破了。（胡附・文煉 1990）
   壁にある釘が私の服を破いた。

例（28）の文は処置義を持っていない。としている。

さらに、胡附・文煉（1990：116～124）は"把"構文を文構造の角度から分析し、三つのパターンを見出している。

①動詞述語文で最もよく見かけるのは「主語—動詞—賓語」の文であり、特別な必要性がなければ、一般的に"把"を用いて賓語を動詞の前に置かなくてもよい。

②以下の四つの場合、"把"構文を用いても用いなくてもよい。

 (1)　動詞の後に"了"、"着"、"起来"が付いている場合。
 (2)　動詞が動補構造の単語である場合。
 (3)　動詞の後に賓語が二つある場合。
 (4)　動詞の前後に"附加语"（付加語）がある場合。

---

24) 胡附、文煉（1990：116～124）は、以下のように述べている。"'处置式'的说法是比较勉强的，因为'把'字句不一定表示处置的意思，许多没有处置的意思。例：墙上那枚钉子把我的衣服撕破了。"しかも、"我们可以得出三条规律：①动词谓语句最常见的是'主语—动词—宾语'的格式，如果没有特殊需要，一般不用'把'将宾语提前。②如果（1）动词带了'了'、'着''起来'之类，（2）动词是个动补结构的词，（3）动词带有两个宾语，（4）动词前后有附加语，可以用'把'字句的格式，也可以不用。③如果动词带上较复杂的补语再带上宾语，一般以用'把'字句为常，如果动词的补语是个副动词带宾语的动宾仿语，就非用'把'字句来表达不可。"さらに、"同一意义可以采取两种不同的组织来表达，听的人不会感到含糊，而且组织的改变也没有附加些什么意义。"

③もし動詞の後に複雑な補語があり、さらに、賓語もある場合は、一般的に"把"構文を用いている。もし動詞の後の補語が副動詞と賓語で作られた動賓フレーズである場合、"把"構文を用いなければならない。

さらに、同一意味の文は二つの文型で表すことができる。（中略）。しかも文型が変わっても文の意味は変わらない。

0.2.3.3 沈阳 1997

沈阳（1997：402〜414）[25]によれば、"把"構文は名詞連語（"把"の後の名詞を指し、記：NPb）が多数回位置を移動した結果であり、この多数回位置の移動は複雑な構造を構成する一つの手段であるだけではなく、複雑な語義を体現する一つのプロセスである。NPb は各種文法構造の動詞（動詞フレーズ）或いは構造によって決められるものであり、多数回位置を移動する（違う形式によって、主要な動詞の後に移動して、その後再び動詞の前に移動する）NP である。

(29) 几个犯人跑了→（牢房）跑了几个犯人→把几个犯人跑了（沈阳）

(30) （保姆）咳嗽醒了孩子→（保姆）把孩子咳嗽醒了（沈阳）

(31) 小姑娘哭得眼睛都肿了→把眼睛哭得都肿了（小姑娘哭＋眼睛肿）
(沈阳)

---

25) 沈阳（1997：402〜414）には、以下のように述べられている。"从名词性成分多重移位的角度定义把字句中'把'后名词的句法性质和特点，（中略）名词成分的多重移位形式，不仅是汉语构成复杂结构形式的一个特殊手段，也是汉语体现复杂语义性质的一种可能途径。NPb（名词短语）为汉语各种句法结构中由动词（动词短语）或结构决定，可以经过多重移位（即以不同形式后移至主要动词后的位置，并再次前移）的 NP。

例：几个犯人跑了→（牢房）跑了几个犯人→把几个犯人跑了（沈阳：404）

（保姆）咳嗽醒了孩子→（保姆）把孩子咳嗽醒了（沈阳：405）

小姑娘哭得眼睛都肿了→把眼睛哭得都肿了（小姑娘哭＋眼睛肿）（沈阳：407）

（中略）对把字句的语义性质，可以概括为：'经过某种动作行为的处置、支配或影响，使某个人或事物（NPb）达到某种结果或状态。'（中略）把字句的语义性质大致可以分解成两个部分：语义1＝NPb受到某种处置或支配；语义2＝NPb具有被陈述的某种结果或状态。我们发现，这些语义内容都可能通过 NPb 移位来体现。或者说，只有 NPb 的多重移位形式才可能同时反映这两种语义性质。一方面，NPb受支配的语义（语义1）主要是通过名词向后移位体现的。另一方面，NPb受支配后的结果状态语义（语义2）主要是通过名词向前回移体现的。"

"把"構文の語義に対しては、以下のようにまとめることができる。

「ある種の動作行為の処置、支配、影響を経て、ある人或いは事物をある結果或いは状態に至らしめる。」

"把"構文の語義は二つの部分に分解することができる。語義 1=NPb は、ある種の処置或いは支配を受ける。語義 2=NPb は、陳述される結果或いは状態を持つ。これらの語義内容はすべて NPb の位置の移動によって実現することができる。つまり、NPb の多数回の位置移動によってはじめて、この二つの語義を同時に反映することができる。NPb の支配される語義（語義 1）は、名詞が動詞の後に移動することによって実現されるものである。また、NPb が支配を受ける結果状態の語義（語義 2）は、名詞が動詞の前に移動するによって実現されるものである。

0.2.4 先行研究の問題点

中国語の"把"構文に関する先行研究における問題点は以下の三点に集約することができよう。

まず、先行研究により、"把"構文の文法的な意味は「処置」と「働きかけ」の二つに大別されている。その文法的意味について、まだ定説がない。各言語学者はそれぞれの視点から分析を行っている。

第二に、"把"構文の賓語は「定」であるかどうかについても、いまだに納得のできる分析はない。"一"の数詞があるのに、なぜ"把"構文の賓語は「定」的であるのか明らかにされていない。

第三に、"把"構文が存在する理由として、ほかの文型と違うところがあるとともに、"把"構文の副詞の位置も関連があることが重視されていない。

これらの問題点は日本人の中国語学習者にとって、"把"構文を理解・把握する上で非常に大切である。本書では、これらの問題点を解明するために、中国語を調査し、分析を行う。

0.3 連語論に関する先行研究

『日本語文法・連語論（資料編）』(1983) でいう連語とは、単語と同様に文を作るための材料で、二つ以上の自立的な単語の組み合わせによって一つの名

付け的な意味を表す言語単位である。連語は、飾りと飾られとの関係に立つ、二つ以上の単語（自立語）の組み合わせで、他の単語を従属させる構成要素（飾られ＝動詞）と他の単語に従属する要素（飾り＝名詞）から成り立つのである。例えば、

　　　「御飯を　食べる」

の「御飯を」という単語が、「食べる」に従属する飾り要素であり、「食べる」はその単語「御飯を」を従属させる飾られ要素である（方美麗 2004：15）。かざる単語（修飾する単語）を「カザリ」と、かざられる単語（被修飾語）を「カザラレ」とよび、「むすびつき」とは、連語としての一定の「構造的なタイプ」によって実現されている単語と単語との関係づけを意味するものである（鈴木康之 2011：5）。以下「ものにたいするむすびつき」について、いくつかの言語学者の考えを紹介したいと思う。

0.3.1 奥田靖雄 1983

　奥田靖雄（1983：22）においては、「を格の名詞と動詞とのくみあわせ」について、「物にたいするはたらきかけ」と「ひとにたいするはたらきかけ」と「事にたいするはたらきかけ」に分けて述べている。その中の「物にたいするはたらきかけ」について、以下のように述べている。

　この種の連語は、かざりとかざられとのあいだにあるむすびつき方の違い、それに照応する構造的なタイプの違いに合わせて、次の六つのカテゴリーに分かれていく。

　　①もようがえ
　　（32）少女が台所で玉ねぎをいためている。（奥田 1983）
　　②とりつけ
　　（33）あかい受話器をみみにあてがって（奥田 1983）
　　③とりはずし
　　（34）…ほした川魚をくしからぬいて（奥田 1983）

④うつしかえ
　(35) おこって、わたしが菓子おりを海へなげたからって（奥田 1983）
⑤ふれあい
　(36) かたがわの壁にかた手をつきながら（奥田 1983）
⑥結果的なむすびつき
　(37) …ああして家屋を自分でたてるようになった。（奥田 1983）

0.3.2 鈴木康之 2011

　鈴木康之（2011）によれば、「ものへのはたらきかけ」は「ものだけへのはたらきかけ」と「ものへの空間的なはたらきかけ」にわけて、それぞれ二単語と三単語のむすびつきであると主張している。「ものへのはたらきかけ」については、以下のように分類されている。
　　A.「ものだけへのはたらきかけ」
　　　①＜もようがえのむすびつき＞

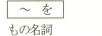

　　(38) コップをこわす（鈴木：10）
　　　②＜さわりかたのむすびつき＞

　　(39) メガネをいじる（鈴木：11）
　　B.「ものへの空間的なはたらきかけ」
　　　③＜とりつけのむすびつき＞

　　(40) かべにポスターをはる（鈴木：13）
　　　④＜とりはずしのむすびつき＞

　　(41) 赤ちゃんのホッペからごはんつぶをとる（鈴木：14）

序論　33

⑤＜うつしかえのむすびつき＞

～　を	～　から：～に　～へ　～まで	～　する
もの名詞	場所名詞	うつしかえ動詞

(42) ピアノを音楽室から講堂に移す

　さらに、鈴木（2011）は連語論について、以下のように述べている。
　　ひと切れの現実を名づける単位としての単語は、文の材料ではあるのだ
　が、どのような文をくみたてるかにかかわらず、その単語の名づけ的な意
　味を具体化するという必然から、他の単語とくみあわさるということが義
　務づけられている。つまり、連語（単語と単語とのくみあわせ）に関する
　ルールである。連語とは単語と単語をくみあわせて、より具体的な名づけ
　を実現させているコトバの構造物である。

0.3.3 高橋弥守彦 2009

　高橋（2009：3～19）は、連語と連語論について、以下のように述べている。
　　「連語とは、2つ以上の自立的な単語のくみあわせで、かつ、1つの名
　づけ的な意味をあらわしている合成的な言語単位のことである。（中略）。
　　「連語」を研究対象とする文法論を「連語論」というのである。」
　また、連語論の中の「むすびつき」について、さらに以下のように述べてい
る。

　　「一般に、連語論で「むすびつき」と呼ぶ場合には、連語の核となるカ
　ザラレの名づけ的な意味を具体化するために、一定の構造的なタイプを実
　現させていなければならない。つまり、「むすびつき」とは、カザラレの名
　づけ的な意味を具体化するためにカザリを要求し、そのカザリとカザラレ
　とのくみあわせによって実現される一定の構造的なタイプを想定しての名
　称なのである。（中略）連語論でも、もちろん「くみあわせ」という用語を
　使用する。つまり、単語と単語とが単にくみあわせられているというよう
　な意味で、「くみあわせ」という用語を使用するのである。その一方、「む
　すびつき」という用語も使用するのだが、その場合には、単なる「くみあ
　わせ」ではなく、それが一定の連語論的な意味を実現させるための構造的

34

なタイプとして、連語が客観的に存在しているということを示している。」

0.3.4 方美麗 2004

方美麗 (2004) の "把" 構文に関する「むすびつき」を簡単にまとめる。

①日本語の＜もようがえのむすびつき＞の三単語の組み合わせは「TN2 に＋TN1 を＋とりつけ動詞」であり、中国語では「把 TN＋模様変化式 V（一成）＋TN」になる。

(43) ざくろを二つに割ろうとしたはずみに、（方 2004）
   想把石榴果瓣成两半的刹那间、（方 2004）

②日本語の＜とりつけのむすびつき＞[26) の三単語の組み合わせは「TN2 に＋TN1 を＋とりつけ動詞」であり、中国語では「把 TN1＋とりつけ動作 V 在/到/进+TN2p」＜とりつけ＝結果＞になる。

(44) 私は左手をマントのポケットに入れ、（方 2004）
   我把左手插在斗篷兜儿里。（方 2004）

③日本語の＜とりはずしのむすびつき＞[27) の三単語の組み合わせは「TN2 から＋TN1 を＋とりはずし V」であり、中国語では「従 TN2＋とりはずし変化 V＋TN1」、「把 TN1＋従 TN2p＋とりはずし変化 V」になる。

(45) おふくろは行李から茶碗と箸を出して、（方 2004）

---

26) 方美麗 (2004 : 69) ＜とりつけのむすびつき＞は、日本語では「TN2 に＋TN1 を＋とりつけ動詞」の形で表現されているが、中国語では「把 N1＋V 在＋N2p」と「在 N2p＋V（進/了）＋N 1」及び、「N1＋V 在＋N2p」（「N2＋V 着＋N1」）の形に対応する。
27) 方美麗 (2004 : 74) ＜とりはずしのむすびつき＞は、日本語では「TN2 から＋TN1 を＋とりはずし V」の三単語のくみあわせである。中国語では「従 TN2＋とりはずし変化 V＋TN1」、「把 TN 1＋従 TN2 p＋とりはずし変化 V」である。

序論　35

母亲从行李中拿出碗筷、[28]

　④日本語の＜うつしかえのむすびつき＞の三単語の組み合わせは「TN1 を
＋LN2 に、へ、から、まで＋移し換え V」であり、中国語では、直接対象をあ
る空間から移動する場合は、「把 TN1＋従 LN＋うつしかえ変化 V（－来、－去
／－起／－上）」で表現されるが、直接対象をある空間に移す場合は、「把 TN＋
VA（－到／－進）＋LN」と「把 TN＋VA（－到／－進）＋LN$_p$」の形で表現され
ている。

　(46)　把肥料従倉庫搬到学校。（方 2004）
　　　　肥料を倉庫から学校まで運ぶ。（方 2004）

　筆者はこれらの先行研究の「くみあわせ」と「むすびつき」の考えに基づき、
中国語における"把"構文を分析・考察することとする。また、中国語におけ
る"把"構文の構造に関わる「変化のくみあわせ」及びいくつかの「むすびつ
き」があり、第一章において、"把"構文の語義に関わる「変化のくみあわせ」
および「むすびつき」の定義づけを試みる。

0.4　本書の構成

　本書は二部に分けて論じる。第一部には五章、第二部にも五章あり、合わせ
て十章から構成される。第一部において現代中国語の"把"構文の特徴につい
て論じる。第一章では本書においてよく言及される「変化のくみあわせ」とい
う概念を定義づける。第二章では、"把"構文の客体（「定」か・「不定」か）に
ついて論じる。第三章では"把"構文の動詞について論じる。第四章では"把"
構文における「その他」の部分の特徴について論じ、また、"把"構文の文構造
の一つである「名詞$_1$＋"把"＋名詞 $_2$＋動詞＋"了"」についての特徴、そして、
"把"構文の「その他」の部分に可能補語を用いることができない理由につい

---

28) 方美麗（2004 : 74）によれば、"母親従行李中拿出碗快"と訳されているが、この中国
語の訳文は筆者が訳したものである。

ても論じる。第五章では"把"構文の主体について論じる。第二部においては
"把"構文存在の根拠について考察する。第六章では「"把"＋空間詞」の"把"
構文について考察し、それを「名詞＋"在"＋空間詞＋動詞」の構造の文と比
べ論じる。第七章では"把"構文における使役表現について分析する。中でも
とりわけ"把"構文で表される使役表現と"使"構文の異同について分析する。
第八章では、"把"構文が存在する理由の一つである副詞の位置の重要性につい
て考察する。中でもとりわけ範囲副詞などについて論じる。第九章では、"把个"
構文について分析し、第十章では"把"構文に対応する日本語訳の傾向につい
て論じる。

第一部　中国語における"把"構文の特徴

第一章 「変化のくみあわせ」とは

1.1 はじめに

本書における「変化のくみあわせ」は非常に重要な概念であり、本章において、この概念を定義する。

"把"構文は中国語文法の中で重要な文構造の一つである。その文構造は「名詞$_1$＋"把"＋名詞$_2$＋動詞＋その他」であり、一般に"把"構文は「処置義」（例1、2、3、4、5）を表すと言われているが、「非処置義」（例6、7）を表すこともできる。

(1) <u>把耳朵贴在地上</u>，他听着有没有脚步声儿来，心跳得极快。（《骆》2）[29]
　　彼は<u>地面に耳をおしつけて</u>かすかな足音でも聞きわけようとした。胸が早鐘を打つようにはずんだ。（『ラ』: 33）[30]

(2) 她把小福子看成个最可爱，最可羡慕，也值得嫉妒的人。（《骆》17）
　　虎妞は<u>彼女に</u>ぞっこん惚れこみ、羨ましがり、また、ねたましく思いもした。（『ラ』: 281）

(3) 更严重一些的，有时候碰了行人，甚至有一次因急于挤过去而<u>把车轴盖碰丢了</u>。（《骆》1）
　　ひどいときは、通行人にぶつかってしまったこともあるし、混雑をむりにすりぬけようとして<u>心棒のカバーをすっとばしてしまったこ</u><u>と</u>さえある。（『ラ』: 16）

(4) <u>把东城西城都跑遍了</u>。（吕叔湘 1999 : 54）
　　<u>東城と西城、すべて回りました。</u>

(5) 那么多的字<u>把她写得头昏眼花</u>。（金立鑫 2002 : 17）
　　たくさんの漢字を書いたので、<u>彼女の頭は朦朧となった。</u>

---

29) 《骆》2）は《骆驼祥子》の第2章を表している。
30) 『ラ』: 33）は『らくだのシアンツ』の33頁のことを表している。

第一章 「変化のくみあわせ」とは　39

(6) 祥子说得很慢，可是很自然；听说买车，他把什么都忘了。(《骆》16)
　　祥子は、ごくゆっくりとではあるが、すらすらと言った。車を買う
　　と聞いて、なにもかも忘れてしまったのである。(『ラ』: 265)

(7) 因为工龄不够，一上大学还把工资免了。(《插队》)[31]
　　勤務年数が足りないから大学に進学すると給料まで止められる。[32]

　上掲の“把”構文を見てみると、例 (1) のように「処置義」を表す文が典型
的な“把”構文であり、例 (1) の文構造は「動作主ヒト＋“把”＋名詞2＋(処置
義)動詞＋その他」である。主体が意図的に“把”の客体を処置し、客体を空間
的に移動させたことを表す「意図的な処置のむすびつき 1」は“把”構文の基本
義として使われている。例 (2) の文構造は「動作主ヒト＋“把”＋名詞2＋(処置
義)動詞＋その他」であるが、主体が同じく意図的に“把”の客体を処置しても、
その結果は客体ではなく、主体の意識を変化させることを表す。この「意図的
な処置のむすびつき 2」は“把”構文の派生義として使われている。例 (3) の
文構造は「動作主ヒト＋“把”＋名詞2＋(処置義)動詞＋その他」であるが、非意
図的に“把”の客体を変化させたり、結果を引き起こしたりすることを表す。
この「非意図的な処置のむすびつき」も“把”構文の派生義として使われてい
る。例 (4) の文構造は「ヒト＋“把”＋空間名詞＋動詞＋その他」であり、
「動作の範囲・場所のむすびつき」と名付ける。例 (5) の文構造は「コト・モ
ノ＋“把”＋名詞2＋動詞＋その他」であり、これは使役の一種の「作用使役」
であり、「使役のむすびつき」と名付ける。例 (6) の文構造は「動作主ヒト＋
“把”＋名詞2＋(心理活動)動詞＋その他」である。主体は“忘”という動作を意
図的に行うことができないため、「非処置義」を表す“把”構文である。この
「心理活動のむすびつき」は「非処置義」であり、これも“把”構文の派生義
として使われている。また、例 (6) は「非処置義」を表す“把”構文であり、
非意図的に“把”の客体を変化させたり、結果を引き起こしたりする。例 (7)

―――――――――――
31) 例 (7) は『中日対訳コーパス (第一版)』北京日本研究センター2003 の中の《插队的
故事》の中の文である。
32)『大地』では、勤務年数が足らないから大学に進学すると給料まで止められる。と訳し
たが、筆者が修正した訳文である。

40　第一部 中国語における "把" 構文の特徴

の文構造は「（迷惑を受ける）ヒト＋"把"＋名詞$_2$＋動詞＋その他」であり、「第三者の受身のむすびつき」[33] と名付ける。これらも "把" 構文の派生義として使われている。本書において、"把" 構文の核である「"把"＋名詞$_2$＋動詞＋その他」を「変化のくみあわせ」とし、これを「連語論的な意味」と「構造的なタイプ」とによって、いくつかの種類の「むすびつき」に分類する。例えば、以下の如くである。「意図的な処置のむすびつき 1」、「意図的な処置のむすびつき2」、「非意図的な処置のむすびつき」、「動作の範囲・場所のむすびつき」、「使役のむすびつき」、「心理活動のむすびつき」、「第三者の受身のむすびつき」。本章は実例を用いて、「変化のくみあわせ」の定義づけを目的とし、さらに、これらの分類の合理性を証明したいと考えている。

1.2 先行研究

"把" 構文について、王力（1943：160〜172）、呂叔湘主編[34]（1999：53〜56）、李人鑑（1988：105、1991:49）、劉培玉（2003：44〜49）、郭浩瑜（2010：50）、馬真（2015：116〜117）などの各言語学者は以下のように述べている。

1.2.1 王力 1943

王力（1943：160〜172）（序論の先行研究を参照）

1.2.2 呂叔湘主編 1999

呂叔湘主編(1999：53〜56)："把" 構文は「処置」の意味を表すほか、「使役」、

---

33) 鈴木康之（1977：48）によれば、現代日本語の動詞の受動態には、直接対象のうけみ（直接的なうけみ）・あい手のうけみ（間接的なうけみ）・もちぬしのうけみ・第三者のうけみという四種の用法がみられる。第三者のうけみとは、能動態を述語とした文の意味することがらによって迷惑をうける第三者を主語として現す場合の用法である。例：あめがふった。（能動態）　みんなは　あめに　ふられた。（受動態）

34) 呂叔湘主編（1999：53〜56）は《現代汉语八百词（増订本）》で "把字句" について、以下のように記述している。（下記の引用文では例文が省略されている。）
1.表示处置。名词是后面及物动词的受动者。'把' 字后边也可以是动词短语或小句，但较少。
2.表示致使。后面的动词多为动结式。（中略）3.表示动词的处所或范围。4.表示发生不如意的事情，后面的名词指当事者。（偏偏把老李给病了。）5.拿、对。（我把他没办法。）（中略）关于 '把' 后面的名词，名词所指事物是有定的，已知的，或见于上文，或可以意会。前面常加 '这'、'那' 或其他限制性的修饰语。代表不确定的事物的名词，不能跟 '把' 组合。

行為の「場所・範囲」、「望ましくない結果」、「〜を対象に」或いは「〜に対する」の五つの意味を表すこともできると述べている。

1.2.3 李人鑒 1988

李人鑒（1988：105〜110）[35]によれば、"把"字構造は"使"字構造とかなり似ているところがあり、また李（1991：49）によれば、"把"構文は"致使"の意味を表すこともできると述べている。そのような"把"構文の"把"はおおむね"使"、"叫"、"让"に置き換えることもできると主張している。

1.2.4 刘培玉 2003

刘培玉（2003：44〜49）によれば、

"把字句的句法结构是对现实世界"A 作用于 B"情景的临摹。（中略）把字句的句法结构类型是对这个情景的不同侧面的突显。把字句表现的是以 B 的空间位移特征为原型的隐喻系统。"。（中略）"把字句表现的是一个以物体空间位移为原型语义特征向心理空间领域、时间领域、信息传递领域、变化领域和判断领域投射的隐喻系统。"（"把"構文の文法構造は、現実世界において『AがBに対して作用する』情景の描写である。（中略）"把"構文の文法構造の類型は、この情景の各側面を異なる角度から際立たせるものである。"把"構文が表現しているものは、B の位置移動の特徴を原型とした隐喻系統である。」（中略）「"把"構文が表現しているものは、物体の位置移動をプロトタイプとする語義特徴が心理空間領域、時間領域、情報伝達領域、変化領域および判断領域に投射するメタファーの体系である。」

だが、刘培玉（2003：44〜49）は、次の例文のような、"把"の客体が場所名詞になっている"把"構文には、触れていない。

35）李人鑒（1988：105〜110）では、以下の例が挙げられている。
A. 哎呀，你可回来了！真把人想坏了。（李人鑒 1988）
A. 哎呀，你可回来了！真让/叫人想坏了。（李人鑒 1988）
あゝ、やっと帰ってきたのね、会いたくて仕方がなかったのよ。

42　第一部 中国語における"把"構文の特徴

(8) 你把里里外外再检查一遍。（呂叔湘：1999）
　　くまなく、もう一回調べてください。

1.2.5 郭浩瑜 2010

郭浩瑜（2010：50）によれば、"把"構文は「処置」、「使役」を表すほかに近代漢語では"遭受义"[36]を表すこともできる。こういったような不慮のできごとを受けた被害義を表す場合、その"把"構文は"遭受义"の"把"構文と言っている。

1.2.6 马真 2015

马真(2015：116～117)によれば、"把字句主要用来表示处置。但有时也用来表示致使，或者表示动作所涉及的范围。"（"把"構文は処置を基本義とするものの、時には働きかけ、或いは動作が関わる範囲を表すことにも用いられる。）と述べている。

しかも、"他把嗓子都喊哑了。"（彼は叫んで喉が嗄れしまった。）と"把个老李病了。"（李さんに病気にかかられてしまった。）の二つの文とも"致使"に属しているが、筆者はこの二つの文は内容の違う"致使"（前者は被害をうけたのは彼であるが、後者では、被害をうけたのは李さんではなく、話者である。）だと考えている。その異同については後述に譲る。

先行研究では、"把"構文がなぜいくつもの種類に分類できるのか、その理由について、各位それぞれの説があるが、筆者が納得するものはなかった。

1.3 "把"構文の意味分類

本書では、"把"構文を以下の七つに分類する。基本用法の「意図的な処置のむすびつき 1」（客体を変化させる）と派生用法の「意図的な処置のむすびつき 2」（主体を変化させる）、「非意図的な処置のむすびつき」、「動作の範囲・場所

36）郭浩瑜（2010：50）では、以下の例が挙げられている。
　例：(黛玉)又想梦中光景，无倚无靠，再真把宝玉死了，那可怎么样好？ 《红》82)
　　　(黛玉)また夢の中のことを思い出し、頼るべきところがなく、さらに本当に宝玉に死なれたら、どうしたらよいのか？

第一章 「変化のくみあわせ」とは　43

のむすびつき」、「使役のむすびつき」、「心理活動のむすびつき」、「第三者の受身のむすびつき」である。

1.3.1「意図的な処置のむすびつき1」の場合

　「意図的な処置のむすびつき1」を表現する"把"構文の構造は「動作主ₕₜ＋"把"＋名詞₂＋ (処置義) 動詞＋その他」である。「意図的な処置のむすびつき1」の主体はヒトであり、主体は自分自身の意思を持って、意図的に客体に働きかけ、ある出来事を実現させようとする。つまり、「意図的な処置のむすびつき1」は動作により、客体を空間的に移動させ、或いは、その意識を変化させることである。

　　(9) 逃回城里之后，他并没等病好利落了就把车拉起来，虽然一点不服软，可是他时常觉出疲乏。(《骆》5)
　　　　逃げもどって以来、彼はからだがすっかりよくならないうちに、もう稼ぎはじめた。へたりこむなどということはなかったが、ばかに疲れやすくなった。(『ラ』: 71)
　　(10) 祥子一边吃，一边把被兵拉去的事说了一遍。(《骆》4)
　　　　祥子はご馳走になりながら、兵隊につれさられた顛末を話した。(『ラ』: 62)

　例 (9) にある主体"他"が意図的な動作"拉"を通じて、客体である"车"を"起来"という結果に影響を及ぼし、客体である"车"は空間的に移動された。例 (10) にある主体"祥子"が意図的な動作"说"により、聞き手に客体である"被兵拉去的事"という情報を伝えられたことを表す。客体である"被兵拉去的事"は話し手から聞き手へと伝達され、この情報を広く知らしめたというようなことを表す。例 (10) はメタファー的に客体の位置が移動された。例 (9)、例 (10) は全て客体が移動されたり、情報を伝達されたりであり、主体であるヒトが、処置を表す動作により、客体に結果を引き起こす「意図的な処置のむすびつき1」は「変化のくみあわせ」の基本用法である。

1.3.2 「意図的な処置のむすびつき2」の場合

「意図的な処置のむすびつき 2」を表現する"把"構文の構造は「動作主ヒト＋"把"＋名詞₂＋ (処置義) 動詞＋その他」である。主体はヒトであり、主体は意思を持って、意図的に客体に働きかけ、ある出来事を実現させようとする。その動作の結果として、主体は自分自身を空間的に移動させ、或いは、意識を変化させることである。

(11) 他对猴子们特别的拿出耐心法儿，看在头儿钱的面上，他得把这群猴崽子当作少爷小姐看待。(《骆》5)

そう思ったので、死んだ気になり、寺銭に免じてこの餓鬼どもをお坊っちゃんお嬢ちゃん扱いしてやった。(『ラ』: 79)

(12) 他把小福子的事也告诉了老人，他把老人当作了真的朋友。(《骆》23)

彼は爺さんを心からの友だちと思い、小福子のこともうちあけた。(『ラ』: 365)

例 (11) にある主体"他"は意図的な動作"当作"により、客体である"这群猴崽子"を移動させたり、変化させたりしていない。しかし、主体はこの動作"当作"により、自分が客体である"这群猴崽子"を"少爷小姐"と見なし、自分の考え方を変えている。この文は客体が移動・変化したというより主体の認識が変化したと言えるだろう。例 (12) も同じく、客体である"老人"が何にも移動も変化もしておらず、却って、主体である"他"の意識だけが変化したということである。

つまり、動作によって、主体が空間的に移動させられたり、意識を変化させられたりした結果を表す「意図的な処置のむすびつき 2」は「変化のくみあわせ」の派生用法として使われている。

まとめると、「意図的な処置のむすびつき」の分類は、以下[表 1]のように表現できる。

第一章 「変化のくみあわせ」とは　45

[表 1] 「意図的な処置のむすびつき」の分類

	主体	客体	動詞	結果
基本義	ヒト	ヒト・モノ・コト	処置義	客体の空間的な移動・状態的な変化・認識的な変化
派生義	ヒト	ヒト・モノ・コト	処置義	主体の空間的な移動・状態的な変化・認識的な変化

1.3.3 「非意図的な処置のむすびつき」の場合

　「非意図的な処置のむすびつき」の文構造は「動作主ヒト＋"把"＋名詞$_2$＋動詞＋その他」である。主体はヒトであり、非意図的な動詞、例えば"丢"などのような動詞を用いて、これらの動詞が表す動作はコントロールできないこと、或いは、処置義がある動詞を用いて、非意図的な結果になってしまったことを表す。主体は意思を持って、或いはあいまいな意思の下に"放任"している。それらの働きによって、客体が結果や変化を引き起こすのである。

(13) 更严重一些的，有时候碰了行人，甚至有一次因急于挤过去而把车轴盖碰丢了。 （再掲例3）
　　ひどいときは、通行人にぶつかってしまったこともあるし、混雑をむりにすりぬけようとして心棒のカバーをすっとばしてしまったことさえある。(同上)

(14) 他晓得自己的病源在哪里，可是为安慰自己，他以为这大概也许因为二十多天没拉车，把腿撂生了；跑过几趟来，把腿蹓开，或者也就没事了。（《骆》16)
　　思いあたるふしがあったが、いやいや、これはきっと二十何日もぶらぶらしていたために足がなまったんだから、何度か走って足ならしをすればけろりとなおってしまうかもしれないと、自分に言聞かせた。(『ラ』: 252)

　例 (13) の主体もヒトであり、主体の動作"碰"は処置の意味を持つ動詞であり、この動作によって、この"丢"という結果を意図的に起こさせるものではなく、非意図的な結果になってしまっていることを表しているものである。

46　第一部 中国語における "把" 構文の特徴

よって、例 (13) は「非意図的な処置のむすびつき」であり、これも「変化の
くみあわせ」の派生用法として使われている。例 (14) も同様である。

1.3.4 「動作の範囲・場所のむすびつき」の場合

「動作の範囲・場所のむすびつき」を表現する "把" 構文の構造は「ヒト＋
"把" ＋空間名詞＋動詞＋その他」であり、主体であるヒトは客体である場所
で動作をし、結果や変化を引き起こすのである。

> (15) 你把里里外外再检查一遍。（再掲例 8）
> くまなく、もう一回調べてください。
>
> (16) 劝父亲是没用的，看着祥子打他也于心不安。她将全身都摸索到了，
> 凑出十几个铜子儿来，交给了弟弟。（《骆》20）
> 父親をなだめてもむだだとわかっていたし、祥子が彼を殴るのも見る
> に忍びなかった。あちこちさがして銅貨を十五、六枚かき集め、弟
> にわたした。（『ラ』: 320）

例 (15) の主体である "你" が客体である "里里外外" で "检查" という行
為を行うのであるが、"里里外外" は動作の対象だけではなく、動作する場所或
いは範囲である。さらに、この動作をした結果が "一遍" である。同様に、例
(16) の主体である "她" が客体である "全身" を "摸索" という動作で「処
置」し、その結果は "（摸索）到" となった。「動作の範囲・場所のむすびつき」
は "把" を使って、これらの場所・範囲をどのようにしたかということを表し
た文である。ヒトが処置する対象が場所・範囲を表す「動作の範囲・場所のむ
すびつき」も「変化のくみあわせ」の派生用法として使われている。

1.3.5 「使役のむすびつき」の場合

使役義を表す "把" 構文の構造は「コト・モノ＋ "把" ＋名詞$_2$＋動詞＋その
他」である。これらの "把" 構文の主体はすべて意思性がないコト・モノであ
り、"把" ＋名詞$_2$＋動詞＋その他」は主体の影響により、客体に起こさせる結
果や結論を表している。

第一章 「変化のくみあわせ」とは　47

(17) 他一瞪眼，和他哈哈一笑，能把人弄得迷迷忽忽的，仿佛一脚登在天堂，一脚登在地狱，只好听他摆弄。(《骆》4)
　　彼の一顰一笑に気もそぞろ、天国と地獄に足を片方ずつおいているみたいな気持になって、彼の思うさまにひきずりまわされてしまうのである。(『ラ』: 57)

(18) 又待了一会儿，西边的云缝露出来阳光，把带着雨水的树叶照成一片金绿。(《骆》18)
　　さらにしばらくすると、西のほうの雲の切れ間から太陽が顔をだし、雨に濡れた木の葉を金色に染めた。(『ラ』: 296)

　例 (17) の主体は"他一瞪眼，和他哈哈一笑"であり、「使役のむすびつき」である"把人弄得迷迷忽忽的"は、動作"弄"によって、客体に起こさせた結果である。例 (18) の「使役のむすびつき」も結果を表している。使役義を表す「使役のむすびつき」も「変化のくみあわせ」の派生用法として使われている。

1.3.6 「心理活動のむすびつき」の場合
　「心理活動のむすびつき」の文構造は「動作主ヒト＋"把"＋名詞2＋(心理活動など)動詞＋その他」である。主体はヒトであり、心理活動を表す動詞"忘"や"想"などを用いる。動作主はこれらの動詞が表す動作をコントロールできない。動作主である主体は意思を持って、或いはあいまいな意思の下に"放任"している。それらの働きによって、客体が結果や変化を引き起こすのである。

(19) 过了些日子，生活又合了辙，他把这件事渐渐忘掉，一切的希望又重新发了芽。(《骆》8)
　　日がたって、生活がふだんの状態にもどるにつれ、その事件の記憶もしだいに薄らいでいった。それにともない、さまざまな希望がふたたび芽を吹いてきた。(『ラ』: 117)

(20) 骆驼! 祥子的心一动，忽然的他会思想了，好象迷了路的人忽然找到一个熟识的标记，把一切都极快的想了起来。(《骆》2)

48 第一部 中国語における "把" 構文の特徴

　　　「駱駝！」ドキンとした瞬間、祥子の頭は、また働きだした。　道に
　　　迷った人間は、見知った目じるしにばったりぶつかったとたん、<u>ぱ</u>
　　　<u>っとすべてを思いだすものだ</u>。（『ラ』：30）

　例（19）の主体もヒトであり、主体の動作 "忘" は心理活動動詞であり、例
（20）の主体もヒトであり、主体の動作 "想" も心理活動動詞である。いずれ
にしても、心理活動により、意思性を持つ主体が客体を意図的にコントロール
できるわけではない。客体を "放任" させ、それらのような結果になってしま
うという表現である。コントロールできない動作を表す「心理活動のむすびつ
き」も「変化のくみあわせ」の派生用法として使われている。

1.3.7 「第三者の受身のむすびつき」の場合
　文構造は「_(迷惑を受ける)ヒト＋ "把" ＋名詞$_2$＋動詞＋その他」である "把" 構
文の主体（ヒト）は客体に動作する仕手（ヒト）ではなく、このむすびつき
「"把" ＋名詞$_2$＋動詞＋その他」の結果により、被害をこうむるヒトである。

　　(21)　因为 他 工龄不够，一上大学还把工资免了。（勤続年数が足りな
　　　　　いから大学に進学すると<u>給料まで止められる</u>。）（再掲例7）
　　(22)　把个囚犯给跑了。（金立鑫 2002）
　　　　　罪人に逃げられた。
　　(22)'　那个监狱/他 把个囚犯给跑了。（作例）
　　　　　（あの監務所/彼）<u>は罪人に逃げられた</u>。

　例（21）の "把" 構文は、"把工资免了" という迷惑を受ける第三者を主体
"他" とする文であり、その主体 "他" は "把工资免了" の仕手ではない。鈴
木康之（1977：48前注29を参照）、高橋弥守彦（2011：72）[37]によれば、例（22）

---
37) 高橋弥守彦（2011：72）も鈴木の説に従い、直接対象の受身・相手の受身・持ち主の
受身・第三者の受身の四種の受身を簡潔に紹介している。第三者の受身とは能動文の文中
に現れていない迷惑を受ける第3者を主体とする文であり、両者の関係は以下のようにな
るであろう。例：花子が死んだ。⇨両親は花子に死なれた。

第一章 「変化のくみあわせ」とは　49

は第三者の受身である。よって、例 (22) は「第三者の受身のむすびつき」である。同様に、例 (22)' の"那个监狱"/"他"は"把囚犯给跑了"をさせた仕手ではなく、"把囚犯给跑了"という被害をこうむる主体である。よって、例 (22)' も「第三者の受身のむすびつき」である。主体であるヒトが被害をこうむることを表す「第三者受身のむすびつき」も「変化のくみあわせ」の派生用法として使われている。

1.4 「変化のくみあわせ」の定義

　前節では、"把"構文にはこれらの 7 種類があることを明らかにした。この 7 種類の"把"構文を包括して、変化を表す「変化のくみあわせ」と定義づける。"把"構文の意味構造とそれを言語化する文構造は以下のように図式化できる。

　[表 2]　"把"構文の意味構造と文構造
　　意味構造 [38]：
　　　　基本義：対象は処置されまたは処置された後の結果または状態
　　　　派生義：その他の意味及び状態
　　文構造：「名詞₁＋"把"＋名詞₂＋動詞＋その他」

1.4.1 本論文における変化 [39] について

　変化とは、《現代汉语词典》第 7 版 (2016：80) では、"变化是事物在形态上或本质上产生的新状况"（変化とは事物の形態或いは本質に生じた新しい状況である。）と定義づけているが、本論文の言う変化とは、より抽象度の高い幅広い変

---

38)"把"構文に関する研究は多いが、以下の二人の意見がその代表と言ってよいであろう。王力 (1985：124) 提出：象"我把那一封信烧了"一类的句子可称为处置式。金立鑫 (2002：19) 提出："把"字句₁说明的是"对象被处置以及处置以后的状态"，在语义上表现"被处置"的语义特征，而"把"字句₂说明的是"A 使 B 出现某种状态"，在语义上必须满足"致使"的语义特征。
39) 輿水優・島田亜美 (2009：96) でも"把"構文に対し「このように、単に『…を…する』と述べるのではなく、特定される事物に対しどのように処置するか、あるいは変化影響を与えるか、を述べる場合、賓語に示されていた動作行為の受け手を"把"で取り出し、動詞の前に移す。」と説明し、「変化」を用いているが、変化についての説明はない。

化を意味し、主体・客体に生ずる空間の移動及び時間の変化に伴う状態の変化と認識の変化を指す。これについて、スキーマの概念を用いて，以下に分析する。

1.4.1.1 スキーマについて

　スキーマとは、経験を抽象化・構造化して得られる知識形態のことで、思考活動のもとになる知識の鋳型あるいは規範の形で蓄えられているという（辻幸夫, 2013：8）。また、谷口一美（2003：51）では、イメージスキーマは身体的に基本的な経験から抽象化された一定のパターンであると述べている。経験から獲得されたスキーマが、認知言語学において重要な意義を担う理由は、言語の多義性（Taylor, 2012：241）[40]は、イメージスキーマを介して拡張されると考えられているからである（Lakoff, 1987）。物理的な移動は、繰り返され、定着した身体経験によって意味拡張されるのである（神野智久, 2016：40）。以上のことを総合すると、空間的な移動を次のように図式化することができるだろう。

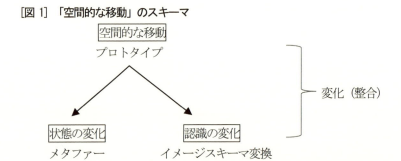

[図1]「空間的な移動」のスキーマ

　空間的な移動は、イメージスキーマを介して、メタファー的な意味とイメージスキーマ変換による拡張義に拡張される。空間的な移動と状態の変化及び認識の変化を整合したものが本論文における「変化」の定義である。

---

40) テイラーは、多義性について「単一の形態で表される2つか、それ以上の関連した意味の繋がり」と述べている（Taylor 2012：241）。

1. 4. 2 "把"構文の「変化のくみあわせ」

　連語については、鈴木康之（2011：3）の唱える「連語論的な意味」と「構造的なタイプ」とによる意味分類として、二つ以上の実詞を含む単語のくみあわせとしての連語を各むすびつきに意味分類している。また、鈴木康之の影響を深く受けている高橋弥守彦（2011：94〜95）は、中国語の連語について、「二つ以上の実詞を含む単語より具体的な意味を表すひとまとまり性のあるくみあわせである」と規定し、ひとまとまり性のある連語が簡単に語順を換えられない理由について述べている。本論文における「変化のくみあわせ」は「名詞 1 ＋"把"＋名詞 2 ＋動詞＋その他」の構造であり、「連語論的な意味」と「構造的なタイプ」とによって、以下の[表3]のように「意図的な処置のむすびつき1」と「意図的な処置のむすびつき2」と「非意図的な処置のむすびつき」と「動作の範囲・場所のむすびつき」と「使役のむすびつき」と「心理活動のむすびつき」と「第三者の受身のむすびつき」の七つの「むすびつき」になると定義づける。

　《骆驼祥子》について調査したところ、同資料に"把"構文は428例があり、基本用法と派生用法の例文数と割合は以下[表 3]のように分布していることが明らかとなった。

52 第一部 中国語における "把" 構文の特徴

[表 3] "把" 構文の基本義と派生義についての分類

中国語の "把" 構文			例文数	割合
基本義	処置義	意図的（客体の移動と状態変化） 「動作主_{ヒト}＋"把"＋名詞₂＋_(処置義)動詞＋その他」 「意図的な処置のむすびつき 1」（例9、10）	354例	82.7%
派生義		意図的（主体の移動と状態変化） 「動作主_{ヒト}＋"把"＋名詞₂＋_(処置義)動詞＋その他」 「意図的な処置のむすびつき 2」（例11、12）	19例	4.4%
		非意図的処置 「動作主_{ヒト}＋"把"＋名詞₂＋動詞＋その他」 「非意図的な処置のむすびつき」（例13、14）	12例	2.8%
		活動範囲・場所 「ヒト＋"把"＋空間名詞＋動詞＋その他」 「動作の範囲・場所のむすびつき」（例15、16）	2例	0.5%
		使役表現 「コト・モノ＋"把"＋名詞₂＋動詞＋その他」 「使役のむすびつき」（例17、18）	19例	4.4%
	非処置義	心理活動 「動作主_{ヒト}＋"把"＋名詞₂＋_(心理活動など)動詞＋その他」 「心理活動のむすびつき」（例19、20）	22例	5.1%
		受身表現 「_(迷惑を受ける)ヒト＋"把"＋名詞₂＋動詞＋その他」 「第三者の受身のむすびつき」（例21、22）	0例	

1.5 おわりに

　本章では、"把" 構文に用いられる「変化のくみあわせ」について分析を行った。「変化のくみあわせ」は "把" を使い、主体が客体に働きかけたり、影響を与えたりしている。「主体」は意思をもつヒトである場合が多いが、意思をもたない「コト」、「モノ」である場合もある。そのために、上記の[表 3]のように基本義と派生義とに下位分類した。その基本義とは、意思性のある動作主（主体）が、処置義のある動作によって、被動作主（客体）に働きかけるその結果を表している。その派生義は、主体に意思性があるかどうか、動作が処置義をもっているかどうかにより、六つに分けられている（[表3]のように）。

53

第二章 "把" 構文の客体について

2.1 はじめに

　本章では、"把" 構文の客体[41] について分析する。一般に "把" 構文を成立
させるため、その成立条件として「名詞₂」、「動詞」、「その他」に様々な制約と
問題点とがある。たとえば、その中の「名詞₂」が「定」であるか「不定」であ
るかについて、外国人学習者にとって、非常に難しく感じられるところである。
この点について、中国語の教科書では、触れてはいるものの非常に簡単な説明
であり、十分に納得のいく内容とはなっていない。各文法書や学習書でも例文
は若干あるものの具体的な説明に乏しい。また、"把" 構文に関する、各論文や
専門書でも研究されていない点もあるし、研究されていても首肯しがたい点も
ある。そのため、本章では、先行研究と言語事実とにより、「話し手と聞き手の
視点」と「単語レベルと連語レベルと文レベルと文脈レベル」の角度から分析
と検討を試みる。

2.2 "把" 構文及び "把" の客体に関する主な先行研究
2.2.1 王力 1943

　王力は最も早い時期に "把" 構文が "把" の客体を「処置」するという考え
方を提示し、それを「処置式」（序論の先行研究を参照）と命名した。それ以降
の "把" 構文の研究に大きな影響を与えている。しかし、王力は "把" 構文の
"把" の客体について、特に触れていない。

2.2.2 呂叔湘 1999（前章 1.2.2 を参照）

　呂叔湘主編《現代汉语八百词（増订本）》（1999 : 53〜56)によると、"把" 構文
は「処置」の用法があるほか、「使役」、「行為する場所・範囲」、「望ましくない
結果」、「"拿" と "対" の意味」を表す用法があると分類し、以下のような五つ

41）通常の賓語（目的語）のことを指す。

54　第一部 中国語における"把"構文の特徴

の用法と意味を表すことができると記述し、例文を挙げている。

    Ⅰ.「処置」の意味を表す。
        (1) 把信交了。[42] (吕叔湘 1999)
          手紙を手渡した[43]。
    Ⅱ.「使役」の意味を表す。
        (2) 把鞋都走破了。(吕叔湘 1999)
          歩きすぎで、靴がぼろぼろに傷んでしまった。
    Ⅲ.「動作の場所・範囲」を表す。
        (3) 你把里里外外再检查一遍。(吕叔湘 1999)
          くまなく、もう一回調べてください。
    Ⅳ.「望ましくないことが発生する」という意味を表す。
        (4) 偏偏把老李给病了。(吕叔湘 1999)
          よりによって李さんが病気にかかってしまった。
    Ⅴ."拿"、或いは"对"(「～に対処する」)の意味を表す。
        (5) 我把他没办法。(吕叔湘 1999)
          私は彼をどうすることもできない。

  "把"構文の"把"の客体について、《现代汉语八百词（増订本）》(1999 : 54)
では、次のように述べ、非文となる例文を挙げている。
    "关于'把'后面的名词，名词所指事物是有定的，已知的，或见于上文，
或可以意会。前面常加'这'、'那'或其他限制性的修饰语。代表不确定的事
物的名词，不能跟'把'组合。"("把"の後の名詞について、名詞の示す事物
は「定的」であり、既知である、或いは前述されているか、或いは理解可能
かである。名詞の前には、常に"这"、"那"或いはその他の制限性のある修
飾語が置かれている。不確定的な事物を表す名詞は"把"と組み合わせるこ
とができない。)

---

42) 先行研究の中の"＿"、"＿"は筆者がつけたものである。以下同。
43) 吕叔湘の原文に訳文がないため、例文には筆者が訳したものを付け加えた。

第二章 "把"構文の客体について 55

(6) *他把几支铅笔拿走了。（呂叔湘 1999）
彼は鉛筆を何本か持って行った。

　呂叔湘（1999：54）は例(6)が非文であると指摘している。しかしながら、な
ぜ例(6)が非文であるかは明らかにされていない。要するに、単語レベルから
"几支铅笔"の"几"は「不定」を表しているので、呂叔湘は"把"構文の
"把"の客語が「不定」であってはならない、というのが原則なので、例(6)が
非文であると指摘しているのであろう。しかし筆者は、文脈レベルからみれば、
"把"構文の"把"の客語が「定」であれば、"把"構文は成立すると考えてい
る。

2.2.3 アン・Y・ハシモト 1986

　アン・Y・ハシモト（中川・木村訳 1986：72～79）は、"把"構文の客体につい
て、以下のように述べている。

　　「処置」構文は、形式素「把」、定表現の目的語 NP、それに通常は修飾
　成分を伴う VP によりマークされる。表層構造では、目的語 NP が、「把」の
　直後、動詞の直前に起こるので、このタイプの文は、しばしば、動詞があ
　る要素に修飾されている場合に「把」によってひきおこされる目的語の順
　序入れ換えとして記述されてきた。（中略）「把」の目的語は、いつもその
　指示対象が定的であるので、構文の共有 NP も定的であり、不定であっては
　ならないということになる。

　アン・Y・ハシモト（中川・木村訳 1986）によれば、"把"構文の客体はいつ
も定的であり、不定であってはならないと主張している。

2.2.4 劉月華ほか 1991

　劉月華ほか（日本語版 1991：623～641）は、"把"構文について、その用法を
何種類かに分け、以下のように整理している。

56　第一部 中国語における "把" 構文の特徴

　　"把" 構文とは、介詞 "把 bǎ" からなる介詞フレーズが状語として述部
に含まれている動詞述語文である。意味上及び構造上の特徴からみると、
"把" 構文のタイプは一つにとどまらない。大多数の "把" 構文において
は、介詞 "把" の目的語と文全体の述語動詞との間に意味上の動目関係が
存在する。

　(7) 他从自己的座位上把挎包拿起来。(彼は自分の座席からショルダー
　　　バッグを取り上げた。) (刘 1991)

　　このタイプの "把" 構文の働きは処置や影響を表すこと、即ち、どのよ
うな処置や影響を "把" の目的語に対して与えようとするか (動作が実現
していない場合)、或いは与えたのか (動作が実現している) を表すことで
ある。
　　述語動詞が "丢"、"洒" などの無意識の動作を表すものや、"爱"、"恨"
などの精神活動を表すものである "把" 構文は、意識的な処置は表さない
ものの、述語動詞と介詞 "把" の目的語との間にはやはり意味上の動目関
係が存在しており、これも広い意味では処置であり、処置や影響を表す文
型であるとみなすことができる。
　　動目関係を想定しにくい "把" 構文も少数ながらある。

　(8) 姑娘们把肠子都要笑断了。(娘達は腹がよじれんばかりに笑った。)
　　　(刘 1991)

　また "把" 構文の "把" の客体については、劉月華ほか (1991 : 628～629) は
以下のように述べている。

　　介詞 "把" の目的語は多くは名詞であるが、動詞や動詞フレーズである
 こともある。

(9) 今年夏天，他把游泳学会了。（今年の夏、彼は水泳をおぼえた。）
　　（刘1991）

　　“把”構文が事物に対する処置や影響を表すことから、処置や影響を受けるところの事物即ち“把”の目的語は普通特定の指示対象を持っている。つまり、それは何らかの特定の事物であって、不特定の事物ではない。この特定の事物なるものは多くは前文で既出のものかまたは話し手と聞き手の双方にとって既知のものである。

(10) 我把这个消息告诉了老纪。（私はこの知らせを紀さんに伝えた。）
　　（刘1991）

　　前文に表れていないものや、聞き手にとって未知のものが“把”の目的語になる時には、修飾語を伴うことによって特定化されていることが多い。

(11) 这样，我就不得不把游湖的计划延长了一天。（そこで私は湖見物の予定を一日延長せざるを得なくなった。）（刘1991）

　　“把”の目的語が“一个”等の数量フレーズを含んでいることもあるが、このような目的語もやはり特定の事物を表している。ただ、明示的に表す必要がない、またはそうする術がないと話し手が考えているのである。

(12) 刚才我把一个孩子碰倒了。（さっき私は子供にぶつかって倒してしまいました。）（刘1991）

　　例（12）の“一个孩子”は即ち私がぶつかって倒した子供であって、特定のヒトである。
　　“把”の目的語がその類に属する全ての事物を表すものであったり、抽象的事物を表すものであったりすることもあるが、このような目的語もより大きな範疇の中では特定化されている。

58　第一部 中国語における "把" 構文の特徴

　　(13) 他挥了一下手似乎要把一切烦恼统统赶走。（彼は全ての悩みを残ら
　　　　ず追い払ってしまおうとするかのように手を振った。）（刘 1991）

　劉月華ほか（1991）では、"把" の「客体」は一般に「既知」のコト・モ
ノ・ヒトを指し、「既知」でないコト・モノ・ヒトの場合は、"把" の「客体」
の前に連体修飾語（例 11）を用いて特定化している。また言語環境によって、
"把" の「客体」が聞き手にとって、確定でありかつ既知のものとして理解で
きるコト・モノ・ヒトの場合もあるとして、例（12）を挙げている。
　劉月華ほか（1991）は "把" 構文の "把" の客体が特定であることについて、
詳述しているが、単語レベルの観点のみで考えるにとどまり、単語レベル・連
語レベル・文レベル・文脈レベルの四つのレベルから総合的に考えているので
はない。そのため、筆者は本章において、"把" 構文の "把" の客体が特定であ
ることをこの四つのレベルから総合的に考察分析を行い、「定」の概念を明らか
にする。

2.2.5 李臨定 1993
　李臨定（1993：264～274）によれば、"把" 構文について、次のように記述し
ている。
　　　"把" 字文の特徴：
　　 A. "把" 字文には、ふつう対応する賓語後置文がある。
　　 (14) 我吃了那个苹果了：我把那个苹果吃了（私はあのリンゴを食べた）
　　　　 （李 1993）

　　コロンの左側は賓語後置文であるが、この両文の表す意味は、基本的に
　同じである。

　　B. 意味からみて、"把" 字文には処置を強調する作用がある。ここにいう
　処置とは、"把" 字文の述語部分が表している動作行為が賓語の指す人また
　は物に対して、ある種の影響を及ぼし、その人また物にある種の変化を起
　こさせたり、ある種の結果を生じさせることを指す。

第二章　"把"構文の客体について　59

　C. 賓語後置文の賓語は、ふつうは不確指 44) である（特にそれと指定しない）。それに対して、"把"字文の賓語は、ふつう確指でなくてはならない（特にそれと指定する）。

　(15) 他卖了衣服了：他把衣服卖了（彼はきものを売った）（李 1993）

　コロンの左側の文の賓語"衣服"は不確指で、どのきもの、また、どんなきものと特定していない。コロンの右側の文の賓語"衣服"はふつう確指であって、話し手聞き手の双方にとって既知の物であり、"他把那件衣服卖了。"（彼はあのきものを売った。）、"他把家里的旧衣服卖了。"（彼は家にある古着を売った。）などの文の表現する意味に相当する。

　(16) 我已经吃了饭了：我已经把饭吃了（私はもうご飯を食べた）（李 1993）

　コロンの両側の文の用いている実詞は同じであるが、意味はまったく異なっている。左側の文の"饭"は不確指であって、文の意味は"吃饭"（食事する）という事が完成したことを表している。右側の文の"饭"は"米饭"（米のご飯）を指しており、しかも確指で、話し手聞き手の双方にとって既知であり、"锅里的饭"（なべの中のご飯）或いは"你给我留的饭"（あなたが私に残しておいたご飯）などである。

　　D. "把"字文が処置を強調する作用をすることから、処置作用を表さない非動作動詞は、"把"字文を組み立てることができない。

　李（1993）は、"把"構文の客体の特定と不定については、不確指であってはならないと主張する。

---

44)「不確指」とは中国語の"不确指"であり、「指定しない」という意味である。

60 　第一部 中国語における "把" 構文の特徴

2.2.6 朱徳熙 1995

　朱徳熙（1995：250〜255）によれば、"把"の働きは受動者を導入することにある。"把"からなる述連構造[45]では、動詞は単純な単音節動詞や単純な二音節動詞であってはならない。そこに用いられる動詞は、少なくとも重畳形でなければならず、より多く見られるのは、その前後に何か別の成分を伴っているかたちであると主張している。

　また、"把"の客体について、次のように述べている。

　　　"把"の客体で最もよく見られるのは、以下の文中に挙げる動詞の受動者にあたるものである。

　　(17) 把门锁上。（ドアに鍵を掛ける。）（『文法講義』略『文法』：251 以下同）

　　　動詞句（動補構造かまたは動目構造）全体にとっての受動者にあたるものである。

　　(18) 把脚都走大了。（歩いて足までむくませてしまった。）（『文法』：251）

　　　"把"の客体が動作者を示す例もある。

　　(19) 别把犯人跑了。（犯人を逃がすな。）（『文法』：251）

　　　"把"の客体は意味上つねに定的である。

---

45) 朱徳熙（1995：251）によれば、述連構造について、以下のように例文をいくつか挙げている。①動詞が重畳形である。把桌子抹抹。②動詞の前に副詞の"一"が用いられる。把头一拍。③動詞の前に"往〜"、"当〜"という前置詞構造が用いられる。把袖子往上卷。④動詞の後に補語が伴われる。把绳子铰断。⑤動詞の後に目的語が伴われる。把他免了职。⑥動詞の後に接尾辞"着"あるいは"了"が伴われる。把门开着。

第二章 "把"構文の客体について　61

(20) <u>把那位大夫</u>请来了。（あのお医者さんを呼び寄せた。）（『文法』: 252）

(21) <u>把大夫</u>请来了。（お医者さんを呼び寄せた。）（『文法』: 252）

(22) *<u>把一位大夫</u>请来了。（ひとりのお医者さんを呼び寄せた。）（『文法』: 252）

　朱（1995）によると、例（20）と（21）は"把"が用いられている。例（20）の"大夫"の前には指示代名詞の"那"があり、それが定的な対象であることは明らかであるし、例（21）についても、指示代名詞こそ用いられてはいないが、やはり対象となっているのは特定された医者である。例（22）の"大夫"の前には不定数量詞の"一位"が用いられており、そのことが"把"構文の要請と矛盾するため、非文法的な表現となっている。なお、次の文は文法的な表現であり、例外のように見受けられる。

(23) 偏偏又<u>把个老王</u>病倒了。（よりによってあの王さんが倒れてしまうなんて。）（『文法』: 252）

　"老王"が定的な対象であるにも関わらず、その前に不定数量詞の"（一）个"[ひとり]が用いられているのは明らかに矛盾である。"老王"は確かに特定された人物ではある。しかし、話し手はもとより、病気になった人が"老王"であるとは思いもよらないことであった。それはほかの誰でもなく普段丈夫な"老王"その人であった。その意味において、"老王"は話し手にとっては既知の対象ではなかったのである。そこで"（一）个"が添えられることになると主張している。

2.2.7 陶红印・张伯江 2000

　陶・张（2000 : 433〜446）によれば、現代中国語において、"把"構文「名詞 $_1$＋"把"＋"一个"＋名詞 $_2$＋動詞＋その他」は"无定式把字句"[46]であり、

---

46) 陶红印、张伯江（2000 : 8）によれば、'"无定式把字句"指的是把字后名词为无定形式的把字句。例 : 那个看守把一个贼跑了。'と述べている。

62　第一部 中国語における "把" 構文の特徴

"无定式把字句" の「"把一个"＋客体」の "一" は以下の特徴を持っている。
　Ⅰ、総称（"满"、"整"、"全" に相当する）

　　(24) 他恨不得把一肚子玩艺儿全都掏给孙子，一口气把孙子吹成个羊把
　　　　 式。（陶・张 2000）
　　　　 彼はできるものなら自分の知識の全てを孫に託して、一気に一人
　　　　 前にしてやりたいともどかしく思っている。
　Ⅱ、"通指"（個体のモノを指すのではなく、一類のモノを指す）

　　(25) 听说能手能把一张画儿揭成两幅，画儿韩莫非有此绝技？（陶・张
　　　　 2000）
　　　　 聞くところによると、プロは一枚の絵をはがして二枚の絵にする
　　　　 ことができますが、画家韓さんもこのような技をもっているので
　　　　 はあるまいか。

　Ⅲ、数を表す。

　　(26) 祥子的主意似乎都跟着车的问题而来，"把一辆赁出去，进个整天的
　　　　 份儿。那一辆，我自己拉半天，再赁出半天去…"（陶・张 2000）
　　　　 祥子の頭の中は人力車のことでいっぱいのようである。「一台を貸
　　　　 し出すことにして、一日分の賃金をもらう。もうひとつの人力車
　　　　 は、俺が半日使って、残りの時間は貸し出すことにする…」

　Ⅳ、不定数（いわゆる "多个之中的一个"）

　　(27) 天佑太太把一根镀金的簪子拔下来："卖了这个，弄两斤白面来吧！"
　　　　 （陶・张 2000）
　　　　 天佑夫人は一本の金メッキの簪を抜き出して、「これを売って、小
　　　　 麦粉を二斤買ってきて。」

陶・張（2000：439）によれば、"无定式把字句"の"把"の「客体」は「特定」の名詞の場合もあるし、「不定」の名詞の場合もある。ただし、「特定」と「不定」の概念は簡単に区別できる概念ではないと主張している。

2.2.8 储泽祥 2010

储泽祥[47]（2010：28～34）は"事物首現"の観点から、"无定式把字句"の文構造を"把"構文「名詞₁＋"把"＋"一个"＋名詞₂＋動詞＋その他」であり、その特徴は"无定式把字句"ができるのは処置の結果を強調することだけであり、処置の目的を強調することや命令を表すことはできない。それは、事物の初出や、"把"構文の文法や、聞き手と話し手の未知と既知の対立などの側面からの要求を同時に満たさなくてはならない。（例（28）、（29））」と主張している。

(28) A.把那只杯子打破了。（結果，陈述）（储泽祥 2010）
　　　そのコップを割ってしまった。
　　 B.快把那只杯子扔了！（目的，命令）（储泽祥 2010）
　　　すぐにそのコップを捨てなさい。
(29) A.把一只杯子打破了。（結果，陈述）（储泽祥 2010）
　　　コップを一個割ってしまった。
　　 B.＊快把一只杯子扔了！（目的，命令）（储泽祥 2010）
　　　コップを一個捨てなさい。

储泽祥（2010：28）では"把"構文の客体が「定」でもあり、「不定」でもありうると主張している（2.4.2.2 を参照）。

2.2.9 崔显军 2012

崔显军（2012：177～178）は、"把"構文の客体について以下のように分析し

---

47) 储泽祥（2010：28～34）は、"无定式把字句"について、以下のように述べている。"无定式把字句只能强调处置的结果，不能强调处置的目的，不能表达祈使语气，它必须同时满足事物首现、把字句句法、听说双方未知已知对立等不同方面的要求。"

64　第一部 中国語における "把" 構文の特徴

ている。

　　把字句的宾语一般为体词性词语：名词、代词或名词性词组。（"把" 構
文の賓語は一般に体言性語句であり、名詞、代名詞或いは名詞性連語であ
る。）

　(30) 小王把她说哭了。（崔显军 2012）
　　　王さんは彼女を叱って、泣かせてしまった。

　　把字句的宾语也可以是非名词性成分，不过这些已经由陈述转向了指称。
（"把" 構文の賓語は用言性語句であってもよいが、それらは「陳述」から
「特定指示」に変化している。）

　(31) 很多学生把考高分、上名牌当作学习的唯一目标。（崔显军 2012）
　　　多くの学生は、高い点数を取ることや有名な大学に合格すること
　　　を学習の唯一の目標としている。

　　宾语一般为谓语动词的受事，但有的宾语不是动词的宾语，而是动词性
结构的宾语，有的宾语扮演的是处所、工具、材料、与事等角色。在表示原
因（事件 A）和结果（事件 B）关系的把字句中，宾语往往是谓语动词的施
事。（"把" の賓語は一般に述語動詞の受け手であるが、ある賓語は動詞の
賓語ではなく、動詞性構造の賓語である。ある賓語は場所、道具、材料、
参加者などの役割を果たしている。原因「出来事 A」と結果「出来事 B」
の関係を表す "把" 構文の中では、賓語は往々にして述語動詞の仕手であ
る。）

　(32) 那些脏衣服把小姑娘洗怕了。（崔显军 2012）
　　　それらの汚い服は、女の子を洗濯嫌いにしてしまった。

　　从结构成分的语用属性看，"把" 字的宾语一般应是有定的，即它是说
话人认为或假定为听说双方都已经知道的事物，有定的事物往往有一定的标
记，如有 "这" 或 "那" 的限定、有一定的其他限定或修饰语或是专有名称、

泛指事物或周遍性事物等，即使是单个普通名词或"一量名"结构，用在"把"字后边也要是听说双方所已知的某一或某些特指的事物，这时一定的上下文语境或情景规定了该宾语是一个选定的对象。(構造成分の語用的属性の観点から見ると、"把"の賓語は一般的には「定」でなければならない。別な言い方をすれば、それは話し手が話し手と聞き手双方にとって既知の事物であると認識または仮定するものである。「定」である事物は往々にして一定のマーカーを持っている。例えば、"这"或いは"那"の限定語として、一定のほかの限定語或いは修飾語の限定語として、或いは固有名詞・汎用事物・普遍性を持つ事物などである。たとえ"把"の賓語が単一の普通名詞或いは"一量名"の構造をもっていたとしても、"把"の賓語になると、話し手と聞き手にとって既知の一つ或いは複数の「定」の事物でなければならない。その時一定の文脈或いは言語環境が、この賓語を選定した一つの対象として規定する。)

(33) 他把一本书丢了，为此伤心了好几天。(崔显军 2012)
彼は一冊の本をなくし、何日も心を傷めた。

2.3 本章における「定」と「不定」の定義づけについて
2.3.1 「定」と「不定」の先行研究
「定」と「不定」の概念及び「定」と「不定」に関するいくつかの概念の定義について、各言語学者は以下のように述べている。

2.3.1.1 陈平 1987
陈平 (1987 : 81～92)は"名词性指称成分"を四組の概念 (陈平はこの四組の概念をすべて"语义概念"上において扱っている) に分けられると主張している。
また、この四組の概念は"有指(referential)和无指(nonreferential)、定指(identifiable)和不定指(nonidentifiable)、实指(specific)和虚指(nonspecific)、

通指(generic)和単指(individual)"[48]であり、さらに"有指和无指"と"定指和不定指"と"实指和虚指"の三つの概念はお互いに関連し合っている("通指"と"単指"はこの中に含まれていない)と主張している。その関係は以下[図2]のように表される。

[図2] "指称"の分類系統

陈平(1987:82)は"定指和不定指"について、例(34)の例文を挙げる。

---

48) 陈平(1987:81~92)によれば、"有指(referential)和无指(nonreferential)、定指(identifiable)和不定指(nonidentifiable)、实指(specific)和虚指(nonspecific)、通指(generic)和単指(individual)"について以下のように述べている。
①有指和无指:名词性成分的表现对象是话语中的某个实体(entity),我们称该名词性成分为有指成分。(例:我们下车买了许多苹果和梨。下線部分は"有指成分")否则,我们称之为无指成分。(例:路旁种了许多苹果树和梨树。下線部分は"无指成分")
②定指和不定指:发话人使用某个名词性成分时,如果预料受话人能够将所指对象与语境中某个特定的事物等同起来,能够把它与同一语境中可能存在的其他同类实体区分开来,该名词性成分是定指。相反,发话人使用某个名词性成分时,如果预料受话人无法将所指对象与语境中其他同类成分区分开来。
  例:9月6日,一个农民打扮的人在翠微路商场附近摆了个摊子,声称专治脚鸡眼。一青工决定让他看看。"病可治,挖一个鸡眼四元钱。"为了治病,青工欣然同意。
  例句中的"他"回指首句的"一个农民打扮的人"末句的"青工"回指前面说的那位让他治病的青工。语言环境提供的信息帮助受话人确定这些名词成分在语境中所指的特定对象。
③实指和虚指: 发话人使用某个名词性成分时,如果所指对象是某个在语境中实际存在的人物,我们称该名词性成分为实指成分。反之,如果所指对象只是一个虚泛的概念,其实体在语境中也许存在,也许并不存在,我们称该名词性成分为虚指成分。例:老杨想娶一位北京姑娘。
④通指和単指:名词性成分的所指对象如果是整个一类事物(class),我们称该名词性成分为通指。相反,所指对象如果是一类中的个体(individual),我们则称之为単指成分。
  例:苍蝇、海星、蜗牛都是聋子。(划线部分是通指)

第二章 "把"構文の客体について　67

(34) 9月6日，<u>一个农民打扮的人</u>在翠微路商场附近摆了个摊子，声称专
治脚鸡眼。一青工决定让他看看。"病可治，挖一个鸡眼四元钱。"
为了治病，青工欣然同意。（陈平 1987：83）
　　九月六日、ある農民のような身なりをした人が翠微路商店の近く
　　に屋台を出して、自らを魚の目を治療できると称した。ある青年
　　労働者が見てもらおうと心にきめて彼を訪ねた。"治せるけど、魚
　　の目の治療は一箇所ごとに四元になります。"治してもらいたいが
　　ために、青年は快く同意した。

　　陈平（1987：81）によれば、例文中の"他"は文頭の"一个农民打扮的人"を
指し、文末の"青工"は前述の病気を診察してもらった"一青工"を指す。よ
って、言語環境からみると、文の中の情報がこれらの"一＋量＋名"である
"一个农民打扮的人"と"一青工"は「確定」したと主張している。このため、
読者はその指示関係をすぐに理解することができる。
　　陈平（1987：85）は"实指和虚指"については、以下の例（35）を挙げる。

(35) 老杨想娶一位北京姑娘。（陈平 1987）
　　楊さんは北京の娘をお嫁にもらいたいと考えている。

　　陈平（1987：81）は、楊さんに結婚相手がすでにいて、その結婚相手が"一位
北京姑娘"であると理解することもできる。その場合、この名詞は「具体的指
示」であると主張している。一方で、楊さんが現在結婚相手を探していて、条
件が"一位北京姑娘"であるというふうに解釈することもできる。その場合は
"一位北京姑娘"は「一般的指示」であると主張している。
　　陈平（1987：85）によれば、"通指"について注意しなければならないところ
があり、それは"通指"が以下の二つの特徴（以下[図3]のように）を持ってい
るということである。一つは"它并不指称语境中任何以个体形式出现的人物，
与无指有相同之处"であり、もう一つは"通指成分代表语境中一个确定的类，
与定指成分有相同之处"である。

[図 3]　"通指"の特徴

"通指" ┬ "无指" と相似点がある

　　　　└ "定指成分" と相似点がある

2.3.1.2 刘丹青 2002

　刘丹青（2002: 411～422）[49] によれば、"一个NP" は "类指" を指すか、それとも「不定」を指すかは、以下の二つの方法で判断できる。一つ目は、以下の例（36）b のように、"一个NP" が "类指" を指すときは、"一个NP" の後に、話題表記である "么" などの語気助詞が添えられてある場合と、"标点符号" が表記されてある場合である。そうでなければ、例（36）a のように、「不定」を指す。

（36）a.一个学生（＊么）走了过来。（刘2002）
　　　　一人の学生が歩いてきた。
　　　b.一个学生么, 就应当刻苦学习。（刘2002）
　　　　学生たるものは、一生懸命に勉強すべきだ。

　二つ目は、以下の例（37）のように、"一个NP" の中から "一个" を取っても、文の意味が変わらない場合は、"一个NP" は "类指" を指す。そうでなければ、例(38)aのように、「不定」を指すと主張している。

（37）a.一个学生就应当刻苦学习。＝ b.学生就应当刻苦学习。（刘2002）

49）刘丹青（2002：419）は、以下のように述べている。"'一个NP'这种形式表类指还是表有定, 有一个突出的区别。'一个NP'表无定时, 该NP不能带具有话题标记作用的语气词或曰提顿词, 而'一个NP'表类指时就可以带话题标记。比较：
①a.一个学生（＊么）走了过来。b.一个学生么, 就应当刻苦学习。
此外, 表类指的'一个NP'可以去掉'一个'而不改变NP的指称义, 而表无定的'一个NP'去掉'一个'就可以理解为有定。如：
②a.一个学生就应当刻苦学习。　＝ b. 学生就应当刻苦学习。
③a.一个学生走了过来。（主语无定）≠ b.学生走了过来。（主语可以有定）"

第二章 "把"構文の客体について　69

(38) a.一个学生走了过来。（主語は「不定」である。）

　≠b.学生走了过来。　　（主語は「定」になれる。）（刘 2002）

　筆者は、例 (36) a の中の"一个学生"を"两个学生"、"三个学生"に変えて、"两个学生走了过来。"、"三个学生走了过来。"と言い換えてもよいだろうと考えている。だが、(36) b の中の"一个学生"を"两个学生"、"三个学生"に変えてしまったら、この文は意味が変わってしまうだろう。(36) b の中の"一个学生"の"一个"は、学生の特性を表している。よって、(36) b の中の"一个"は、学生という「類」を指す。それを"类指"と呼んでもいいだろうと筆者は考える。

2.3.1.3 蔺璜 2006

　蔺璜(2006 : 23～26)によれば、"有定"（定）は"有指"（有指）と"定指"（定指）を包含し、"无定"（不定）は"有指"（有指）と"不定指"（不定指）を包含する。"有定"と"无定"の概念について、以下のように定義づける。

　　　名词性成分的表现对象是话语中的某个实体，发话人使用该名词性成分时，如果预料受话人能够将所指对象与语境中某个特定的事物等同起来，能够把它与同一语境可能存在的其他实体区分开来，我们称该名词性成分为有定成分；发话人如果预料受话人无法将所指与语境中其他实体区别开来，我们将其称为无定成分。(名詞性成分の表現対象は話し言葉の中のある実体である。話し手がこの名詞性成分を用いるとき、もし以下のようなことを予想するなら、つまり聞き手がその対象と言語環境の中のある特定の事物とを同一視することができると予想するなら、また聞き手がその対象を同一言語環境の中で存在しうるほかの実体と分別することができると予想するなら、私たちはこの名詞性成分を「定」的であると呼ぶ。一方で、もし話し手が、聞き手がその対象とその言語環境の中のほかの実体を区別することができないと予想するなら、私たちはこれを「不定」的であると呼ぶ。)

(39) a.学生来了。（蔺 2006）

　　（待っていた）学生は来たよ。

70　第一部 中国語における"把"構文の特徴

　　　　b. 来学生了。(藺 2006)
　　　　　学生が来たよ。

　藺(2006)によれば、例(39)aの"学生"は"有定"であり、例(39)bの"学生"は"无定"であると見なされている。

2.3.2 「定」と「不定」の定義づけ

　筆者は基本的に、藺璜の主張と同じく、「定」および「不定」を以下のように定義する。つまり、個体を表す場合「定」は"有定成分"であり、"无定成分"と対立する。また「定」は"有指"の下位概念である"定指"を包含する。一類のモノを表す場合、「定」は「確定」した「類」である。「不定」は"无定成分"であり、"有定成分"と対立する。また「不定」は"有指"の下位概念である"不定指"を包含する。また、「特定」は"有指"の下位概念である"定指"であり、「不特定」は"有指"の下位概念である"不定指"である。「定」の定義は以下[図4]のように示す。

　[図 4]　「定」の定義

　　　　　┌　特定である。(個体を表す場合)
　「定」│
　　　　　└　確定した類。(一類のモノを表す場合)

2.4 話し手と聞き手の立場からみる客体の「定性」[50]
2.4.1　はじめに

　"把"構文の文構造は一般的に「名詞$_1$＋"把"＋名詞$_2$＋動詞＋その他」であり、一般的にいえば、"把"の客体「名詞$_2$」は定であって、話し手と聞き手[51]

---

50)　「定性」とは「定」と「不定」を表す。
51)　本章の話し手は記述文、説明文(叙述文)の著者であり、会話文の話す人であり、聞き手は記述文、説明文(叙述文)の読者であり、会話文の聞く人である。

第二章　"把"構文の客体について　71

の双方にとって同定可能な既知の事物である。

(40) 田中：你能不能把你的自行车借给我用？（《汉语口语》：141）
　　　　　あなたの自転車をちょっと貸してくれませんか？
　　　英男：没问题。给你钥匙。
　　　　　いいですよ。鍵をどうぞ。
　　　田中：你把自行车放在哪儿了？…
　　　　　自転車をどこに置いたの？…
(41) 姐姐：…抽烟对身体没有好处。…（《汉语口语》：157）
　　　　　タバコを吸うのは体に良くない。…
　　　姐姐：要是你把烟戒了，我就不说了。今天取回来的药呢？
　　　　　もしやめたら、もう言わないよ。今日もらった薬は？
　　　小雨：我已经把它吃了。
　　　　　もう飲んだ。

　例(40)の"把"の客体である"你的自行车"は基本名詞連語[52]であり、"自行车"は名詞である。例(41)の"把"の客体の"它"は代名詞である。これらの物はすべて話し手と聞き手の双方がわかっている事物であって、特定の事物である。一方で、例(41)の"把"の客体である"烟"は"烟"「類」を指す名詞であり、確定した「類」であり、結果的には「喫煙」という習慣を含意する。

　アン・Y・ハシモト（1986）によると、「"把"の目的語は、いつもその指示対象が定的であるので、構文の共有 NP も定的であり、不定であってはならないということになる」としている。"把"構文で表す「変化のくみあわせ」「"把"＋名詞₂＋動詞＋その他」は、"把"の客体を変化させることであり、"把"の客体は、一般に定の名詞と見なされている。

　しかし、次の文の"把"の客体"一个孩子"も定だと言えるだろうか。筆者は"把"の客体が定であったと仮定しても成立するし、「数量＋特定」と仮定し

────────────

52) 高橋（2013）の枠組理論によれば、名詞など体言性の語句を核とする名詞連語を基本名詞連語という。

72　第一部 中国語における"把"構文の特徴

ても成立すると考える。
　以下の例を見てみよう。

　　⑿　剛才我把一个孩子碰倒了。（さっき私は子供にぶつかって倒してし
　　　　まいました。）　（再掲例12）

　例⑿の"把"の客体である"一个孩子"は「私がぶつかった子供」という
意味である。この意味であれば、話し手"我"にとっては、"一个孩子"は「定」
であって、既知のヒトであり、旧情報である。だが、聞き手にとっては、その
子が誰か分からないので、「不定」であり、未知なヒトであり、新情報である。

　　⒀　我把两本书弄丢了。（作例）
　　　　私は二冊の本をなくしてしまった。

　例⒀の"把"の客体である"两本书"の名詞要素は連語レベルから見ると、
任意の二冊の本であって、「不定」であるが、"把"によって、その"两本书"
は"那两本书"などの意味としてとれるであろう。故に"我把两本书弄丢了。"
は成り立つことができる。
　本節では、"把"の客体が「定」であるか「不定」であるかについて話し手
と聞き手の双方の立場から考察を試みる。

2.4.2 話し手の立場からみて「定」である"把"の客体
　"把"構文の"把"の客体が「定」であるか否かも、"把"構文成立のうえで
重要な役割を果たす。

2.4.2.1 聞き手にとっての「定」
　聞き手にとって、"把"構文の「客体」が「定」であるか否かは、"把"構文
成立のうえで非常に重要である。

　　⒁　高大泉擦掉眼泪，把自己的来历遭遇诉说一遍。（《大道》）

高大泉は涙をふきながら、ひととおり自分の生い立ち、境遇を語った。(『道』)

(45) 她没有<u>把替焦副部长做手术</u>，看作是不可多得的荣誉；也没有<u>把秦波的刁难</u>，视为难以忍受的凌辱。(《中》7) [53]
　　彼女は焦副部長の手術を担当することを、特に光栄なこととは思っていなかったし、副部長夫人の嫌がらせも我慢のならない侮辱とは見ていなかった。(『人』: 50) [54]

(46) 他立刻改变了主意，要<u>把谈话</u>认真地进行下去。(《中》4)
　　(彼は) 身を乗り出し、本腰で話し始めた。(『人：24』)

　　例(44)の"把"の「客体」である"自己的来历遭遇"は基本名詞連語であり、これの"把"の「客体」は、聞き手（読者）にとっては、これらの小説をここまで読んできているので何を指しているのかがわかる。よって、「定」である。例(45)の"把"の「客体」の"秦波的刁难"は派生名詞連語 [55] であり、"秦波的刁难"は"秦波"が"刁难"したことがあって、この"刁难"を指している。従って聞き手にとっては、「定」である。例(45)の"把"の「客体」の"替焦副部长做手术"及び例(46)の"把"の「客体」の"谈话"は、ともに動詞性の連語であり、派生客語 [56] である。"替焦副部长做手术"は今回の"替焦副部长做手术"であって、"谈话"は今おこなわれている"谈话"である。従って聞き手にとっては、「定」である。

2.4.2.2 聞き手にとっての「不定」

　　聞き手にとって、"把"構文の"把"の「客体」が「不定」であるか否かは、

---

53) 《中》7 は《人到中年》の第7章を指している。以下同様である。

54) 『人：50』は『人、中年に至るや』の50頁を指している。

55) 高橋(2013)の枠組み理論によれば、動詞や形容詞など用言性の語句を核とする名詞連語を派生名詞連語という。"秦波的刁难"の"刁难"は動詞であって、"秦波的刁难"は派生名詞連語という。

56) 高橋(2013)の枠組み理論によれば、名詞など体言性の語句が主語や客語になる場合を基本主語・基本客語と言い、動詞や形容詞など用言性の語句が主語や客語になる場合を派生主語・派生客語という。

"把"構文成立のうえで非常に重要である。なぜなら、朱德熙などが指摘するように"把"の「客体」が「不定」であれば、一般的にその文は文として成立しないからである。

(47) 我把一本旅行支票丢了。（わたしは[一冊の]トラベラーズチェックを無くしてしまった。）(胡振剛：21)

[図5] "一本旅行支票"の認知スキーマ

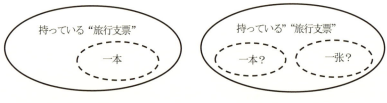

　我把一本旅行支票丢了。　　　　　我把旅行支票丢了。

　[図5]のように、例(47)の"把"の客体の"一本旅行支票"は一冊の"旅行支票"であり、この文では"一本旅行支票"は"我"がなくした"旅行支票"という意味に取れるので、話し手にとっては「定」である。だが、聞き手にとっては「個体」の角度から見ると「不定」であるが、汎称の角度からみると、"旅行支票"類の物が"一本"なくなったという意味であり、聞き手はその両方の意味で理解することが可能である。この"一本"は単純に数量だけを表しており、"一张"ではなくて、"一本"である。聞き手にとっては、それが「不定」であっても、理解できる。また、"我把一本旅行支票丢了。"から"一本"を除いた場合は、どれぐらいの"旅行支票"をなくしたのか、"一本"か、"一张"か、"所有"の"旅行支票"か、というのはこの言い方からは分からない。この"一本"は数量であり、"旅行支票"はなくした"旅行支票"であり、「定」である。だから、"旅行支票"をなくしたことは、聞き手にとって理解が可能である。

(48) 因为屋小，为给子午摆下一张床，还把一张破写字台给搬了出去。
　　　(储泽祥：32)

第二章 "把"構文の客体について　75

部屋が小さく、子午さんのためにベッドを置くので、ついにはぼろぼろの机も外に出してしまった。

例(48)の"把"の客体"一张破写字台"は、話し手にとっては、部屋にあった"写字台"であって、運ばれた"写字台"であり、「定」である。そのうえ、その部屋にある唯一の机であると解釈することも可能である。聞き手にとっては、この机は見ていないし、どのような机かも分からないため、これは新情報である。この机は「不定」ではあるが、運ばれたものは"写字台"であり、しかも一台であることが理解できる。よって、この文は"把"構文として、成り立つ。

2.4.3 話し手の立場からみれば「不定」（個体の角度）である"把"の客体

話し手にとって、"把"構文の"把"の「客体」が「不定」であるか否かは、"把"構文成立のうえで非常に重要である。

2.4.3.1 聞き手にとっての「定」

聞き手にとって、"把"構文の"把"の「客体」が「定」であるか否かは、"把"構文成立のうえで非常に重要である。

(49)　A：明天你<u>把照相机</u>带来。（作例）
　　　　明日カメラを持ってきてください。
　　　B：好，知道了。（作例）
　　　　はい、分かりました。

例(49)の"把"の客体である"照相机"は話し手にとって確定した一「類」（汎称）の物を表す。カメラ類の物であればなんでもよくて、規格や色などには拘っておらず、聞き手が持っている"照相机"範囲の中の任意の一つという意味に取れる。個体の角度からみると、「不定」であるが、この文中"照相机"は汎称のカメラを指し、確定した一「類」なものである。聞き手が"照相机"を聞いたら、理解することができる。一つしか持っていない場合は、その"照

76 第一部 中国語における "把" 構文の特徴

相机"は聞き手にとって「定」である。

2.4.3.2 聞き手にとっての「不定」

　聞き手にとって、"把" 構文の "把" の「客体」が「不定」であるか否かは、"把" 構文成立のうえで非常に重要である。

(49)' A：明天你把照相机带来。(作例)
　　　　明日カメラを持ってきてください。
　　　B：我有三个照相机，我带哪个呢？(作例)
　　　　三台あるので、どれを持ってきたらよろしいでしょうか？
(50)　前几天大晌午，游击队长亲自带着人进了鬼子炮楼，把一挺机枪扛走了。(《大道》)
　　　このあいだの昼すぎにも、遊撃隊長が先頭になって、鬼子の望楼に入り込んで機関銃を一丁もってきちまった。(『道』)
(51)　她和他天天工作到深夜，把"一天"变成两天，从不吝惜自己的健康和精力。(《中》8)
　　　若い二人はこうして毎晩遅くまで勉強した。一日を二日分に使い、自分たちの健康と労力を少しも惜しもうとはしなかったのだ。
　　　(『人：64』)

　例 (49)' の "把" の客体である "照相机" は、話し手にとっては、(49) と同様に確定した一「類」(汎称) の物を表す。聞き手が二つ以上持っている場合は、どれを持ってきてもよくて、聞き手にとっては「不定」である。だが、聞き手が持っている "三个照相机" の中の一つであれば範囲内では「不定」である。例(50)の "把" の客体である "一挺机枪" はただ任意の "一挺机枪" ではなく、"游击队长" が "鬼子炮楼" から "扛走" した "一挺机枪" であり、この "一挺" はただの "机枪" の数量である。聞き手にとっては、未知であり、「不定」であり、新情報であるが、確定可能な対象である。例(51)の "把" の客体である "一天" は話し手にとっては「不定」である。その "一天" は時間を表す汎称であり、"一小时"、"一分钟" ではなく、"一天" という意味である。"一天"

の時間の長さは誰にとっても理解できる。そのため、"她和他"は自分の仕事の中において、この時間の長さを"両天"として捉えていても、聞き手はその長さの程度が理解できる。聞き手に確定した処置対象を与えることができる。

　確定した「汎称」、いわゆる「類」というものである。これらの概念は個体の角度からみると、「不定」であるが、汎称の角度からみると、確定したことである。よって、理解はできる。話し手と聞き手にとって、個体の角度からみると、"把"の「客体」は「定」のコト・モノ・ヒトであることもあれば、「不定」のコト・モノ・ヒトであることもある。以下の[表4]は"把"の客体の特徴をまとめたものである。

[表4] "把"の客体の特徴

	話し手	聞き手
第一類：例(44)、(45)、(46)	「定」	「定」
第二類：例(47)、(48)	「定」	「不定」であるが、確定した汎称。
第三類：例(49)	「不定」であるが、確定した汎称	「定」
第四類：例(49)'、(50)、(51)	「不定」であるが、確定した汎称	「不定」
特徴	①「定」 ② 確定した汎称	理解ができる

2.4.4 おわりに

　"把"構文：「名詞₁＋"把"＋名詞₂＋動詞＋その他」、一般には、"把"の客体「名詞₂」は話し手と聞き手の双方が分かる既知の事物であり、「定」である。

　しかし、筆者が考察した結果は一般とは異なっていたため、以下[図6]のように示しておく：

[図6] 話し手・聞き手の角度からの「定」

話し手：「定」　　━━━▶　　聞き手：「定」
　　確定した類　　　　　　　　　「不定」　理解ができる

78 第一部 中国語における "把" 構文の特徴

　上掲のように、一般には、"把"の客体は個体の角度からみると「定」である
ことが多いが、「不定」である場合もある。「不定」の場合には、「類」（汎称）
の角度からみると、"把"の客体は確定した「類」（汎称）であり、聞き手にと
って理解できることである必要があるということがわかる。

　「不定」のモノは、条件があれば、「定」のものとして処理することが可能で
ある。

2.5 単語レベル・連語レベル・文レベル・文脈レベルからみる「定性」
2.5.1 はじめに

　"把"構文の文構造は一般的に「名詞₁＋"把"＋名詞₂＋動詞＋その他」で
ある。"把"構文で表す「変化のくみあわせ」「"把"＋名詞₂＋動詞＋その他」
は、"把"の客体に対する変化を表し、一般的には、"把"の客体「名詞₂」は
定であって、話し手と聞き手の双方にとって同定可能な既知の事物であるとさ
れている。

(52) 把它交给赵老师。(《汉语口语》2007：142)
　　これを趙先生に渡して。

(53) 这么一下子真把魏石头吓唬得不轻，以后真的不敢胡说了。(《盖棺》)
　　このことがあってからというもの、魏石頭は、すっかりおびえてしま
　　い、ぴたりと放言をしなくなった。(『棺』)

(54) 请你把这篇文章翻译成英文。(《汉语口语》2007：143)
　　この文章を英語に訳してください。

(55) ＊把一位大夫请来了。(再掲例22)
　　ひとりのお医者さんを呼び寄せた。

(56) 老马从你的书架上把一本书拿走了，我没看书名。(木村1996：57)
　　馬さんはあなたの本棚から一冊の本を持って行ったが、私は本の
　　名前を見なかった。

(57) 把苹果吃了。(沈家煊：367)
　　リンゴを食べてしまった (or リンゴを食べてください)。

第二章 "把"構文の客体について　79

　例(52)の"把"の客体である"它"は指示代名詞であり、例(53)の"把"の客体である"魏石头"は固有名詞であり、両方とも単語レベルからみると、定であることがわかる。高橋(2013)の枠組み理論によれば、例 (54)の"把"の客体である"这篇文章"は指示代名詞を限定語とした「基本名詞連語」である。連語レベルからみると、例 (54)の"把"の客体である"这篇文章"は定である。例(55)の"把"の客体である"一位大夫"は数量詞を限定語とした「基本名詞連語」であり、この基本名詞連語は任意の一人の医者であって、「不定」である。単語レベルからみると、例(55)は受け容れられない"把"構文である。だが、例(56)の文の"把"の客体は例(55)と同様に"一"を伴っており、任意の不定数量を表しているように思われるが、非文ではない。なぜ例(56)の"一本书"は"把"構文として受け容れられるのだろうか。また、なぜ沈家煊(1995：368)が挙げる"把苹果吃了"の"苹果"は定を表すマークがないのにもかかわらず、"把"構文として受け容れられるのだろうか。

　"把"構文の客体がなぜ定であるか、なぜ"无定式把字句"(数量詞を限定語とした名詞要素)であっても定と言えるのだろうか。本節では、実例に基づき、単語レベルと連語レベルと文レベル及び文脈レベルの四つのレベルから"把"の客体がなぜ「定」であるか、またなぜ「不定」であるかについて考察を試みる。

2.5.2 単語レベル・連語レベル・文レベル・文脈レベルからの検討

　筆者は前述した先行研究を踏まえて、"无定式把字句"だけではなく、すべての"把字句"について考察し、"把"の「客体」の「定性」について、文法形式[57]からではなく、単語レベルと連語レベルと文レベル及び文脈レベルから具体的に考察してみる。

---

57) 儲泽祥(2010：28～34)によれば、"把"構文をその文法形式によって2つに分けている："把"の「客体」が"一量名"の形式は"无定式把字句"といい；"这/那＋名、专名、代词"の形式は"有定式把字句"という。(2.2.8を参照)

80　第一部 中国語における "把" 構文の特徴

2.5.2.1 単語レベルからみる「定性」

　単語レベルからみると、"把"の客体が人称代名詞或いは固有名詞或いは指示代名詞の場合は「定」である。

> (58) 老师把<u>四元儿</u>推搡到窑里去罚站。(《插队》)
> 　　四元を窰洞の中へ引っ張っていって罰として立たせる。(『大地』)
> (59) 谁把<u>它</u>从急流中捞上来，谁就是它的新主人。(《插队》)
> 　　洪水に流された物であれば急流から引き揚げた者が新しい所有者となる。(『大地』)

　例(58)の"把"の客体である"四元儿"（人名）、例(59)の"把"の客体である"它"は、それぞれ固有名詞と人称代名詞であり、すべて話者・聴者双方が知っているモノ・コト・ヒトであり、「定」である。これらは単語レベルで「定」であると言える。

2.5.2.2 連語レベルからみる「定性」

　連語レベルからみると、"把"の客体が指示代名詞と人称代名詞を限定語とした基本名詞連語の場合は「定」である。

> (60) 醉心于把<u>我的财产</u>一样一样码在箱子里，反复地码来码去。(《插队》)
> 　　自分の財産をひとつひとつ鞄に詰めこむのに夢中になり、何度も詰め直しをした。(『大地』)
> (61) 把<u>那些从口外和京西过来的大小牲口</u>夸耀得活灵活现；谈到"贸易自由"，他更是满口称赞。(《大道》)
> 　　長城の北や北京の西からきた大小の家畜の様子を手にとるように再現し、とりわけ、「取り引きの自由」を口をきわめて称賛した。(『道』)

　例(60)の"把"の客体である"我的财产"と例(61)の"把"の客体である"那些从口外和京西过来的大小牲口"は人称代名詞と指示代名詞を限定語とした基

本名詞連語であり、いずれも確定されているモノ・ヒト・コトであり、「定」である。

「定」であるか或いは「不定」であるかという問題においては、単語レベルからみると、人称代名詞と固有名詞と指示代名詞は「定」であり、ゆえに「定」である。連語レベルからみると、人称代名詞と指示代名詞を限定語とした基本名詞連語は「定」である。先行研究における「定」とは、ほとんどの場合においてこの連語レベルの範囲内にあった。陈平（1987：81〜92）によれば、単語レベル及び連語レベルからみると、"光杆名词"（ハダカ名詞）と"数量名"は「中性」であり、"一量名"と"量名"は「不定」である[58]。だが、"把"構文の"把"の客体が"光杆名词"（ハダカ名詞）か"数量名"か"一量名"か"量名"かである場合、単語レベル及び連語レベルでは、「不定」だが、文レベル及び文脈レベルからみれば、条件によっては、「定」或いは確定された「類」と見なされる場合もある。

2.5.2.3 文[59] レベルからみる「定性」

"无定式把字句"の"把"構文の「客体」は"一(数)量名"の形式をしている。"一(数)量名"は、数量詞を限定語とした基本名詞連語であるのに対して、"一(数)量名"の客体は一般的に、朱德熙（1995：250〜255）などが指摘するよ

---

58) 陈平（1987：81〜92）によれば、"从名词性成分的词汇形式着眼，按有定和无定的强弱等级，将汉语的名词成分归纳为以下七组：

		有指	无指	定指	不定指	实指	虚指	通指	单指
A	人称代词	+		+		+			+
B	专有名词	+		+		+			+
C	这那（量词）名词	+		+		+		+	+
D	光杆普通名词	+	+	(+)	(+)	+	+	+	+
E	数词（量词）+名词	+	+	(+)	(+)	+	+	+	+
F	"一"+量词+名词	+	+		+		+	+	
G	量词+名词	+	+		+		+	+	

A、B、C 三组属于强式、典型、极端的有定式形式；F、G 两组属于强式、极端、典型的无定式形式；D、E 两组属于中性形式，具有有定和无定双重语义特征，随着句法位置和语言环境的不同而获得有定或不定的特征。"と主張している。

59) ここの文レベルは単文レベルと複文レベルの二つのレベルを指す。

82   第一部 中国語における "把" 構文の特徴

うな「不定」であれば文として成立しない。

2.5.2.3.1 「類」を指す "无定式把字句"

　陶・張 (2000 : 439) によれば、"一量名" の "一" は個体のモノを指すのではなく、一類のモノを指す。また、陈平 (1987 : 85) によると、"通指成分代表语境中一个确定的类，与定指成分有相同之处" と主張している。さらに、刘丹青 (2002 : 419) によれば、"一量名" は "类指" を表すとき、"一量名" の中の "一量" を取っても、文の意味が変わらないと主張している。従って、

　　(62) 从前，把一只手表看得那样珍重。(王蒙《短篇小说之谜》)
　　　　　以前、時計はとても貴重なものと見なされていた。
　　(63) 听说能手能把一张画儿揭成两幅，画儿韩莫非有此绝技？(聞くところによると、プロは一枚の絵をはがして二枚の絵にすることができますが、画家韓さんもこのような技をもっているのではあるまいか。) (再掲例25)

　刘丹青 (2002 : 419) によれば、"从前，把一只手表看得那样珍重。" の "一只" を除いても、この文の意味は変化しない。それゆえ、"从前，把手表(类的东西)看得那样珍重。" とも言い換えることができるだろう。

　刘丹青の説に従えば、例(62) の "把" の客体である "一只手表" は個体のモノから見ると、「不定」であるが、ここでは個体のモノではなく、"手表" という一類のモノを指しているのであり、つまり汎称である。他の類ではなく、"手表 (类)" である。よって、例(62) は文レベルからみると、"把" の客体である "一只手表" は "手表类" という確定した「類」であるといえる。同様に、例(63) の "把" の客体である "一张画儿" は一類のモノであり、刘丹青 (2002 : 419) の説によれば、"听说能手能把一张画儿揭成两幅…" の意味は一枚の写真、一枚の紙ではなく、一枚の "画儿" (絵画) である。その文は "听说能手能把画儿 (类的东西) 揭成两幅…" と言い換えることができるだろう。よって、全体の文から見ると、"把" の客体である "一张画儿" は確定した「類」であると言うことができるだろう。従って、文レベルからみて、例(62)、(63) の文の中の

第二章 “把”構文の客体について 83

“把”の客体は確定された「類」である。文中には類の全体を指す明確な表現が無いにもかかわらず、それと読み取れるような文として読者に許容されている。

「一量名」の“把”構文の「客体」:「確定」された種類

2.5.2.3.2 数を表す“一”の“无定式把字句”

陶・张（2000：439）によれば、“一量名”の“一”は数を表すときもある。

> (64) 我昨天开车不小心把一个小孩儿撞伤了。（昨日私は車を運転して、不注意で[一人の]子供を怪我させてしまった。）（胡振剛：21）
> (65) 可是，继而一想，把三只活活的牲口卖给汤锅去挨刀，有点缺德；（《骆》33）
> だがまた、あんな元気な駱駝たちをつぶすなんて不人情なまねはできない。（『ラ』：62）

例(64)の“把”の客体である“一个小孩儿”は“我”が“撞伤”した“小孩儿”であり、「定」である。その“一个”は自分が子供をぶつけて倒した“小孩儿”は二人、三人ではなく、“一个”であり、子供の数を指している。同様に、“我昨天开车不小心把两个小孩儿撞伤了。”も言えるし、“我昨天开车不小心把三个小孩儿撞伤了。”とも言えるだろう。“一个小孩儿”は連語レベルから見ると、「不定」であるが、文レベルから見ると「定」である。よって、例(64)の“把”の客体は「定」であるといえるだろう。例(65)“把三只活活的牲口卖给汤锅去挨刀，有点缺德；”の“三只活活的牲口”は任意の“三只活活的牲口”ではなく、この“活活的牲口”は祥子が売った駱駝であり、「定」である。この“三只”は駱駝の数を指しているものと思われる。“三只活活的牲口”は連語レベルからみると、「不定」であるが、文レベルから見ると、「定」である。したがって、“把三只活活的牲口卖给汤锅去挨刀，有点缺德；”という文はまったく正しいものである。その観点から言えば、例(65)の“把”の客体は“三只”を伴っているにもかかわらず、許容される文となっている。

84　第一部 中国語における"把"構文の特徴

(66) 李老师把几份作业改了。（王还 1985：22）
　　　李先生は数名分の宿題を添削した。

(67) ＊他把几支铅笔拿走了。（再掲例 6）
　　　彼は鉛筆を何本か持って行った。

(68) 他把几支铅笔都拿走了。（作例）
　　　彼は何本かの鉛筆を全部持って行った。

　さらに、王还（1985：22）の例(66)の"李老师把几份作业改了。"の"几份作业"は"那几份作业"という意味であり、これは「定」であるということについては王还（1985：22）が主張している。しかし、その"几份"についての説明がなかった。同様に、呂叔湘の《八百词》（1999：54）は例(67)の"他把几支铅笔拿走了。"は非文であると主張しているが、筆者は王还（1985：22）の考えに従って、例(68)の"几支铅笔"は連語レベルからみると、「不定」であるが、その"几支铅笔"は"拿走"した"铅笔"であり、「定」であると考える。その中の"几支"は単に数量を表しているだけである。よって、文レベルからみると、"几支铅笔"は「定」である。同様に、例（68）の"几支铅笔"も「定」である。この文は"把"構文として成り立つものである。例(66)、(67)、(68)の"把"の「客体」はすべて"一(数)量名"の形であり、連語レベルからみると、「不定」であるが、文レベルからみると、"把"の「客体」は「定」であることが分かった。

　さらに、数を表す"一"の"无定式把字句"について、実例をもとに考察してみよう。

(69) 刘宝利已经练了一遍功，正把一条腿压在树上耗着。（汪曽祺《八月
　　　骄阳》）
　　　劉宝利はもうすでにひととおり稽古を済ませて、ちょうど片方の
　　　足を木にかけて、時間を潰していた。

(70) 他们搬过来以后，三口人一齐动手，挑水脱坯，打起四面土墙，把
　　　两处房子围成一个院子，又栽了一圈儿杨柳树和几棵槐树。（《大道》）
　　　高大泉一家はここに引越してきてから、三人で力をあわせて水を

第二章 "把" 構文の客体について 85

はこび、泥をこね、まわりに土壁を築いて二棟を囲い、庭にぐる
りと柳やえんじゅを植えた。(『道』)

　以上、例 (69)、例 (70) まで全て複文である。例(69)の "把" の客体である
"一条腿" の "一" は他の "両条腿" の中の "一条" を指して、彼の "腿" の
数であり、任意な人の "腿" の数でないので、「定」である。同様に例(70)の
"把" の客体である "両処房子" の "両"、も単に数を表しているだけだが、
「定」である。連語レベルでは「不定」であるが、文レベルでは「定」と言え
る。

2.5.2.3.3 "一(数)量名" の "一" は総称を表す

　陶・张 (2000：439) によれば、"一量名" の "一" は総称を表すこともできる。

> (71) 大赤包的气派虽大，可是到底还有时候沉不住气，而把一脸的雀斑
> 　　都气得一明一暗。(老舍《四世同堂》)
> 　　大赤包は堂々としているけれど、時々気もそぞろになり、しかも
> 　　顔中のそばかすの色が変わるほど怒ってしまうこともある。

　陶・张 (2000：439) によれば、例 (71) の "把" の客体である "一脸的雀斑"
の "一"、は総称を表す "整"、"满"、"全" に相当するため、「大赤包の顔にあ
るすべてのそばかす」という具合に範囲が限定されることによって「定」であ
ると考えられる。例 (71) は連語レベルから見ると、"把" の客体は「定」であ
ることが分かる。
　前述の例(22)の "把一位大夫请来了。" は、朱德熙(1995：251)が非文だと主張
しているが、筆者は必ずしもこれには同意しない。例えば、"为了抢救病人，小
王把一位大夫请来了。" といったような複文の中では、この "把" 構文も許容さ
れるであろう。

86　第一部 中国語における“把”構文の特徴

2.5.2.4 文脈レベルからみた「定性」

“一(数)量名”の形式をしている“无定式把字句”を分析する。

2.5.2.4.1 “一(数)量名”の“一(数)”は数を表す

(72) 前几天我从图书馆借了6本书。今天一看，少了一本。后来想起来了，
前天我已经把一本还了。(作例)
先日図書館から六冊の本を借りたが、今日見たら、一冊足りなか
った。その後になって、一昨日すでにその中の一冊を返したこと
を思い出した。

例 (72) の“把”の客体である“一本”は“一本书”であり、連語レベルで
は「不定」であるが、文脈レベルから見れば、借りた本の中から返した一冊で
あり、「定」である。したがって、この文は“把”構文として成り立つ。

2.5.2.4.2 その他の“无定式把字句”

“把”の「客体」は一般に「ハダカ名詞」[60] か指示代名詞と人称代名詞以外の
基本名詞連語であり、派生名詞連語か派生客語となるとき、文脈から“把”の
「客体」は「定」であると判断できる。

(73) 山本去大卫那儿借自行车… 因为他的自行车₁坏了，他把车₁送到修
车处去修了。大卫下午不用自行车₂，他把车₂借给山本了。(《成功之
路》: 39)
山本がデイビットのところに自転車を借りに行った。…というの
は彼の自転車が壊れたので、それを自転車修理店で修理してもら
っていたのだ。デイビットは午後自転車を使わないので、山本に
貸してあげた。

(74) 她没有把替焦副部长做手术，看作是不可多得的荣誉；也没有把秦波

---

60)「ハダカ名詞」は“光杆名词”の日本語訳である。

的刁难，视为难以忍受的凌辱。（再掲例45）

彼女は焦副部長の手術を担当することを、特に光栄なこととは思っていなかったし、副部長夫人の嫌がらせも我慢のならない侮辱だとは見ていなかった。（同上）

(75) 他立刻改变了主意，要把谈话认真地进行下去。（再掲例46）

（彼は）身を乗り出し、本腰で話し始めた。（同上）

　例(73)は叙述文であり、"他的自行车₁"は文章の中に初めて現れた「山本」の"自行车"をさす。この名詞連語"他的自行车₁"には代名詞"他"が使われているので、「定」であると言える。これによって、"他把车₁送到修车处去修了。"の"车₁"は、特に修飾語が無くても言語環境により、前述した"他的自行车₁"と同一事物なので、「定」である。同様に、"车₂"も特に修飾語が無くても言語環境により前述した"自行车₂"と同一事物なので、「定」であることが分かる。例(74)は小説（叙述文）であり、この小説をここまで読んできているので、読者はそれが何を指しているのかがわかる。例(74)の"替焦副部长做手术"、例(75)の"谈话"は動詞性の連語であり、名詞性の語句ではないので、どちらも派生客語である。"替焦副部长做手术"は今回の"替焦副部长做手术"であって、"谈话"は今行われている"谈话"である。どちらも「定」である。例(74)の派生名詞連語"秦波的刁难"は"秦波"が"刁难"したことがあって、決まった"刁难"を指している。よって、「定」である。

　"把"構文（375例文）における"把"の客体が「定」であるか確定した「類」であるかについて、後述する著作を参考にして調査をした。また「定」と確定した「類」の割合は、以下の[表5]のようにまとめた。参考言語資料は《中日対译语料库》（第一版）（2002、2003）の中の小説《人到中年》、《插队的故事》、《丹凤眼》、《红高粱》、《天声人语》、《天声人语2》である。

88　第一部 中国語における "把" 構文の特徴

[表 5] 単語レベル・連語レベル・文レベル・文脈レベルの割合

	単語レベル	連語レベル	文レベル		文脈レベル	
特徴	人称代名詞、指示代名詞、固有名詞	人称代名詞、指示代名詞を使う基本名詞連語	数量詞を使う基本名詞連語 1.「類」を指す "无定式把字句" 2. 範囲内の数を表す "一" の "无定式把字句"		1. "把" 構文の「客体」を "一(数)量名" の形式としている "无定式把字句" 2.「ハダカ名詞」、指示代名詞と人称代名詞以外の基本名詞連語、派生名詞連語、派生客語	
"把" の客体の特徴	「定」	「定」	「定」	確定した「類」(汎称)である。	「定」	確定した「類」(汎称)である
例文の数 (375例)	54例	45例	103例	8例	164例	1例
割合	14.4%	12%	27.47%	2.13%	43.73%	0.27%
「類」の割合	0%	0%		2.13%		0.27%

　[表 5]からみると、"把" 構文の "把" の客体が確定した「類」である割合は、単語レベルと連語レベルでは 0%であり、文レベルと文脈レベルでは 2.13%と 0.27%がある。"把" の客体として「ハダカ名詞」と「一(数)量名」が使われる確率が高まるに従って、確定した「類」の割合が比例的に増えていっていることが分かる。

2.5.3 おわりに

　本節では "把" 構文の「客体」の「定性」について、単語レベルと連語レベルと文レベル(単文・複文)と文脈のレベルの四つに分けて分析してみた。"把" の客体は以下[表6]のようにまとめた。

第二章 "把"構文の客体について　89

[表6] "把"の客体のまとめ

個体を指す	定	単語レベル	人称代名詞、指示代名詞、固有名詞
		連語レベル	人称代名詞、指示代名詞を使う基本名詞連語
		文レベル（単文・複文）	"一(数)量名"
		文脈レベル	"一(数)量名"、「ハダカ名詞」、指示代名詞と人称代名詞以外の基本名詞連語、派生名詞連語
「類」（汎称）を指す	確定した「類」（汎称）	文レベル	"一(数)量名"
		文脈レベル	"一(数)量名"、「ハダカ名詞」、指示代名詞と人称代名詞以外の基本名詞連語、派生名詞連語、派生客語

　"把"構文の"把"の客体が人称代名詞もしくは指示代名詞、固有名詞である場合は、単語レベルからみれば明らかに"把"の客体が「定」であることが分かった。"把"の客体が人称代名詞もしくは指示代名詞を限定語とした基本名詞連語である場合は、連語レベルからみれば明らかに"把"の客体が「定」であることが分かる。だが、"把"の客体がハダカ名詞・派生名詞連語・派生客語である場合と"把"の客体が"一(数)量名"という形の"无定式把字句"である場合は、単語レベルと連語レベルからみると、「定」であるか、「不定」であるか、判断しにくいときがある。特に、"把"の客体が"一(数)量名"という形の"无定式把字句"である場合は、一見すると「不定」であるかのように思えるが、実際は文レベルと文脈レベルからみると、個体を表す場合は「定」であり、一類のモノを表す場合は「確定」である。聞き手（読者）にとって、「不定」である場合もあるが、それが理解可能であれば、その"把"構文は成立することができる。

　これと関連して、"把"の客体がハダカ名詞（例73）および"一(数)量名"（例62、63）という形をとる時、"把"の客体は「類」を指す場合もあるが、この「類」は確定された「類」である。聞き手（読者）にとって、そのことが理解可能であれば、その"把"構文は成立することができる。

　本章では、"把"構文における"把"の目的語について、「話し手と聞き手の

立場からみる」及び「単語レベルと連語レベルと文レベルと文脈レベル」の角度から分析、考察した。話し手からみると、既知であり、「定」であるが、聞き手からみると未知の場合もあるが、「不定」の場合もある。しかし、聞き手にとって理解できれば"把"構文は成り立つ。「単語レベルと連語レベルと文レベルと文脈レベル」の角度からみると、"把"構文の"把"の目的語は「定」であることが分かった。

第三章 "把"構文における動詞について

3.1 はじめに

　王力 (1985：130) [61] は処置義の"把"構文に用いられる動詞は処置性を持たなければならず、またほかの"把"構文では処置性がなくてもよいと主張している。同じ動詞が全ての種類の"把"構文に使えるわけではない。例えば、動詞"想"を見てみよう。

(1) 骆驼！祥子的心一动，忽然的他会思想了，好象迷了路的人忽然找到一个熟识的标记，<u>把一切都极快的想了起来</u>。(「駱駝！」ドキンとした瞬間、祥子の頭は、また働きだした。　道に迷った人間は、見知った目じるしにばったりぶつかったとたん、ぱっとすべてを思いだすものだ。) (再掲第一章例20)

(2) <u>把虎妞的话从头至尾想了一遍</u>，他觉得象掉在个陷阱里，手脚而且全被夹子夹住，决没法儿跑。(《骆》9)
虎妞の言ったことを逐一思いかえしてみて、祥子はまんまと罠にはまったように感じる。そのうえご丁寧に手枷足枷まではめられて、身うごきもできないときているのだ。(『ラ』：144)

(3) <u>把这个想开了</u>，连个苍蝇还会在粪坑上取乐呢，何况这么大的一个活人。(《骆》21)
そうさとってしまうと、蝿なんか糞壺でさえ極楽と思っているのに、大の男がなにをくよくよという気になってくるのだった。(『ラ』：338)

　例 (1) は「名詞₁＋"把"＋名詞₂＋動詞＋趨向補語」構造の"把"構文であ

---

61) 王力 (1985：130) は、以下のように述べている。"普通处置式的叙述词必须是及物动词，活用时却可用不及物动词。"

92 第一部 中国語における "把" 構文の特徴

り、例 (2) は「名詞₁＋ "把" ＋名詞₂＋動詞＋数量形式」構造の "把" 構文で
あり、例 (3) は「名詞₁＋ "把" ＋名詞₂＋動詞＋結果補語」構造の "把" 構文
である。しかし、動詞 "想" は「名詞₁＋ "把" ＋名詞₂＋動詞＋ "在・到・给"
＋名詞₃」の "把" 構文に用いることができない。

　本章において、"把" 構文の構造を四種に分けて、それぞれの "把" 構文にど
のような動詞が用いられるかについて分析する。

3.2 中国語における動詞の分類

　本節では、まず現代中国語の動詞の分類について検討する。刘月华ほか（中
国語版 2001：151〜156)、劉月華ほか（日本語版 1988：130〜165）の説を参考にし、
考察を行う。

3.2.1 劉月華ほか 1988

　劉月華ほか（日本語版 1988：130〜165）は以下のように述べている。

3.2.1.1 目的語をとれるか否かによる分類

　文法上から見れば、動詞は、目的語をとれるかどうか、またどのような目的
語をとれるかによって他動詞（"及物动词"）と自動詞（"不及物动词"）の二つ
に分類される。他動詞（"及物动词"）は主に受け手目的語（動作を受けるも
の）・対象目的語・結果目的語という三類の目的語をとる動詞を指している。自
動詞（"不及物动词"）とは、目的語や受け手目的語をとれない動詞をいう。目的
語をとれない動詞としては、"着想"（考えてやる）（中略）などが挙げられる。
多くの "不及物动词" は動作の受け手を表さない目的語をとることができる。
自動詞のとる目的語には次の何種類かがある。

　一、行為の場所を表すもの。例えば、"上（山）"（山に登る）など。

　二、行為に要する道具を表すもの。例えば、"睡床"（ベッドに寝る）など。

　三、存在・出現・消失する事物を表すもの。例えば、"来了两个人" など。

　さらに、"见面" "握手" "结婚" などのような、結合が固く、ある種の言語
においては一単語に相当するようなものがあるが、これらは目的語をとること
ができない。即ち、"见面他" "握手你" "结婚她" などとは言えない。

第三章 "把"構文における動詞について　93

3.2.1.2 意味上の分類

　意味上、中国語の動詞は動態動詞（動作・行為を表す動詞）・状態動詞（人や動物の精神的・生理的状態などを表すもの）・関係動詞（その主な働きは、主語と目的語を結び、両者の間に何らかの関係を持たせることである）・能願動詞（助動詞）の四種類に分けることができる。

3.2.1.3 とる目的語に基づく分類

　動詞の後にとる目的語によって、体言性の目的語を用いる動詞、用言性の目的語を用いる動詞、文を目的語とする動詞、複数の目的語を用いる動詞の四種に分けられる。

　①体詞（＝名詞, 代名詞, 数量詞）目的語しか取れない動詞は例えば、"打（電話）"（[電話を]かける）など。

　②述詞（＝動詞, 形容詞）目的語しかとれない動詞は例えば、"进行（动员）"（[動員を]行う）などである。このような動詞には他にも"希望"（希望する）などがある。

　また、"记得"（憶えている）等、体詞、述詞両方の目的語をとれる動詞もある。

　③文をとれる動詞は"希望""觉得""怕"のような動詞である。例えば、"我希望你明天早一点来。"（「明日早く来てほしい。」）などである。

　④目的語を二つとれる動詞は例えば、"给""教"などがある。"张老师教我们中文"のような例文が挙げられる。

3.2.1.4 持続性があるか否かによる分類 [62]

　持続性のある動作を表す動詞の後であれば、動態助詞"着"を付けられる。（中略）例えば、"听着""他在纸上写着什么，我看不清楚"などの場合である。また、持続性動作を表す動詞は普通重ね型になれる。例えば、"你去看看""进来坐坐吧"などである。

---

62) 3.2.1.4 と 3.2.1.5 は刘月华ほか（中国語版 2001：151〜156）によって、筆者が訳した日本語である。

94　第一部 中国語における“把”構文の特徴

　非持続性動作はいわゆる瞬間動詞であり、後に動態助詞“着”を付けられない。例えば、“死”“散”などである。

3.2.1.5 自主的か否かによる分類

　動作主が自主的にコントロールできる動作を表す動詞は自主動作動詞と呼ばれる。この種類の動詞は動作主が意識的に行う行為や動作を表すので、命令文を構成できる。例えば、“说”“唱”などである。具体的な例は、“让老师说了我家孩子一顿。”（「先生に頼んでうちの子を叱ってもらった。」）などが挙げられる。

　動作主が自主的にコントロールできない動作を表す動詞は非自主動作動詞と呼ばれる。例えば、“病”“死”“完”などである。この種類の動詞は一般的に命令文を構成できない。

3.3 従来の考え

　王力（1985：130）は、一般的に処置を表す“把”構文は必ず及物動詞でなければならないが、処置義で説明できない“把”構文は不及物動詞を使えると述べている。赵元任（1979：174）は、“把”構文に不及物動詞も用いることができる。例えば、“把椅子坐塌了”、“把腿站累了”の中の“坐”、“站”などである。宋玉柱（1991：1～31）[63] は、“把”構文に用いられる動詞は、必ず及物動詞或いは及物の役割がある動詞フレーズでないといけないと主張している。邵敬敏（2002：72～95）[64] は、結果補語を伴うことができる動詞或いは結果賓語を伴うことができる動詞は、“把”構文にも用いることができるが、結果補語及び結果

63）宋玉柱（1991：1～31）は“把”構文における動詞について、以下のように述べている。“如果动词是非动作性动词，一般就不能构成“把”字句。（中略）动词有无强烈的动作性对于能否构成“把”字句是至关重要的。”

64）邵敬敏（2002：72～95）は“把”構文における動詞について、以下のように述べている。“凡可以带结果补语（包括带“得”的结果补语或结果宾语的动词，都有可能构成“把”字句，我们称之为“致果动词”。当然，这并不意味着在任何时候都必须带着结果补语或结果宾语，也不是说这类动词在任何情况下都必定可以构成“把”字句。换言之，它还要受到其他条件的制约，这些动词是不可数的。反之，根本不可能带结果补语或结果宾语的动词则在任何情况下都不可能构成“把”字句，我们称之为“非致果动词”，（略））”

第三章 "把"構文における動詞について　95

賓語を伴うことができない動詞は、"把"構文にも用いることができないと主張している。

崔希亮（1995：12～21）[65]は、"把"構文に用いられる動詞は必ず動力を持つ動詞でなければならず、Bを変えることができ、Bを変化させるものでなければならない、とする。動力を持つ動詞は動態動詞であり、そうでなければ、静態動詞である。"把"構文における動詞は動作、活動、評価、感覚と生理運動を表す動詞である。崔（1995）は動詞の分類について、以下の［表 7］のように表している。

［表 7］動詞の分類（崔希亮 1995 より）

静態動詞	V₁存在动词	有，无，堆，挂，站，摆，放，停，…
	V₂关系动词	是，为，指，像，相同，属于，姓，等于
	V₃性质动词	讨厌，小心，轰动，热爱，信任，迷信，密切，…
	V₄结果动词	出来，成立，发现，获得，分别，到达，批准，通过，…
动态动词	V₅行为动词	帮助，服务，旅行，游泳，指导，祝贺，压迫，…
	V变化动词	大，高，成，好，紧张，成熟，漂亮，地道，瓷实，…
	V活动动词	布置，打扮，筹备，联络，交涉，准备，…
	V动作动词	打，抓，摘，搂，拉，拽，脱，砍，剁，劈，砸，削，穿，…
	V评价动词	看，当，说，夸，怀疑，算，称，叫，…
	V感觉动词	愁，想，欢喜，忧伤，伤心，兴奋，疼，难受，寂寞，…
	V生理动词	哭，笑，叫，喊，嚷，病，嚎，吵，…

崔（1995）は、"游泳"、"压迫"のような行為動詞は"把"構文には使えないと主張している。しかし、"只半个小时把他就游累了。"の文にある動詞"游"は"游泳"を取り出した例である。このような動詞は"把"構文に用いられる。

金立鑫（1997：415～426）[66]は、"V得"の構造に使える動詞はすべて"把"

65）崔希亮（1995：12～21）は、以下のように述べている。"V一定是有动力的动词，它能够改变 B，使 B 发生变化。有动力的动词我们把它叫做动态动词，没有动力的动词叫做静态动词""'把'字句中的动词是表示动作、活动、评价、感觉和生理运动的动词"

66）金立鑫（1997：415～426）は、以下のように述べている。"凡是能够进入 V 得框架的动词

96　第一部 中国語における"把"構文の特徴

構文にも使える。さらに、"把"構文に用いる動詞は"自主動詞"であり、"把"構文に用いることができない動詞の多くは"非自主動詞"であると主張している。しかし、"来得早"の"来"は"把"構文に用いることができない。张济卿（2000 : 28〜37）は、崔希亮（1995 : 12〜21）の説が正しいとは考えておらず、例えば、"她把眼圈儿红了"の中の"红"は動力を持ってないし、動詞ではない。"我把那本书看了"の"看"は動力を持っているとは言えないし、また"那本书"に対して、何も変化させていない。さらに、本能性行為動詞、例えば、"听见"（听到）、"看见"（看到）は"把"構文に用いられることができないと主張している。しかし、"听"と"看"これらは主体が客体に対して処置を行う場合、"把"構文でも使える。例えば、"我躲在后面，把他们的话都听到了"は正しい文である。范晓（2001 : 309〜319）は、"价"（項）から"把"構文における動詞について研究しているが、"把"構文における動詞は"一价动词"（一項動詞）、"二价动词"（二項動詞）、"三价动词"（三項動詞）の三種類あると主張する。范（2001）は文構造と動詞の関係についても取り上げ、"把"構文の文構造はたくさんあり、すべての動詞が"把"構文に用いることができるわけではなく、また"把"構文に用いることができる動詞は、いかなる"把"構文にも用いることができるというわけではないと結論付けている。しかしながら、范（2001）は数種類の"把"構文の文構造について説明しただけで、すべてのものに言及しているわけではない。

3.4 文構造の角度からの分析

　本節は、"把"構文の文構造に基づき、1980 年に出版された小説《人到中年》（以下《中》と略称）の中の 126 例の"把"構文を分類し、その中に用いられた動詞を分析・考察する。動詞を中心として、"把"構文を以下のように三種に分類した。

都能构成"把"字句。……能够用于"把"字句的动词大多是"自主动词"，不能用于"把"字句的动词大部分是非自主动词。"

第三章 "把"構文における動詞について　97

3.4.1 文構造：「名詞₁＋"把"＋名詞₂＋動詞」（光杆动词式）[67]

全1例、動詞の異なり語数は1個である。

――摘除 [68]

(4) 陆文婷很快在巩膜上把预置线缝上，只等把白内障摘除后，把缝线结
　　 扎上，这手术就成功了。(《中》：24)
　　 陸文婷は手早く鞏角膜上に前置縫合を行い、あとは白内障を摘出し
　　 て縫合線を結紮すれば、もう手術は完了である。(『人』：116)

　例 (4) の動詞"摘除"における"摘"と"除"は、同義複合の関係にある二
音節の動詞である。呂叔湘主編 (1999：55) は、この種類の"把"構文に用いら
れる動詞は動結構造動詞（"动结结构"）であり、例えば、"延长"、"扩大"、"降
低"、"约定"、"取消"などとする。さらに、陈光 (2007：151〜167) は、この種
類の"把"構文に用いられる単語を[表8]のようにまとめている。

---

67) 括弧 (　) の中に書いてある名称はすべて崔显军が分類したものである。
　　崔显军(2012：176〜180)は"把"字句を以下のように 15 に分類している。①光杆动词式
　　（把敌人消灭），②动体式（把信写了），③动结式（把点球踢飞了），④动趋式（把文章发
　　出去），⑤动介式（把书放在书架上），⑥动宾式（把抽屉上了锁），⑦动得式（把基础夯得
　　特扎实），⑧动量式（把《红楼梦》看了四遍/把行李收拾收拾），⑨述程式（把他看透了），
　　⑩状心式（把头一甩），⑪连动式（把这事儿说给老王听了/把这个问题加以分析），⑫看把式
　　（看把你美得），⑬把个式（把个凤姐死了），⑭把作式（把他当做知心朋友），⑮把NPVP! 式
　　（把好事办好!/把实事办实!）等。「动体式」とは「動詞＋時体助詞"了"」という構造を持
　　つタイプである。
68) 《现代汉语词典》（第7版2016：1643）によれば、"摘除"は動詞である。

98 第一部 中国語における "把" 構文の特徴

[表 8] 単語の種類及び用例（陈光 2007 より）

単語の種類	用例
"补足格动词"[69]	歼灭、加热、击落、打通、扑灭、买通、打消
"并联格动词"	封锁、开除、改写、拘留、分解、归总、归公[70]
"支配格动词"	充电、封口、充公、出手、封口、掉头、处决
"态饰格动词"	并举、并联、大写、私了、火化、平分、小写
"后衍格动词"	公式化、表面化、复杂化、概念化、简化、美化
"代词"	这么着、这样、那样、如何、怎么样、怎么着

　黄伯荣・廖序东（2011 : 211〜216）によれば、以上のような単語はすべて二音
節単語であり、複合式単語である。これらを分類すれば、"补充型"（補足型）、
"联合型"（並列型）、"动宾型"（動賓型）、"偏正型"（連用修飾型）と後綴「化」
字と分類され、すべて結果を表すことができる。

3.4.2 文構造：「名詞₁＋"把"＋名詞₂＋"'一'など"＋動詞」（状心式）

　全3例、動詞の異なり語数3個である。
——放、切开、挥

　　　(5) 当他听说家里有人得了急病，需要立刻送医院时，二话没说，就把手
　　　　一挥，招呼傅家杰上车。（《中》: 28）
　　　　急病人を病院へ連れていきたいと聞くと二つ返事で、傅家傑に車に
　　　　乗れと合図した。（『人』: 134）

　例（5）の"把"構文の中の動詞は"挥"であり、その前に派生副詞"一"が
用いられている。この構造の"把"構文に用いられる三つの動詞は全て動作動
詞である。

---

69) "补足格动词"は補足格動詞で、"并联格动词"は並列格動詞で、"支配格动词"は支配
格動詞で、"态饰格动词"は状態修飾格動詞で、"后衍格动词"は後方発生格動詞である。
70) 陈光（2007 : 151〜167）は"归公"は"并联格动词"であると考えているが、筆者は動
賓フレーズと考えている。

3.4.3 文構造：「名詞₁＋"把"＋名詞₂＋動詞＋その他」

3.4.3.1 文構造：「名詞₁＋"把"＋名詞₂＋動詞＋"了・着・过"」（動体式など）

全1例、動詞の異なり語数は1個である。

──做

(6) "焦副部长，如果你没有什么别的情况，我们后天就把手术做了吧！"
（《中》：20）

「焦副部長、他に特別なことがなければ明後日手術することにいたし
ましょう。」（『人』：99）

例 (6) の"做了"の"了"は動作の完成ではなく、語気のみを表すが、この
文の形からこの種類の"把"構文に分類した。"把"構文はとても少ないことが
分かったが、小路口（2014：39～52）によれば、「名詞₁＋"把"＋名詞₂＋動詞
＋"了"」のような"把"構文の単音節動詞は第四章の 4.2.3.1 の［表 12］のように
示すことができる。

この種類の"把"構文に用いられる動詞は、動作動詞の他に、心理活動動詞
"忘"、状態動詞"瞎"と"病"と"死"などが存在している。また、二音節動
詞も多く存在している。例えば、劉一之（2008：77～84)は以下の例を挙げてい
る。

"降低、消灭、取消、颠倒、逮捕、开除、克服、扣留、扭转、切除、
养活、抹煞、镇压、摆脱、暴露、包围、充满、铲除、出版、打倒、打破、
得到、断绝、发表、放弃、粉粹、加强、夸大、浪费、没收、排除、缩小、
淘汰、推翻、忘记、消除、消弱、延长、引诱、展开、泄露、阻止"。

この構造の"把"構文は、全て動作の結果を表すことができる。

3.4.3.2 文構造：「名詞₁＋"把"＋名詞₂＋動詞＋名詞₃」（動宾式）

全1例、動詞の異なり語数は1個である。

──当

100　第一部 中国語における"把"構文の特徴

(7) 竟使她长久以来分辨不清，是当真入梦，还是把梦当真。(《中》: 28)
それらの情景が生々しく再現されて、今日でも夢か現か判じかねる
ほどであった。(『人』: 135)

　この種類の"把"構文の用例は一つしかない。動詞"当"は評価動詞である。
この構文には"给"、"送"、"告诉"などの二重客語動詞も用いることができる。
さらには、"把橘子剥了皮。"のような動作動詞も用いることができる。この構
造の"把"構文は全て動作の結果を表すことができる。

3.4.3.3 文構造：「名詞₁＋"把"＋名詞₂＋動詞₁＋名詞₃＋動詞₂」(连动式)
　全2例、全て四字熟語である。
――一干而尽、席卷而去

(8) 他忽然缄口不言，仰脖把半杯剩酒一干而尽，才吐出一句话来：(《中》:
15)
彼は急に黙り、仰向いて残りのブドー酒をぐっと呷るといった。
(『人』: 71)

　例 (8) の"一干而尽"は四字熟語であるが、二つとも結果を表すことができ
る。

3.4.3.4 文構造：「名詞₁＋"把"＋名詞₂＋動詞＋数量形式」(动量式)
　全7例、動詞の異なり語数は7個である。
――挪动、摇、扬、点、审视、闭、晃

(9) 陆文婷只好把低着的头点了点。(《中》: 20)
陸文婷はうつ向いたまま頷いた。(『人』: 98)

(10) 陆文婷没有答话，只把针拿起来对着灯光照看。把这半圆形像钓鱼钩
似的针审视了一会儿，她回头问道：(《中》: 23)
陸文婷は答えないで、針を照明灯の方に透かして調べている。釣針

のように曲がった針を一通り点検したあと、彼女は振り向いていった。（『人』：113）

例（9）の動詞"点"、例（10）の動詞"審視"は全て動作動詞であり、且つ及物動詞である。例（9）、例（10）は"把"の客体の位置を移動することができ、例（10）は主体の考え方を変化させることができる。

3.4.3.5 文構造：「名詞₁＋"把"＋名詞₂＋動詞＋程度・様態補語」（述程式・动得式）

全3例、動詞の異なり語数は3個である。
——看、弯、举

(11) 傅家杰把台灯<u>弯</u>得更低些，又用一张报纸挡上，才继续工作。（《中》：21）

傅家傑はスタンドの首をぐっと低く曲げ、さらに新聞を被せて光を遮ってから仕事をつづけた。（『人』：104）

例（11）の動詞"弯"は動作動詞であり、且つ及物動詞である。この文構造に用いられる動詞の多くは動作動詞であるが、心理活動動詞、状態動詞も用いることができる。例えば、"他把小英恨透了。"の"恨"は心理活動動詞であり、状態か結果を表すことができる。

3.4.3.6 文構造：「名詞₁＋"把"＋名詞₂＋動詞＋結果補語」（动结式）

全35例、動詞の異なり語数は29個である。
——吓、震、投、拦、扭、看、望、打、拖、做、结扎、治、整、移、拆、撤、升、剪、切、缝、推、注、叫、说、救、惊、照顾、转、养

(12) 记起来了，是坐在一旁的秦波同志客客气气地把她<u>拦</u>住了。（《中》：5）
そうだ、隣に坐っていた秦波夫人がいとも丁寧に彼女を遮ったのだ（『人』：35）

(13) 陆文婷个子矮，每次手术都需要把凳子<u>升</u>高。（《中》：13）

102 第一部 中国語における "把" 構文の特徴

　　　陸文婷は背が低いので手術の時はいつもスツールを高くしなければ
　　　ならない。(『人』: 110)

　例 (12) の動詞 "拦"、例 (13) の動詞 "升" はともに動作動詞であり、且つ
及物動詞である。この構造の "把" 構文に用いられる動詞は結果補語と合わせ
て、結果を表すことができる。

3.4.3.7 文構造:「名詞₁＋ "把" ＋名詞₂＋動詞＋趨向補語」(动趋式)
　全36例、動詞の異なり語数は29個である。
——拥、进行、递、找、吸引、补、隔离、扔、练、放、叫、转、缝、赶、折、
推、穿、拿、结扎、系、取、扶、打、挑、放、送、认、说、塞

　　(14) 这一嗓子把病人和大夫的目光都吸引了过去。(《中》: 11)
　　　　その気勢に吸い寄せられたように、患者も医師も一斉に声の方を見
　　　　上げた。(『人』: 51)
　　(15) 他松开了按在太阳穴上的手指，好像额头不那么涨痛了。他立刻改变
　　　　了主意，要把谈话认真地进行下去。(《中》: 4)
　　　　神経の疲労がいっぺんに吹きとんだかのように、彼はこめかみを押
　　　　さえた指を離すと、身を乗り出し、本腰で話し始めた。(『人』: 24)

　例 (14) の動詞 "进行" は形式動詞であり、例 (15) の動詞 "吸引" は動作
動詞であり、両方ともに及物動詞である。このような構造を持つ "把" 構文は
結果を表すことができる。

3.4.3.8 文構造:「名詞₁＋ "把" ＋名詞₂＋動詞＋ "在・到・给・成" ＋名詞₃」
(动介式・把作式)
　全37例、動詞の異なり語数は32個である。
——浸泡、挨、抚养、奉献、当、办、交待、交、拉、停留、看、视、送、放、
用、集中、摊、变、挪、让、接、分、铺、凝聚、盖、打、搭、转、开、禁锢、
捏、留

第三章 "把"構文における動詞について 103

(16) 赵天辉又把关切的目光停留在陆文婷脸上。(《中》: 10)
　　院長は再び気遣わしげなまなざしを陸文婷の顔に注いだ。(『人』: 50)
(17) 这一句话就等于把任务交给她了。(《中》: 7)
　　ということはつまり、患者を当てがわれたのだ。(『人』: 34)
(18) 幼年父亲出走，母亲在困苦中把她抚养成人。(《中》: 3)
　　幼い頃、父親が出稼ぎにいったまま帰らず、母は女手一つで彼女を
　　育て上げてくれた。(『人』: 17)

　例 (16) の動詞"停留"、例 (17) の動詞"交"は動作動詞であり、例 (18)
の動詞"抚养"は行為動詞である。すべて及物動詞である。これらの動詞は
"在・到・给・成"の中の一つと合わせて、結果を表すことができる。このよ
うな構造を持つ"把"構文は"把"の客体の状態を変化させ、ある種の結果に
至らしめることができる。
　以上のことから考えると、"把"構文に用いられる動詞の多くは動作動詞であ
り、且つ及物動詞である。その他には、少数であるが、行為動詞や心理活動動
詞や形式動詞や状態動詞も存在していることが明らかになった。

3.5 語義の角度から分析する

　"把"構文に用いられる動作動詞はすべての"把"構文に適応するわけでは
ない。例えば、"我把马骑骑。"は非文であるが、"这点路就把马骑累了。"は言
える。同じ動詞"骑"であるが、その差異について、本節において分析する。
　崔希亮 (1995: 12〜20) は、語義から分類すると、"把"構文は二種類に分け
られ、それは結果類と情態類であると主張している。結果類の"把"構文はP_1
とP_2の間に因果関係を持つという特徴があると分析できるが、情態類の"把"
構文はそのような特徴があるとは分析できない。例えば、"把筷子朝桌上一拍。"
は情態類の"把"構文である。さらに、金立鑫 (1997: 415〜422) は"把"構文
の語義が三種類あると述べている。第一類は「結果類」であり、主に二つの主
述フレーズの間に因果関係のある場合を表し、例えば、"把脸冻得通红。"であ
る。第二類は情態類であり、「AがBに対して働きかける際に、A或いはBがあ
る種の状態を持つ」である。例えば、"请你把地扫扫。"である。第三類は動量

104 第一部 中国語における"把"構文の特徴

類であり、「AがBに対して特定量の行為を行い、動詞前の成分に"把"構文の焦点を当てることによって、賓語を強調する」である。例えば、"他把这些过程又演了一遍."である。筆者は崔希亮（1995：12〜20）と金立鑫（1997：415〜422）の分類を参考にしながら、"把"構文を以下のように二種類に分けて分析する。

3.5.1 情態類

この種類の"把"構文は、文構造「名詞₁＋"把"＋名詞₂＋"'一'など"＋動詞」（状心式）と文構造「名詞₁＋"把"＋名詞₂＋動詞の重ね型」を含む。これらの"把"構文は、動詞によって"把"の客体がある状態に変化したという意味を表す。

(19) 赵天辉把头摇了摇，叹道：…（《中》：6）
　　　趙天輝は首を左右に振りながら吐息をつき、…（『人』：47）

［図 7］情態類の認知スキーマ

头……→……→……→头（"摇"の動作により）

A＿＿＿＿＿＿＿＿B＿＿＿＿＿＿＿＿C
　起点　　　　　過程　　　　　着点

以上の［図 7］で示されるように、例（19）の文は、動作の"摇"により、"把"の客体"头"は起点の位置から離れて位置を変えて移動したという表現であり、移動の起点はあるが、着点は明確にされていない。この文構造に用いられる動詞は"把"の客体の位置を移動させ、状態を変化させることができる。

同様に、例（20）の動詞"扬"によって、"把"の客体"手中的拐杖"の状態は変化していることを表す。

(20) 焦成思把手中的拐杖扬了扬，脸向着赵天辉，说道：（《中》：6）
　　　焦成思は手にしたステッキを持ちあげ、趙院長の顔を見ながらいった。（『人』：48）

第三章 "把"構文における動詞について　105

(21) 她把<u>眼</u>闭了一下，把<u>头</u>晃了几晃，然后慢慢地把手伸进袖子里。
（《中》：14）
眼を閉じて頭を揺すってみる。それからゆっくりと両手を袖に入れた。（『人』：121）

例（21）の動詞"闭"と"晃"の働きにより、"把"の客体である"眼"と"头"の位置を移動し、変化の着点或いは結果まで至らしめなかったが、"把"の客体である"眼"と"头"の状態に変化がもたらされている。しかし、

(22) ＊把马骑骑。

例（22）の動詞"骑"の重ね型"骑骑"によって、"马"は何の変化も起こしていない。よって、例（22）は非文である。
この種類の"把"構文に用いられる動詞が"把"構文の客体或いは主体の位置を移動させ、状態を変化させることができる動詞であれば、その"把"構文は文として成り立つ。

3.5.2 結果類

情態類の他は全て結果類であり、それは例えば、文構造：「名詞₁＋"把"＋名詞₂＋動詞＋結果補語」などの"把"構文である。

(23) "还是不做了吧！就算你把<u>我的眼睛</u>治好了，他们还会把我整瞎的。而且，可能祸及于你。"（《中》：11）
「やっぱり止しましょう！仮にこの目を治していただいても、彼らはまた私を痛めつけて盲目にしてしまいますよ。それに、あなたまで巻き添えにしかねない」（『人』：97）

例（23）の中の動詞"治"を通じて、"我的眼睛"は"治好"という結果を表すことができる（以下の[図8]で示すように）。動作が、"把"の客体を変化させ、ある結果に至らしめている。

[図 8] 結果類の認知スキーマ

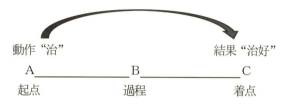

また、情態類では用いられない動作動詞"骑"は結果類の"把"構文には用いることができる。

(24) 这点路就把马骑累了。

例（24）の動詞の"骑"により、"把"の客体の"马"は疲れたという結果になっている。従って、同じ動詞"骑"は、「情態類"把"構文」には用いることができないが、「結果類"把"構文」には用いることができると言える。「情態類"把"構文」に用いられる動詞が"把"の客体或いは主体の位置を移動させるか、状態を変化させる動詞であれば、その"把"構文は文として成り立つ。「結果類"把"構文」に用いられる動詞が"把"の客体或いは主体の位置を移動させ、或いは状態を変化させ、且つそれにより、"把"構文の客体か主体をある種の結果に至らしめる動詞であれば、その"把"構文は文として成り立つ。

3.6 おわりに

本章は先行研究を踏まえ、先ず中国語における動詞の類型について考察した。意味上から動詞を分類すると、動作動詞、存現動詞、関係動詞、能願動詞、趣向動詞、心理活動動詞、使役動詞の七種類ある。動詞の後に客語をとれるかどうかにより、中国語の動詞は及物動詞と不及物動詞の二種類に大別することができる。《人到中年》の言語資料（"把"構文は126例ある）を調査したところ、"把"構文に用いられる動詞の多くは動作動詞であり、且つ及物動詞である。その他には、心理活動動詞と形式動詞と状態動詞も少数ではあるが、存在していることが明らかになった。さらにまた、同じ動詞が全ての構造の"把"構文

に用いられることができない理由について、"把"構文で表す意味を「情態類」と「結果類」の二種類に分けた上で分析した。「結果類"把"構文」は、動詞により"把"構文の主体か客体の位置を移動させ、または状態を変化させ、ある結果をもたらしたことを表す。一方で、「情態類"把"構文」は結果に至ることがなく、"把"構文の主体か客体の位置を移動させ、また状態を変化させることを表す。

108

第四章 "把"構文における「その他」について

4.1 "把"構文における「その他」の分類
4.1.1 はじめに

　　"把"構文の文構造は「名詞₁＋"把"＋名詞₂＋動詞＋その他」であり、"把"構文を成立させる条件の一つは動詞前後の部分「その他」の性質がどうであるかに関わってくる。「その他」の部分が違ってくると、その文が表す文法的な意味も異なる。本節では、"把"構文の文構造を分類する。この分類を通じて、"把"構文の語義を明らかにしたいと考える。

　　"把"構文の分類に関して様々な学説が見られる。本章では呂叔湘主編（1948：169～191）、朱德熙（1995：250～255）、范晓（2001：309～319）、崔显军（2012：176～180）（3.4.1を参照）、叶向阳（2004：25～39）などを参考にしながら、動詞を中心として、《骆驼祥子》の中の実例を用いて分析を行う。本書では以下の[表9]のように3種類に分類した。

[表 9] "把"構文の文構造
Ⅰ．文構造：「名詞₁＋"把"＋名詞₂＋動詞」（光杆动词式）
Ⅱ．文構造：「名詞₁＋"把"＋名詞₂＋"'一'など"＋動詞」（状心式）
Ⅲ．文構造：「名詞₁＋"把"＋名詞₂＋動詞＋その他」

　　また、Ⅲの文構造はさらに八種類に下位分類できる。以下の[表10]に示す。

[表 10] 文構造「名詞₁＋"把"＋名詞₂＋動詞＋その他」の下位分類
　①「その他」の部分は賓語など（補語以外）である場合
　　　A．文構造：「名詞₁＋"把"＋名詞₂＋動詞＋"了・着・过 [71]"」（动体式な

---

71) 文構造「N₁＋"把"＋N₂＋V＋"过"」として"把"構文は現代中国語の中には存在している。例えば、"刚才我听说，你已毫不客气地把李嫂的身上都搜过了。"、"把所有的主意都想过了，他想不起怎样处理这件事才好。"

ど)

B．文構造：「名詞₁＋“把”＋名詞₂＋動詞＋名詞₃」（動宾式）

C．文構造：「名詞₁＋“把”＋名詞₂＋動詞₁＋動詞₂」（连动式）

D．文構造：「名詞₁＋“把”＋名詞₂＋動詞＋数量形式」（动量式）

②「その他」の部分は補語である場合

E．文構造：「名詞₁＋“把”＋名詞₂＋動詞＋程度・様態補語」（述程式・動得式）

F．文構造：「名詞₁＋“把”＋名詞₂＋動詞＋結果補語」（动结式）

G．文構造：「名詞₁＋“把”＋名詞₂＋動詞＋趨向補語」（动趋式）

H．文構造：「名詞₁＋“把”＋名詞₂＋動詞＋“在・到・给・成”＋名詞₃」（动介式・把作式）

これらの他に、崔显军（2012：176～180）が分類した三つの構造があり、それは「“看”＋“把”＋名詞₂＋動詞₁＋その他（看把式）」と「名詞₁＋“把”＋“个”＋名詞₂＋動詞₁＋その他（把个式）」と「“把”＋名詞₂＋動詞＋その他（把NPVP！式）」であり、本書ではこれらをまとめて「特殊な“把”構文」と呼ぶこととする。

刘培玉（2009：28～33）[72]によれば、“把”構文の文法的意味（语法意义）は“语法处置”であり、つまり、あるヒト・あるモノ・あるコトが動作によって、“把”の客体に対して作用と影響を与え、“把”の客体・主体にある種の変化を起こさせ、または動作をある種の結果へと導くものであると述べている。“把”構文の文構造は「名詞₁＋“把”＋名詞₂＋動詞＋その他」であり、吕叔湘主编（1948：169～191）は“把”構文を13種類[73]に分類し、朱德熙（1995：250～255）

72）刘培玉（2009：28～33）によれば、“把字句的语法意义是表示‘语法处置’——某人、某物、某事件通过动作对‘把’的宾语施加作用和影响，使‘把’的宾语、主语发生某种变化，或使动作达到某种结果。”と述べている。

73）吕叔湘主编（1948：169～191）は、動詞の前後の部分を以下のように13種類に分類している。①动词后加成分（post-verbal elements）A.额外宾语（extra objects）1）偏称宾语（partitive object）（例：把腿跷起一只来。）2）动量宾语（quantitative object）（a）与动词同形　（例：把那烟袋锅儿挖一挖。）（b）与动词不同形　（例：把两手拍了一下。）3）保留宾语（retained object）一带宾动词（verb-object construction）里的宾语（例：我是把诸位绑

110　第一部 中国語における"把"構文の特徴

は"把"構文を 6 種類[74]に分類し、崔显军(2012：176〜180)は 15 種類（3.4.1 を参照）に分類し、范晓（2001：309〜319）は 10 種類[75]に分類し、叶向阳（2004：25〜39）は 12 種類[76]に分類している。筆者はこれらの言語学者の分類を参考にしながら崔显军(2012：176〜180)の分類、動詞を中心にし、上記に挙げる[表9]の 3 種類に分類した。

了票了。）B. 补语（complements）一般 4)受事（recipient）(a)无给（例：又把这等的机密大事告诉了你。）(b)有给（例：把帽罩子摘了，递给华忠。）5)处所（complement of place）（例：將碟子挪在眼前。）6)动向与动态（complements of direction and aspect）（例：把他也带了去。）C. 补语—结果（complements of result）7)无得（例：把那银子搬齐了。）8)有得（例：把那文行出处都看得轻了。）9)特种（例：①把我羞哭了。②把手绢儿哭湿了。）D. 10)"把凤丫头病了。"②动词前加成分（pre-verbal elements）11)一（例：把手一拱，说道，"请了。"）12)都，也（例：把方才的话都说了。）13)其他（例：把箱子一齐打开。）

74) 朱德熙（1995：250〜255）によれば、"把"構文に用いられる動詞は、少なくとも重畳形でなければならず、より多く見られるのはその前後に何か別の成分を伴っている形である。①動詞が重畳形である例：把桌子抹抹（テーブルを拭きなさい）②動詞の前に副詞の"一"が用いられる例：把头一抬（頭をひょいともち挙げる）③動詞の前に"往〜"、"当〜"という前置詞構造が用いられる例：把袖子往上卷（袖をまくり上げる。）④動詞の後に補語が伴われる例：把绳子铰断（ひもを（はさみで）切る）⑤動詞の後に目的語が伴われる例：把大门上了锁（表門に鍵を掛けた）⑥動詞の後に接尾辞"着"あるいは"了"が伴われる。把房子卖了（家を売り払う）朱（1995）は以上の六種類に分類している。

75) 范晓（2001：309〜319）によれば、"把"構文は以下の 10 種類に分類できる。①ハダカ動詞式"把"構文：把这个建议取消。（この意見を取り上げた。）②動体式"把"構文：把信寄了。（手紙を出した。）③動結式"把"構文：把敌人打败了。（敵を破った。）④動趨式"把"構文：把信寄出去了。（手紙を出した。）⑤動介式"把"構文：把书放在桌上。（本をテーブルの上に置いた。）⑥動賓式"把"構文：把大门上了闩。（正門をロックした。）⑦動得式"把"構文：把门关得紧紧的。（ドアをしっかり閉めた。）⑧動量式"把"構文：把这书看了两遍。（本を二回読んだ。）⑨動副式"把"構文：把你想死了。（あなたにとても会いたい。）⑩状動式"把"構文：把头一扬。（顔をさっと上げた。）

76) 叶向阳（2004：25〜39）によれば、"把"構文は"双述'把'字句"と"单述'把'字句"の二種類があり、以下の 12 種類に下位分類している。

（甲）"双述'把'字句"的VP①实义述补式：把衣服洗干净。②偏离式补式：把菜炒咸了。③带"得"述补式：把他打得哇哇叫。④带"个"述补式：恨不得今儿晚上就把事情弄个水落石出。⑤趋向述补式和处所述补式：把它扔出去。/把它扔在地上。

（乙）单述'把'字句的 VP①述补省略式：(看) 把他高兴得。②虚义述补式：A：V+上/着（zhao）/中/住：把球拿住。B：V+了₂/着₂/过₂：把信烧了。③述宾式：把墙炸了个洞。④状中式：把东西乱扔。/把袖子往上拉。⑤动词量化：A动词重叠：把剩饭煮煮。B.一+动词：把眼睛一闭。C动词+动量词：把衣服拽了一下。⑥V+了₁：把他得罪了。⑦单个动词：把时间延长。/把问题简单化。

第四章　"把"構文における「その他」について　111

4.1.2 本稿における分類

　本稿においては、"把"構文について、各言語学者の説を参考にしながら、動詞を中心とし、《骆驼祥子》の中の実例（428 例、その内訳は、"把"構文は 419 例であり、"将"構文は 9 例である）を用いて分析を行い、再分類を行う。その結果が以下の 3 種類である（（　）内は崔显军(2012：176～180)の分類した名称である)。

4.1.2.1 文構造：「名詞₁＋"把"＋名詞₂＋動詞」（①光杆动词式)

　全 2 例、動詞の異なり語数 2 個である。
——除外、怎样 [77]

> (1) 不管身上是怎样褴褛污浊，太阳的光明与热力并没将他除外，他是生活在一个有光有热力的宇宙里；(《骆》3)
> たとえ垢と泥にまみれ、ぼろをぶらさげていようと、太陽の光と熱はけっして彼をのけ者にしたりはしない。彼は明るい光と、あたたかい熱につつまれて生きているのだ。(『ラ』: 44)
> (2) 祥子在那里看着；他刚从风里出来，风并没能把他怎样了！(《骆》8)
> 祥子は悠然とそれを見まもっていた。彼はいまその風のなかからでてきたのだ。風は彼をどうにもすることができなかったのだ。(『ラ』: 127)

　例 (1) の動詞"除外"は二音節動詞であり、例 (2) の動詞のところに代名詞"怎样"が使われている。動詞"除外"は動補構造の単語であり、結果を表すことができる。この二つの例はともに、客体である「名詞₂」を変化させ、結果まで至らしめた例である。この種類の"把"構文は計 2 例あり、用いられている動詞の異なり語数は 2 個である。

---

77)　《现代汉语词典》(第 7 版 2016：194) によれば、"除外"は動詞である。1638 頁では、"怎样"は"代词"であるが、本書では、動詞として扱う。

4.1.2.2 文構造：「名詞₁＋"把"＋名詞₂＋"'一'など"＋動詞」(⑩状心式)

全7例、動詞の異なり語数6個である。

——落、贴、说、拉、(一笔) 勾销、埋

> (3) 祥子打算合合稀泥，<u>把长脸一拉</u>，招呼她一声。(《骆》16)
>   祥子は、さりげなく声をかけてごまかしてしまうつもりでいたが、
>   (『ラ』：257)
>
> (4) 听着风声，祥子<u>把头往被子里埋</u>，不敢再起来。(《骆》21)
>   風の音を耳にすると、祥子は蒲団にもぐりこんだまま起きようとしな
>   かった。 (『ラ』：343)
>
> (5) 刚跑了一身的热汗，<u>把那个冰凉的小水筒往胸前一贴</u>，让他立刻哆嗦
>   一下；(《骆》10)
>   走って汗ぐっしょりになっているところへ、氷のような瓶をかかえこ
>   むと、とたんに身ぶるいがでる。 (『ラ』：150)

例 (3) の"把"構文の中の動詞"拉"の前の"一"は、単語レベルで数詞だ
が、連語レベルで派生副詞として用いられている。例 (4) の動詞は"埋"の前
にその動詞の状況語"往被子里"がある。また、例 (5) の動詞の前には、状況
語"往胸前"及び"一"が同時に存在している。この種類の"把"構文は計7例
あるが、そのうち、一音節動詞の用例は5例、二音節動詞の用例は1例あり、一
音節動詞は二音節動詞より多いことが分かった。この構造の"把"構文は、動
作の結果を表すのではなく、客体或いは主体の変化を表すのである。この種類
の"把"構文は計7例あり、用いられている動詞の異なり語数は6個である。

4.1.2.3 文構造：「名詞₁＋"把"＋名詞₂＋動詞＋その他」

4.1.2.3.1 文構造：「名詞₁＋"把"＋名詞₂＋動詞＋"了・着・过"」(②动体式など)

全26例、動詞の異なり語数は19個である。

——忘记、忘、要、摔、放、扔、杀、作、劈、收、糟践、折卖、埋、收拾、打
发、揍、扔弃、蒙、烧

第四章 "把"構文における「その他」について　113

(6) 他硬把病忘了，<u>把一切都忘了</u>，好似有点什么心愿，他决定走进城去。
　　（《骆》4）
　　彼は自分の弱ったからだのこと、これまでのすべてのことを頭から追
　　いだした。そして、心に期するものがあるかのように、腹をきめた。
　　さあ行こう、と。（『ラ』: 56）

(7) 茶馆的伙计半急半笑的喊：“快着点吧，我一个人的大叔！<u>别把点热气
　　儿都给放了</u>！”（《骆》10）
　　ボーイが冗談めかして声をかけた。「おじさん、はやくしてくれよ
　　う！寒いからよう！」（『ラ』: 153）

　例 (6)、(7) のような"把"構文の文構造は「名詞₁＋"把"＋名詞₂＋動詞＋
"了"」であり、文構造が「名詞₁＋"把"＋名詞₂＋動詞＋"着"」と「名詞₁＋
"把"＋名詞₂＋動詞＋"过"」となっている例文は一例も見つけることができ
なかった。この種類の"把"構文は結果を表す。合計 26 例あり、用いられてい
る動詞の異なり語数は 19 個である。

4.1.2.3.2 文構造：「名詞₁＋"把"＋名詞₂＋動詞＋名詞₃」（⑥动宾式）
　全 15 例、動詞の異なり語数は 10 個である。
──拢、出、骂、给、炸、垫、告诉、买、剥、摔

　　(8) 官面上交待不下去，要不把你垫了背才怪。（《骆》11）
　　　　すると、裁判所のほうじゃ帳尻を合わせるために、おめえを身がわり
　　　　にたてるってことになる。（『ラ』: 174）
　　(9) 二太太以为他这是存心轻看她，冲口而出的<u>把他骂了个花瓜</u>。（《骆》
　　　　5）
　　　　お妾さんはおもしろくない。あっちの言うことはきけてもあたしの言
　　　　うことはきけないのか、というところで、部屋からとびだしてきてわ
　　　　めきちらす。（『ラ』: 77）

　例 (8) の動詞"垫"の後に賓語の"背"がある。例 (9) は「名詞₁＋"把"

＋名詞₂＋動詞＋“了个”…」の構造の“把”構文であり、その「“了个”…」は、高橋（1996：181〜199）は動賓構造と述べ、李臨定（1993：200〜202）は「“个”字補語」と命名した。筆者はそれが名詞の役割を担っているが、例（9）の“骂了个花瓜”の意味は“骂成个花瓜”であるだろうと考える。この文の「動詞＋了个…」の意味は“動詞＋成”であり、結果補語に相当する。この種類の“把”構文は結果を表し、その数は計15例あり、用いられている動詞の異なり語数は10個ある。

4.1.2.3.3 文構造：「名詞₁＋“把”＋名詞₂＋動詞₁＋名詞₃＋動詞₂」（⑪连动式）
　全4例、動詞の異なり語数は8個である（動詞₁と動詞₂の合計数）。
——当、扔、去、交、放、洗、给、送

    (10)　可是得交上车份儿，交不上账而和他苦腻的，把人当个破水壶似的扔出门外。（《骆》4）
       とはいえ損料だけはきちんと入れなければならない。稼ぎが足りずに泣きを入れていったりすれば、とたんに蒲団をさしおさえられ、情容赦なく叩きだされてしまう。（『ラ』：57）

　例（10）の“当个破水壶似的扔出门外”の中の“当”と“扔”は動詞である。この種類の“把”構文も結果を表し、合計4例あり、用いられている動詞の異なり語数は8個である。

4.1.2.3.4 文構造：「名詞₁＋“把”＋名詞₂＋動詞＋数量形式」（⑧动量式）
　全13例、動詞の異なり語数は9個である。
——数、说、折、想、转、拉、试验、洗、形容

    (11)　祥子一边吃，一边把被兵拉去的事说了一遍。（《骆》4）
       祥子はご馳走になりながら、兵隊につれさられた顛末を話した。（『ラ』：62）
    (12)　她嘱咐他把什么该剥了皮，把什么该洗一洗。（《骆》21）

皮をむいたり洗わせたりした。（『ラ』：332）

(13) 祥子喝了他一碗茶，<u>把心中的委屈也对他略略说了几句。</u>（《骆》23）

　　　祥子はお茶を一杯もらい、それを飲みながら自分の悩みをかいつま
んで話した。（『ラ』：363）

　この構造の数量補語は名量式、動量式、"VV式"、"V一V式"、V了V式"
を含めている。例 (11) の"说了一遍"の"一遍"は動詞"说"の量を表し、
動量式であり、例 (12) の"洗一洗"は"V一V式"である。これらは「少し」、
「ちょっと」という意味を表す量的な表現である。例 (13) の"说了几句"の
"几句"は話を数量化する語句であり、数量補語であるが、"句"は名量詞であ
り、よって、"几句"は名量式である。しかし、動詞の後に名量式がある"把"
構文は崔显军(2012)の分類に含めていない種類である。この種類の"把"構文は
すべて動作によって、客体か主体の変化を表し、合計 13 例あり、用いられてい
る動詞の異なり語数は9個である。

4.1.2.3.5 文構造：「名詞 $_1$ ＋"把"＋名詞 $_2$ ＋動詞＋程度 [78]・様態補語 [79]」（⑨ 述程式・⑦动得式）

　全28例、動詞の異なり語数は23個である。

——攥、看、弄、治理、闭、养、整理、摔、打、带、支使、撑、吃、冰、弯、
低、累、烫、冻、吹、收拾、戴、忘

　　(14) 他一瞪眼，和他哈哈一笑，能把人弄得迷迷忽忽的，仿佛一脚登在天
　　　　堂，一脚登在地狱，只好听他摆弄。（《骆》4）

---

78)　《现代汉语（增订五版）下册》(2011：74)によれば、程度補語について、以下のよう
に述べている。"程度补语很少，限于用"极、很"和虚义的"透、慌、死、坏、多"等，
表示达到极点或很高程度，也可以用量词短语"一些、一点"表示很轻的程度。中心语主要
是性质形容词，也可以用某些能前加"很"的动词。"

79)　《现代汉语（增订五版）下册》(2011：72)によれば、様態補語について、以下のよう
に述べている。"表示由于动作、性状而呈现出来的情态。中心语和补语中间常用助词"得"，
（中略）情态补语的作用有两种：有的用作描写，用状态形容词或谓词性短语；有的用作评
价，只用性质形容词"

116　第一部 中国語における“把”構文の特徴

　　　彼の一顰一笑で頭がはっきりしなくなり、車夫連中は天国と地獄に
　　　足を片方ずつおいているみたいな気持ちになって、彼の思うように
　　　ひきずりまわされてしまうのである。(『ラ』: 56) [80]

(15) 况且吃住都合适，工作又不累，把身体养得好好的也不是吃亏的事。
　　　(《骆》7)
　　　それに、部屋も食事もよし、仕事は楽とくれば、からだにわるいは
　　　ずはなく、割にあわないことではない。(『ラ』: 102)

　例 (14)、(15) の“弄”と“养”の様態補語はそれぞれ“迷迷忽忽的”と
“好好的”であるが、程度補語の例は1例もなかった。この種類の“把”構文は
すべて状態を表し、計28例あり、用いられている動詞の異なり語数は23個であ
る。

4.1.2.3.6 文構造：「名詞$_1$＋“把”＋名詞$_2$＋動詞＋結果補語」（③动结式）

　全110例、動詞の異なり語数は73個である。
——扯、晒、摸索、吃、变、碰、拉、招、啄、滑、烫、赶、凑、送、收拾、放、
照、毁、打、摔、看、忘、散、吹、掩、藏、堵、招、浇、冻、推、解、喝、安、
停、锁、开、带、烧、咳嗽、扫、叫、听、裁、杀、弄、气、办、吸、作、掐、
花、撂、蹓、打听、哭、买、拉扯、对付、掀、淋、垫、喊、埋、吸、烂、想、
扔、解释、挪、排列、卖、按

(16) 更严重一些的，有时候碰了行人，甚至有一次因急于挤过去而把车轴
　　　盖碰丢了。(《骆》1)
　　　ひどいときは、通行人にぶつかってしまったこともあるし、混雑を
　　　むりにすりぬけようとして心棒のカバーをすっとばしてしまったこ
　　　とさえある。(『ラ』: 16)

---

80)『駱駝祥子』立間祥介 (2001 : 57) では、「彼の一顰一笑に気もそぞろ、天国と地獄に
足を片方ずつおいているみたいな気持ちになって、彼の思うさまにひきずりまわされてし
まうのである。」と訳されている。

第四章 "把"構文における「その他」について 117

(17) 谁也没说话，一气把烧饼油鬼吃净。(《骆》13)
　　ものも言わずに、焼餅から揚げパンまで、ペロリと平らげてしまった。(『ラ』: 198)

　例 (16) の動詞"碰"の結果は"丢"で、例 (17) の動詞"吃"の結果は"净"である。この"把"構文はすべて結果を表し、計110例あり、用いられている動詞の異なり語数は73個ある。

4.1.2.3.7 文構造：「名詞₁＋"把"＋名詞₂＋動詞＋趨向補語」(④動趨式)
　全126例、動詞の異なり語数は67個である。
——扯、接、说、溜、拉、唤、想、脱、打发、递、放、掏、撤、拿、抢、纳、撵、搬，送、咽、端、调动、低、交、掏、锁、剩、搀和、要、搬运、镇压、咬、遮、推、闯、受、匀、掏、让、圈、吃、埋、扔、踢、叫、过、赶、劝、递、赁、卖、攘、减、赎、押、喊、揭、吞、请、喷、抱、骂、刷、带、点、救拔、剥

(18) 看见他进来，虎妞把筷子放下了："祥子! 你让狼叼了去，还是上非洲挖金矿去了？"(《骆》4)
　　虎妞は、見るなり箸をほうり出した。「まあ祥子、おまえいったいどこでどうしていたの？」(『ラ』: 60)
(19) 那么，我们就先说祥子，随手儿把骆驼与祥子那点关系说过去，也就算了。(《骆》1)
　　そうであるからは、まず祥子のことからはじめて、祥子と駱駝との関係にふれてゆくのが筋というものだろう。 (『ラ』: 5)

　例 (18) の動詞"放"の後に単純趨向補語"下"があり、例 (19) の動詞"说"の後に"过去"複合趨向補語が用いられている。この種類の"把"構文はすべて結果を表し、計126例あるが、用いられている動詞の異なり語数は67個しかない。

118 第一部 中国語における "把" 構文の特徴

4.1.2.3.8 文構造：「名詞₁＋"把"＋名詞₂＋動詞＋"在・到・给・成"＋名詞₃」（⑤动介式・⑭把作式）

全95例、動詞の異なり語数は45個である。

——算、堆、摔、放、说、欺侮、贴、搭、结、集中、送、拉、卖、当、收、蹬、交、花、揉、抓、看、说、低、作、盖、揣、靠、转、塞、赶、挪、搁、存、改、伸、变、吹、看、扔、照、托付、缝、敬献、砸、喷

    (20) 拉去吧，你就是把车拉碎了，要是钢条软了一根，你拿回来，<u>把它摔在我脸上</u>！（《骆》1）

        この車を使いつぶしたとしてだな、そのときもしこいつが一本でもひんまがっていたら、もってきておれの面にたたきつけてくれたっていい。（『ラ』: 18）

    (21) <u>把一千天堆到一块</u>，他几乎算不过来这该有多么远。（《骆》1）

        彼はそうとっさに考えた。千日、それは想像もつかぬほどさきのことに思えたが。（『ラ』: 15）

    (22) 他把这件无领无钮的单衣斜搭在身上，<u>把两条袖子在胸前结成个结子</u>，象背包袱那样。（《骆》3）

        それから、この襟もボタンもないひとえの上着を襷がけにひっかけ、風呂敷包みたいに両袖を胸の前で結んだ。（『ラ』: 36）

    (23) 他一点没有<u>把祥子当作候补女婿</u>的意思，不过，女儿既是喜爱这个楞小子，他就不便于多事。（《骆》5）

        祥子を婿がねになどという気はさらさらなかったものの、娘がこの間ぬけな若造を気に入っているかぎり、くちばしを入れるのもどうかと思った。（『ラ』: 73）

  例 (20) から例 (23) の動詞の後に注目すると、(20) は "在"、(21) は "到"、(22) は "成"、(23) は "作" が用いられている。この種類の "把" 構文はすべて結果を表し、計95例あり、用いられている動詞の異なり語数は45個ある。

4.1.2.3.9 特殊な"把"構文

崔显军(2012：176～180)の分類の中のこのような構造：「"看"＋"把"＋名詞$_2$＋動詞$_1$＋その他（看把式）」と「名詞$_1$＋"把"＋"个"＋名詞$_2$＋動詞$_1$＋その他（把个式）」と「"把"＋名詞$_2$＋動詞＋その他（把NPVP！式）」を含むのが特殊な"把"構文である。その中の「"看"＋"把"＋名詞$_2$＋動詞$_1$＋その他（看把式）」と「"把"＋名詞$_2$＋動詞＋その他（把NPVP！式）」は一例も見つけることができなかった。しかし、文構造「名詞$_1$＋"把"＋"个"＋名詞$_2$＋動詞$_1$＋その他（⑬把个式）」は見つかった。

全2例、動詞の異なり語数は2個である。

――交、闹

　(24) 把屋子也收拾利落了，二太太<u>把个刚到一周岁的小泥鬼交给了他</u>。
　　　（《骆》5）
　　　とにかくきれいに片づけてしまうと、満でひとつになったばかりの赤ん坊の守りをせよときた。（『ラ』：76）

例 (24) の「"把"の後」・「名詞$_2$の前」に"个"がある。本書においては、この種類の"把"構文は特殊"把"構文に属し、これらの文はすべて結果を表すことができ、計2例あり、用いられている動詞の異なり語数は2個である。

4.1.3 おわりに

本節では《骆驼祥子》に用いている"把"構文の構造上の分類について考察した。従来の各言語学者の分類する"把"構文は構造から分類する多構造分類であったが、"把"構文の核は処置を意味する動詞連語なので、"把"構文の中の動詞を中心とし、3 種類（[表 9]）に分類した。この構造分類から、現代の"把"構文には以上の類型はすべて存在しているといえる。

第三類である「名詞$_1$＋"把"＋名詞$_2$＋動詞＋その他」を、さらに下位分類すると、8 種類に分類できる。このように分類することによって、"把"構文の語義は結果を表すことが明らかになった。これは中国語教育上、"把"構文の語義を正しく理解するのに役に立つと考えられる。

120 第一部 中国語における "把" 構文の特徴

4.2 "把"構文「名詞₁＋"把"＋名詞₂＋動詞＋"了"」について

4.2.1 はじめに

　"把"構文とは、現代中国語における特徴的な構文構造の一つである。すなわち、前置詞"把"と他の単語によって構成される前置詞フレーズを含む動詞述語文である。"把"構文のプロトタイプの構文構造は「名詞₁＋"把"＋名詞₂＋動詞＋その他」であり、すでに多くの言語学者が"把"構文について、様々な説を主張している。本書の第二章においては、具体的に"把"の客体「名詞₂」が「定」であるか「不定」であるかについて分析してみた。本節において、"把"構文の文構造の一つである「名詞₁＋"把"＋名詞₂＋動詞＋"了"」の"把"構文における"把"の客体について、どんな特徴を持っているかを分類し、分析してみる。

　"把"構文の意味論上の特徴についてまとめると：

　早期は「目的語前置説」、「処置式」であったが、その後「処置説」となり、また「広い意味の処置説」に至ったと言える。木村英樹（2012：202）によれば、"把"構文は執行使役文であるという。

　"把"構文中の「名詞₁＋"把"＋名詞₂＋動詞＋"了"」（動体式）構造も同様に広い意味の処置文である。「処置文」であれば、「動詞」は処置の意味があると考えられる。しかし、次の例(25)、(26) とも"把"構文であり、"吃"と"开"は同じ「処置」の意味を持つ。だが、例(25)b は正しいが、例 (26) b は正しいかどうか疑問である。

　　　(25)　a. 他吃饭了。
　　　　→b. 他把饭吃了。（彼はごはんを食べました。）（西井 2010：85）
　　　(26)　a. 他开车了。（彼は車を運転しました。）（西井 2010：85）
　　　　→b. ＊他把车开了。（西井 2010：85）
　　　　　c. 他把车开走了。（作例）
　　　　　　彼は車を運転して行ってしまいました。

　客体の"饭"と"车"は前後関係（文脈）から特定可能である。例 (25) b の"饭"は特定可能であり、"那碗饭"や"他妈妈做的饭"などと推測でき、"吃"

は"吃完"や"吃掉"などと推測できる。例(26)b は文法的には正しい文とみえる。その中の"车"も特定可能であり、"那辆车"や"新买的车"などと推測できる。だが、一般的に中国母語話者はあまりそのように言わない。よって、例(26) a に対応する"把"字構文とは解釈できない。例(26) a に対応する「運転した」という意味ならば、例(26)c のように車が移動したことを示す"走"を補語として後ろに伴わなければならない。この例から「名詞₁＋"把"＋名詞₂＋動詞＋"了"」(動体式) 構造における「動詞」にはすべての動詞が適用できるわけではないことがわかるだろう。

4.2.2 「名詞₁＋"把"＋名詞₂＋動詞＋"了"」構造の中「名詞₂」の特徴

本節では、"把"構文の「名詞₁＋"把"＋名詞₂＋動詞＋"了"」(動体式) 構造における"把"の客体「名詞₂」の特徴について考察する。

「名詞₁＋"把"＋名詞₂＋動詞＋"了"」(動体式) 構造の"把"の客体「名詞₂」について、高橋弥守彦 (2006a : 275) の「影響力前置ルール」[81] では、一般に前にある単語ほど、後ろにある単語に対して影響力を持つ。"'把'＋名詞₂"の"把"も後ろの「名詞₂」に対して影響力を持つとしている。《現代汉语词典》(第 7 版 : 19) には、"把"の基本義として：(動詞)"用手握住"(手で握る)の意味を挙げている。例えば、"把舵。"(舵を持つ。)、"双手把着冲锋枪。"(アサルトライフルを両手で支える。)など。このことから、"把"が"把"構文の中に使われると、まだその基本義が残っていると考えられる。要するに、"把"は「手で握る」という動作或いは、そうすることによる原因によって、「名詞₂」を処置するのである。

「名詞₁＋"把"＋名詞₂＋動詞＋"了"」(動体式) 構造の"把"の客体「名詞₂」は被動作主である。被動作主「名詞₂」は以下のような特徴を持っている。

---

81) 高橋弥守彦 (2006a : 275) では影響力前置のルールを影響力前置説と言い、影響力前置説に対して、「観点を換えれば一番前にある旧情報が次々にその後の単語を選択していくので、一番前にある単語がその文にとって一番影響力が強いと言えます。一般には前にある単語ほど、後ろにある単語に対して影響力を持っていると言えます。これが影響力前置説です。」と述べている。

4.2.2.1 動作によって、意味上の被動作主がなくなる場合

動作によって、意味上の被動作主（"把"の客体「名詞₂」）がなくなる場合の例文を見てみよう。

(27) 把杯子里的酒喝了！(《实用》2007：736) [82]
コップの中のお酒を飲んでください。
(28) 他把这个月的工资丢了。(《实用》2007)
今月の給料をなくしてしまいました。

例(27)の"把"の客体である"杯子里的酒"は被動作主であり、この"杯子里的酒"は"杯子里"にある"酒"であり、動作の"喝"によって、"杯子里"から消えてなくなる変化をあらわす（[図9]を参照）。

[図9] "把杯子里的酒喝了"のイメージスキーマ

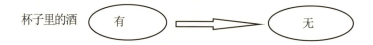

同様に、例(28)の"把"の客体である"这个月的工资"は被動作主であり、この被動作主は"他"が持っていたが、何かの原因で"他"の手元から離れて、なくなったという意味の表現である。

4.2.2.2 動作によって、意味上の被動作主が形を変える場合

動作によって、意味上の被動作主は形を変える場合があるので、これらの例文をみてみよう。

(29) 她又把镜子摔了，用碎玻璃割脖子，被众人发现拽住。(《插队》)

---

82) 《实用》2007：736は《实用现代汉语语法》2007の736頁の意味である。

そこで次に鏡を割ってガラスの破片で首を切ろうとしたが、人に見つかって止められた。(『大地』)

(30) 他把头发铰了。(刘：2008)
　　　彼は髪を切った。

　例(29)は、被動作主"镜子"が意図的な動作"摔"によって、"镜子"の形が失われて、こなごなになるという意味の表現である。例(30)は、被動作主"头发"が"铰"という動作によって、短くされたり、スタイルが変えられたりするという表現である。

4.2.2.3 動作によって、被動作主に変化を生じさせ、新しい結果をもたらす場合

　動作によって、被動作主に変化を生じさせ、新しい結果をもたらす場合の例文をみてみよう。

(31) 去给明娃把病治了，县上不行上延安。(《插队》)
　　　明娃の病気の治療に行くことだ。県の町でだめなら延安へ。(『大地』)

(32) 油，自己出，把麻籽儿炒了，再放大锅里熬。(《插队》)
　　　油は自分で搾る。麻の実を炒ってから大鍋に入れて煮詰める。(『大地』)

　例(31)の"把"の客体である"病"は"明娃"の"病"であり、"治"によって、その病状が良くなるという変化を表し、例(32)は被動作主である"麻籽儿"は動作である"炒"によって、"生"から"熟"になるという変化を表す。

4.2.2.4 原因によって、被動作主に悪い影響が生じる場合

　以下では、何らかの原因によって、被動作主に悪い影響が生じる場合の例文をみてみよう。

(33) 后走的人劝他不要贪图着工分倒把身体垮了。(《插队》)

労働点数をほしいばかりに体をこわすなとうしろから来た人が忠告する。(『大地』)

(34) 小棺材也打下了他又没死，单是把一双眼睛瞎了。(《插队》)
　　　小さな棺桶まで用意してあったのだが結局助かり、そのかわり失明したとか。(『大地』)

　例(33)は、"贪图着工分"という原因のために、非意図的に"身体"をこわすという悪い結果がもたらされたことを表す。例(34)は、何かの原因で"一双眼睛"が見えなくなるという悪い影響をあらわす。

　「名詞$_1$＋"把"＋名詞$_2$＋動詞＋"了"」(動体式) 構造における"把"の客体「名詞$_2$」についての分類結果をまとめてみると、次の[表11]のように整理できる。

[表 11]「名詞$_2$」の分類結果

	"把"の客体	動作	"把"の客体の変化	
(27)	杯子里的酒	喝	有→無	被動作主が
(28)	工资	丢	有→無	なくなる
(29)	镜子	摔	鏡→ガラスの破片	被動作主の
(30)	头发	铰	髪の長さ：長い→短い	形が変わる
(31)	病	治	病気→良くなる	変化を生じ
(32)	麻籽儿	炒	生→熟 (加工した)	させる
(33)	身体	動作不明	健康→不健康 (垮)	悪い影響
(34)	一双眼睛	動作不明	正常→不正常 (瞎)	

　[表11]が示しているように、例(27)と(28)は、いずれも「変化のくみあわせ」の「動作動詞」によって、物理的に「変化のくみあわせ」の被動作主 (「名詞$_2$」) がなくなること、例(29)と(30)は、いずれも「変化のくみあわせ」の動作によって、物理的に「変化のくみあわせ」の被動作主 (「名詞$_2$」) の形が変わること、例(31)と(32)はその原因によって、「変化のくみあわせ」の「名詞$_2$」を変化させること、例(33)と(34)は「変化のくみあわせ」動作によって、「変化のくみあわせ」被動作主「名詞$_2$」に悪い影響が引き起こされることがわかる。

第四章 “把”構文における「その他」について　125

4.2.3 「名詞₁＋“把”＋名詞₂＋動詞＋“了”」構造の中「動詞」の特徴
4.2.3.1 単音節動詞

　「名詞₁＋“把”＋名詞₂＋動詞＋“了”」（動体式）構造の中で使える動詞について考察する。太田英次（2003：75〜96）によれば、次のような動詞は「名詞₁＋“把”＋名詞₂＋動詞＋“了”」（動体式）構造に用いることはできない。

　　　“走”、“学”のような動詞が表すのは主体の行為であり、目的語に対して働きかける動作ではない。従って、他動詞構文においては目的語をとるものの、その動作が完結したときにも、目的語のあらわすものに関して状態変化が想定されない。このような動詞は、“‘把’＋名詞＋動詞+了”（動体式）の中では受け入れられない。また、運動性を持たない“有（有る）”、“知道（知る）”、“像（似ている）”などのような状態動詞や“爱（愛する）、恨（恨む）”のような心理的状態をあらわす心理動詞、“听（聞く）”、“看（見る）”のような視覚的状態をあらわす知覚動詞は、他動詞構文において目的語をとるものの、主体と対象の関係、あるいは主体の心理的な状態をあらわす動詞であり、対象に対して何ら働きかけることない動詞であり、状態変化も引き起こさない。

　上掲の例(27)〜(34)から推測できることは、“把”構造で使える動詞というのは、「処置」の意味を持っている動詞、または結果をもたらす動詞ということではないだろうか。「名詞₁＋“把”＋名詞₂＋動詞＋“了”」構造における「動詞」についての分類結果をまとめてみると、後に掲載の[表 12]のように整理できる。

　しかし、「処置」の意味を持っている動詞であれば、すべてが“把”構文に使えるというわけではない。次の例(35)のように、“脱”と“穿”は同じ「処置」の意味を持っている動詞であるが、aは成立するが、bは非文である。“脱”という動作は、体に着ているものがそこから離れて、“有→無”という結果になることを表す。だが、“穿”という動作だけではうまく着られたかどうかの結果は、はっきりわからない。“穿在身上”，“穿到一半”，“穿破了”などの補語を添えて初めて結果が分かるのである。

126　第一部 中国語における"把"構文の特徴

(35) a. 把小背心脱了。　　　　b. ＊把小背心穿了。（本間 2004：69）
　　　ベストを脱いだ。　　　　　ベストを着た。

(36) a. 他把那本书扔了。　　　　b. ＊他把那本书捡了。（作例）
　　　彼はその本を捨てた。　　　彼はその本を拾った。

(37) a. 她把那件事说了。　　　　b. ＊她把那件事听了。（作例）
　　　彼女はあのことを話した。　彼女はあのことを聞いた。

(38) a. 把书卖了。（作例）
　　　本を売った。

　　 b. ＊把书买了。（本間 2004：72）
　　　本を買った。

　　 c. 你怎么还是把书买了？ 真不听话。（君はどうしてやっぱり（あの）
　　　本を買ったのか？本当に言うことを聞かないんだな。）（本間
　　　2004：72）

　同様に、"扔"と"捡"、"说"と"听"、"卖"と"买"（名詞は特定なものの
場合成立可能）でも同様の現象が観察される。例(36)の"扔"と"捡"、例(37)
の"说"と"听"、例(38)の"卖"と"买"のすべてに「処置」の意味があるが、
例(36)aは成立するが、例(36)bは非文である。例(37)aは成立するが、例(37)bは
非文である。例(38)bは前後の文脈が無いため、読者が"买"の対象（"书"）に
ついての情報を知らない。それゆえに、この"把"構文は成立しない。よって、
例(38)bは非文となる。一方、例(38)cは同じ動詞"买"を使っているが成立する。
それは、例(38)cの"书"は"买"の動作前には存在していないが、文脈上の情
報を得ることで、読者はあるべき対象である"书"のイメージを思い浮かべる
ことができる。"买"という動作によってその"书"を再び出現させたという一
種の「結果」を生んだと、読者が解釈できることがその原因であると思われる。
　一方で、具体的動作を表すのではない単音節動詞と少数の性質形容詞も使え
ることが、例(33)、(34)から分かる。例えば、"垮"、"瞎"など。

第四章 "把"構文における「その他」について　127

[表 12] 単音節動詞の分類表

被動作主	動詞
なくなる	吃、喝、吞、丢、掉、扔、剪（指甲）、刮（胡子）、拔、抹（账）、揭、炸、除、剔、剃、删、剥、吐、缴（枪）、休（妻子）、甩、蹬（抛弃义）、倒（dào）、洒、卖、寄、当（dàng）、花（钱）、打（打破义）、撤、毁、退、辞（工作）、戒（烟）、放、铰、搅など
形が変わる	砍、割、劈、铲、撕、摔、拆、剁など
変化がある	改、摘、洗、砸、烧など
（その他）結果をもたらす	熄、灭、停、关、开（灯、门）、闭、脱、忘、毙、宰、杀、嫁、输、摘、卸、废、烫、还（huán）、买（定なもののとき）など
悪い影響がでる	赔、误（时间）、说、垮、瞎、骂、打（殴打义）、跑（逃跑义）、骗、抢、病、死など

4.2.3.2 二音節動詞

　「名詞₁＋"把"＋名詞₂＋動詞＋"了"」（動体式）の"动词"は二音節の場合は、望むことであっても望まないことであっても、動作行為と結果の意味を含む、述補式の単語であれば、大体使える。

　　(39) 我把预约取消了。（作例）
　　　　私は予約をキャンセルした。

　劉一之(2008)は、「名詞₁＋"把"＋名詞₂＋動詞＋"了"」（動体式）に使える"动词"は第三章3.4.3.1のように示すことができると述べている。

　もう一度例(26)を見てみよう。
　例(26)b＊他把车开了。この文は「彼は車を運転した」とは解釈できない。
　「名詞₁＋"把"＋名詞₂＋動詞＋"了"」（動体式）の動詞は、単音節動詞と二音節動詞とでは特徴がそれぞれ違う。例(26)の文章を b「彼は車を運転した」と解釈しようとしても、被動作主"车"は動作の"开"によって何も変化をもたらされない。ただ動詞の"开"を使うだけでは結果を表すことはできないので、非文になってしまう。

128 第一部 中国語における"把"構文の特徴

4.2.4 おわりに

4.2.2 節と 4.2.3 節では"把"構文の文構造の一つである「名詞₁＋"把"＋名詞₂＋動詞＋"了"」（動体式）における"把"の客体「名詞₂」及び「動詞」の特徴について考察した。その結果として、以下のようにまとめられる。

Ⅰ."把"の客体である「名詞₂」は述語動詞の動作、或いはその動作がもたらす原因或いはそのほかの原因によって、以下の変化が発生する。

　　ⅰ.動作によって、意味上の被動作主がなくなる。
　　ⅱ.動作によって、意味上の被動作主は形を変える。
　　ⅲ.動作によって、被動作主に変化を生じさせ、新しい結果をもたらす。
　　ⅳ.原因によって、被動作主に悪い影響が生じる。

Ⅱ.動詞に対する制限も多く、動詞は「処置」の意味を持っている。しかも動詞は"把"の客体に上掲のような変化をもたらす。この点に対しては、中国語第二外国語学習者が間違いやすいので、正しく学ぶために本章の考察が少しでも役に立つことが期待される。

4.3 "把"構文の可能表現について

4.3.1 はじめに

4.1 節で"把"構文における「その他」の部分を分類しているが、その中には可能補語が存在していない。本節と 4.4 節において、"把"構文の可能表現及び可能表現の否定について論じる。

現代中国語の可能表現は、「助動詞による可能」と「可能補語による可能[83]」に大きく二分され、助動詞は数多く存在し、例えば"能、能够、会、可以、可能"等がある。本節では、可能を表す助動詞の代表とされている"能"のみについて考察する。ちなみに、"把"構文における可能表現は、「助動詞による可

---

83) 刘月华（1980：246～257）によれば、可能補語を以下の3類に分類している。A類："得/不＋结果补语/趋向补语" 例：我到他门口看看，门关了，什么也<u>看不见</u>。B類："得/不＋了（liǎo）" 例：这个西瓜太大，咱们俩<u>吃不了</u>。C類："得/不得" 例：这个人你可小<u>看不得</u>。

能」でしか表せない。

(40) 四元儿却吓得脸发白，实指望五元儿能把血捂回去。（《插队》）
　　　四元児は驚いてまっ青になり、五元児がなんとか血を止められることをひたすら願うばかりだ。

(40)' ＊四元儿却吓得脸发白，实指望五元儿把血捂得回去。（作例）

(41) 保卫科长居然能把魏石头过去没心没肺骂出来的话，举出一大堆，说得魏石头脑门子冒凉气。（《丹》）
　　　保衛課長は、前に、魏石頭がそれほど深い気持もなく吐いた言葉をつぎつぎと並べたてることができて、彼をひやっとさせた。

(41)' ＊保卫科长居然把魏石头过去没心没肺骂出来的话，举得出一大堆，说得魏石头脑门子冒凉气。（作例）

　例（40）は助動詞"能"による可能を表す"把"構文であり、この"把"構文は例（40）'のような可能補語による可能を表すことができない。同様に、例（41）も助動詞による可能表現で作ることができるが、可能補語による表現で作ることはできない。それは"能"による可能表現の特徴と"把"構文の条件が一致するからである。同時に可能補語による可能表現の特徴と"把"構文の条件が一致しないからである。この点について、本節で分析を試みる。

4.3.2 可能表現についての先行研究
4.3.2.1 杉村博文 1979
　杉村博文（1979：16～37）は「V 得/不 C」が意味的にも機能的にも形容詞に接近しており、このことが"把"構文の述語として「V 得/不 C」が使えないことの原因であると主張している。

4.3.2.2 小野秀樹 1990
　小野（1990：93～100）によれば、VRの「他動性[84]」が強いときは、「能VR」

---

84) 小野秀樹（1990）によれば、「VR」の「他動性」は以下の点により判断するものとした。

130　第一部 中国語における "把" 構文の特徴

が使われ、弱いときは、一般に「V得R」が使われる。

 (42) 这种新发明的杀虫剂，<u>能杀死</u>（＊杀得死）很多种害虫。（この新しく
   発明された殺虫剤は、たくさんの種類の害虫を殺すことができる。）
   （小野 1990）

 (43) 黎明之前，满院子还是昏黑的，只隐约的<u>看得见</u>各家门窗的影子。（夜
   明け前、庭はまだ真っ暗で、ただぼんやりと家々のドアや窓の影が
   見える。）（小野 1990）

 小野によれば、例（42）の "杀死" は意図性や、対象が受ける影響（とそれ
に伴う変化）から考えて、非常に他動性の高い文と見做すことができる。また、
例（43）の "看得见" は他動性のかなり低いVRであると主張する。

4.3.2.3 李锦姫 1996

 李锦姫（1996：132～138）[85]によれば、一つの文の語用的基本構造は "主題—
述題" であり、可能補語の可能式（S＋V 得/不 C）"主題" S に対して、"述題"
は必ず二つであるが、助動詞による可能式という構造は、"主題" S に対して、
"能/不能 VC" の一つだけの "述題" を持つことができると主張する。

4.3.2.4 張威 1998

 張威（1998）は日中対照研究の立場から、日本語の有対自動詞表現を中国語
の可能補語に相当すると位置付け、結果可能表現という分類を立てる。張
（1998）は結果可能表現を以下のように定義づけた。「結果可能表現とは、動作
主がある出来事またはある種の状態変化を実現しようとして動作を行う場合、

 （イ）動作行為が対象（ウケテ）そのものに変化を与えるかどうか。（ロ）対象が変化す
るとして、それはどのような変化か。（ハ）その動作行為が、故意的なものか非故意的な
ものか。

85) 李锦姫（1996）によれば、"可能补语句的 S 是主题，'V 得/不 C' 是述题，这述题可分成
两个小述题，一个是 'V'，一个是 '得/不 C'。（中略）在用能愿动词来构成的可能句式里，S
是主题，'能/不能 VC' 是述题，这述题不能分成两个小述题。" と主張している。

動作が行われた後、主体的または客体的条件によって、動作主の意図が思い通りに実現することができるかできないかを表す表現である。」また、中国語の可能補語が表す意味①「V得C」はVを実現しようとすれば、またはVが実現すれば、Cの実現も可能である。②「V不C」はたとえVが実現しようとしても、またはVが実現するにしても、Cの実現は不可能であると主張する。

4.3.2.5 高橋弥守彦 2008

　高橋 (2008) によれば、出来事に対する主体の「現在の能力」[86]を表すのが"能"のプロトタイプの意味であり、出来事と条件（言語環境）との関係により、バリエーション的にいくつかの用法が派生する。その体系は以下のように図式化できる。

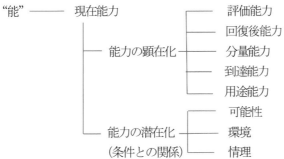

[表13] 能力を表す能願動詞"能"（高橋2008より）

---

86) 高橋弥守彦（2008：138〜150）によれば、能願動詞"能"によって表す能力は以下のように分類されている。
　「現在能力：他汉语说得很好，他能翻译这本小说。（彼は中国語がよくできるので、この小説を翻訳できる。）評価能力：我们三个人里，数他最能写。（私たち三人の中で、彼は一番筆が立つ。）回復後能力：他病好了，能上课了。（彼は病気が良くなったので、授業ができるようになった。）分量能力：你能游八百米吗？（八百メートル泳げますか？）到達能力：这些汉字他都能写对了。（これらの漢字を彼は全部正しく書けるようになった。）用途能力：橘子皮还能做药。（ミカンの皮から薬を作ることもできる。）可能性：这件事他能不知道吗？（この件を彼が知らないことがあろうか。）環境：那儿能游泳吗？（あそこは泳げますか？）情理：我们能看着他们有困难不帮助吗？（彼らが困っているのを見て手助けせずにいてよいだろうか。）」

132 第一部 中国語における"把"構文の特徴

4.3.2.6 安本真弓 2009

安本真弓（2009）によれば、助動詞"能"と可能補語の構文意味は以下のように定義できる。

> "能 V"：話し手が一定の状況下で、ある動作の実現が可能であることに対する判断を行う。
> "能 VC/D"：話し手が一定の状況下で、ある動作の実現が可能であることに対する判断を行う（C/Dは結果を表す）。
> "能 V 得 C/D"：話し手が一定の状況下で、ある動作の実現が可能なら、一定の状況下で、ある結果の出現が可能であることに対する判断を行う。
> "V 得 C/D"：話し手がある動作を実現後、一定の状況下で、ある結果の出現が可能であることに対する判断を行う。

"把"構文における可能表現になぜ"能"しか使えないかについては、刘月华(1980：253)は"'V得/不C'不能用在'把'字句"と指摘しているが、その理由については言及していない。小野（1990：99）は「すべて他動性によって、説明が可能だと思われる」と主張する。また李錦姫（1996：132～138）は可能補語を"把"構文では用いることができない理由は"把"構文は処置義であるからであると主張している。以下、本節では、これまでの研究成果に基づき、"把"構文の可能表現について、考察・分析を行う。

4.3.3 「助動詞"能"による可能」と「可能補語による可能」の異同について
4.3.3.1 「助動詞"能"による可能」表現

"能"は《现代汉语词典（第 7 版）》（2016：946）によれば、"能力，才干"を表すとあり、助動詞として、"表示具备某种能力或达到某种效率"を表すとある。また、《现代汉语八百词（增订本）》（1999：414～416）（略称：《八百词》）では、助動詞"能"の用法を並列的に 6 類 [87] に分けている。高橋弥守彦（2008）はこ

---

87)《现代汉语八百词》（1999：414～416）によれば、能願動詞"能"は以下の6類用法があ

第四章 "把"構文における「その他」について　133

れらの用法に基づき、出来事に対する主体の「現在の能力」を表すのが"能"のプロトタイプの意味であり、出来事と条件（言語環境）との関係により、バリエーション的にいくつかの用法が派生するとした。従って、

> (44) 大概的说吧，他只要有一百块钱，就<u>能</u>弄一辆车。(《骆》7)
> とにかく、百円ありさえすれば車をもてるのだ。(『ラ』: 15)
> (45) 人与车都有相当的漂亮，所以在要价儿的时候也还<u>能</u>保持住相当的尊严。(《骆》2)
> 人も車もまあまあといったところなので、値の駆引きにもだいぶはったりをきかすことができる。(『ラ』: 5)

例 (44) の出来事は"弄一辆车"であり、この"能"はこの一つの出来事"弄一辆车"ができるかどうかの判断の結果を示す。同時に、彼には"弄一辆车"という能力が備わっていることも示す。同様に、例 (45) の"保持住相当的尊严"も一つの出来事であり、"相当的尊严"を"保持住"ができるという能力も表している。

よって、「助動詞"能"による可能」の構文意味とは話し手がある出来事の実現が可能であるか否かに対する判断を行うという表現であると考えられよう。「助動詞"能"による可能」は以下のような[図10]で表すことができる。

[図 10] 「助動詞による可能」の構造

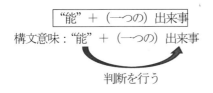

る。①表示有能力或有条件做某事。例:因为缺教员，暂时还不能开课。②表示善于做某事，前面可以加"很"。例: 我们三个人里，数他最能写。③表示有某种用途。例: 芹菜叶子也能吃。④表示有可能。满天星星，哪能下雨？⑤表示情理上的许可。不能只考虑个人，要多想集体。⑥表示环境上的许可。你能不能快点儿？

134 第一部 中国語における"把"構文の特徴

4.3.3.2 「可能補語による可能」表現

「可能補語による可能」に属する可能表現とは"得"と"不"を用いる「V得R」と「V不R」である。

張威（1998：50）によれば、中国語の可能補語（V得/不C）の意味的特徴とは、①Cの実現が特に取り上げられて、それが可能であるか不可能であるかというところに表現の焦点が絞られている。②動作の結果が強調され、それが表現の中心である。

(46) 拉到了地点，祥子的衣裤都拧得出汗来，哗哗的，象刚从水盆里捞出来的。(《骆》11)
目的地まで行きついたとき、祥子の身につけたものは汗でぐしょ濡れになっていた。たらいからあげたばかりの洗濯物のようだった。(『ラ』：22)

(47) "咳呀—！"摸摸照得出人影的箱子："咳呀—！"(《插队》)
「おお」、人の姿を写せる箱を撫でては「おお」。(『大地』)

例 (46) の可能補語は"（拧）得出汗来"であり、動詞"拧"によって、対象"汗"は"祥子的衣裤"から"出来"することができるという結果に焦点を当てている表現である。この"拧得出汗来"は"祥子"ができるかどうかということについて、つまり"祥子"の能力については言及していない。"衣裤"の状況を客観的に見て、"汗"が"（拧）出来"という結果になることを表している。その出来事は"拧"と"（拧）出汗来"の二つがある。同様に、例 (47) の可能補語は"（照）得出"であり、動詞"照"によって、"照出人影"という結果に焦点を当てている表現である。この"箱子"の状況は客観的に見て、"照出人影"という結果になることを表している。その出来事は"照"と"出人影"の二つである。誰かの能力がそれらの出来事に影響を与えているかどうかについては、言及していなく、この"箱子"の状況を言っている。例 (46)、(47) から見ると、可能補語とは、ある動作をした後、ある結果の出現が可能であることに対する判断を行うというような表現であり、その結果になれるかどうかの状態を表す。この二つの文は動作主の能力について言っているのではなく、その言及

されているモノ（濡れた服や箱）が汗をしぼり出すとか人の姿を写し出すといった結果を導き出せる条件を備えていることを表している。

要するに、可能補語は以下のような[図11]で表すことができる。

[図 11]　「可能補語による可能」表現の構文的意味

$$V得R= \boxed{V} + \boxed{得\ R} = \boxed{V} \implies \boxed{得\ R}$$
（一つの出来事）（一つの出来事）

この結論は基本的に安本真弓（2009）の"V 得 C/D"の構文意味と一致している。しかしながら、安本（2009）は出来事の客観性については、判断しにくいと考え、「一定の状況下」と主張する。

以上のことから、「助動詞"能"による可能」と「可能補語による可能」の異同は以下の[表14]で表すことができる。

[表 14]　「助動詞"能"による可能」と「可能補語による可能」の異同

	「助動詞"能"による可能」	「可能補語による可能」
文法的な意味	話し手がある出来事の実現が可能であるか否かに対する判断を行う。	ある動作をした後、ある結果の出現が可能であることに対する判断を行う。
語用的な意味	主体の能力を表す（多く主観的に）	状態を表す（多く客観的に）
出来事	一つである	二つである

4.3.4　"把"構文の可能表現

"把"構文の構文構造は「「名詞₁＋"把"＋名詞₂＋動詞＋その他」である。"把"構文の核「"把"＋名詞₂＋動詞＋その他」は「変化のくみあわせ」（第一章の 1.4 を参照）であり、その「変化のくみあわせ」はひとまとまり性のある連語であるため、一つの出来事として扱うことができる。

（48）四元儿却吓得脸发白，实指望五元儿能把血捂回去。（四元児は驚いて

136　第一部 中国語における"把"構文の特徴

　　まっ青になり、五元児がなんとか血を止められることをひたすら願
　　うばかりだ。）（再掲例40）
(49) 她只须伸出个小指，就能把他支使的头晕眼花，不认识了东西南北。
　　（《骆》：10）
　　あの女は、小指一本でおれをてんてこ舞いさせることができる。
　　（『ラ』：149）

　例（48）の"把血捂回去"は「変化のくみあわせ」であり、例（49）の"把
他支使的头晕眼花"も「変化のくみあわせ」である。二つの文とも"把"構文
の基本義であり、動作によって、"把"の客体を処置するという表現である。薛
凤生[88]（1997：4〜22）は"把"構文（A把B＋VP）の中のVPは動詞を中心とし
ているのではなく、動詞の後ろの補語が本当の動詞であると主張する。この説
に従えば、"把血捂回去"は"捂"の動作により、"回去"という結果に焦点を
当てており、"把血捂回去"は一つの出来事として扱うことができるだろう。ま
た同時に、"五元儿"が"把血捂回去"の能力を持っているという表現である。
同様に、例（49）の"把他支使的头晕眼花"も一つの出来事であろう。よって、
それらの前には助動詞"能"を用いて、可能の意味を表している。

(50) 他自己反倒变成了有威严与力气的，似乎能把她当作个猫似的，拿到
　　手中。（《骆》6）
　　それどころか、自分のほうが威厳と力をそなえた存在となり、彼女
　　など猫でもつかまえるように、手中にできる気がした。（『ラ』：89）

　例（50）の"把她当作个猫似的"は「変化のくみあわせ」であり、これは
"把"の客体である"她"の位置を変化させたり、状態を変化させたりしてい
ない。主体の考え方のみが変化している。これは"把"構文の派生用法の一つ

————————————

88) 薛凤生（1997：9〜10）によれば、"把"構文の動補構造について、以下のように述べて
　いる。"既然所谓补语才是真正的动词，而所谓动词只不过是表示手段或途径的动作状语而
　已。"。また、"老李把老张骂得抬不起头来。"のような"把"構文については、"得字之前
　的动词不可能是VP的核心，它的核心只能是后面的描述语"と主张している。

であり、小野（1990：93～100）が主張している「他動性」と異なる。"把她当作个猫似的"は（一つの）出来事として扱われて、主体である"他"が彼女のことを"当作个猫似的"のようにみなしているのである。よって、その前に助動詞"能"を用いて、可能の意味を表している。

(51) 一句话能把小姑娘噎出眼泪……这还不算什么。（《丹》）
　　　その小娘にベソをかかせる……これなどまだいい方だ。（『眼』）
(52) 墙倒众人推。一人一口唾沫，能把人淹死。你信不信？（《盖》）
　　　塀が倒れるのはたくさんの人が押すからだ。一人が一口の唾を吐いても人を溺れさせることができるというが、ほんとにそうなんだね。（『棺』）

　例（51）の主体である"一句话"はコトであり、"把小姑娘噎出眼泪"は「変化のくみあわせ」である。"一句话"は"把"の客体である"小姑娘"を処置することができないため、これは"把"構文の派生用法の一つの使役表現である。小路口ゆみ（2016）によれば、この使役表現は「作用使役」（7.3 を参照）と命名される。この"一句话"は意思をもっていないが、メタファー（隠喩）とメトニミー（換喩）（7.3 を参照）の用法により、"一句话"が"小姑娘"に"噎"というような作用をして、"小姑娘"が"出眼泪"というような結果に至った。この"把小姑娘噎出眼泪"は一つの出来事として扱われている。「変化のくみあわせ」である"把小姑娘噎出眼泪"の可能表現は、この「変化のくみあわせ」の前に助動詞"能"を用いることによって表されている。同様に、例（52）も「変化のくみあわせ」である"把人淹死"の可能表現は、この前に助動詞"能"を用いて表されている。
　「変化のくみあわせ」である「"把"＋名詞 $_2$ ＋動詞＋その他」は一つの出来事として扱われており、その焦点は「その他」であり、動詞は一つの手段に過ぎない。よって、その可能表現は「"把"＋名詞 $_2$ ＋動詞＋その他」の前に助動詞"能"を用いる。また、基本用法の"把"構文は話者が意思をもって、「動詞」により、結果に焦点を当てているという表現である。"把"構文の使役表現用法は主体である「コト・モノ」がメタファー（隠喩）とメトニミー（換喩）の働

138 第一部 中国語における "把" 構文の特徴

きにより、"把"の客体に作用し、「その他」の結果に至るという表現である。
しかし、"把"構文の派生用法である "他把钱包丢了。" と "我把那件事忘了。"
というような "把" 構文は、その中の動詞 "丢" と "忘" は処置義を持たない。
これらの "把" 構文の可能表現を表す文は一例も見つからなかった。従って、
「変化のくみあわせ」の特徴は以下の[表15]のように表すことができる。

[表 15] 「変化のくみあわせ」の特徴

「変化のくみあわせ」	出来事	文法的な意味
特徴	一つの出来事	主観的な処置[89]

4.3.5 おわりに

中国語の可能表現は「助動詞による可能」と「可能補語による可能」に分け
られ、「助動詞 "能"」による可能表現は（一つの）出来事と条件との関係であ
り、しかも動作主の能力に関わっている可能表現である。「可能補語」による可
能表現は動作を実現して、その結果になれるかどうかの判断を行う表現であり、
状態を表す。中国語の "把" 構文の中では、「変化のくみあわせ」である "把"
＋名詞₂＋動詞＋その他」はひとまとまり性があるため、一つの出来事として扱
われている。この「変化のくみあわせ」の特徴は「助動詞 "能" による」可能
表現の制限する内容と一致する。よって、"把" 構文の可能表現は「助動詞 "能"
による」可能表現でしか表すことができず、しかも "能" は「変化のくみあわ
せ」の前にしか置くことができないのである。よって、"把" 構文における "そ
の他" の部分には可能補語が存在していないことが分かった。

4.4 "把" 構文における可能表現の否定について
4.4.1 はじめに

前節においては、"把" 構文の可能表現について述べたが、本節においては、
可能表現の否定について論じる。この可能表現の否定も「助動詞による可能」

---

89) 沈家煊（2009：132～157）によれば、"主观处置:说话人认定甲（不一定是施事）对乙
（不一定是受事）作某种处置（不一定是有意识的和实在的）。(中略)语言的 "主观性" 主要
表现在三个方面：说话人的情感，说话人的视角，说话人的认识。" と主張している。

第四章 "把"構文における「その他」について　139

の否定（"不能 V"）と「可能補語による可能」の否定（"V 不 C/D"）に二分されている。

　　(53) 我能吃完（这碗饭）。（作例）
　　　　（このご飯を）食べ終えることができる。
　　(54) 我吃得完（这碗饭）。（作例）
　　　　（このご飯を）食べ終えることができる。
　例 (53) と例 (54) の否定文は、
　　(55) 我不能吃完（这碗饭）。（作例）
　　　　（このご飯を）食べ終えることができない。
　　(56) 我吃不完（这碗饭）。（作例）
　　　　（このご飯を）食べ終えることができない。

　しかし、例 (55) と例 (56) の否定文は、例 (56) を多く用いる傾向が多く、例 (55) は極めて少ない（刘月华 1980：246〜257）。
　しかしながら、"把"構文では、

　　(57) 我能把这碗饭吃完。（作例）
　　　　このご飯を食べ終えることができる。
　　(58) 我不能把这碗饭吃完。（作例）
　　　　このご飯を食べ終えることができない。
　　(59) ＊我把这碗饭吃不完。

　例 (57) の否定文は例 (59) ではなく、例 (58) しかない。"把"構文では可能表現の否定は「助動詞による」表現しか許容されない。その理由について、本節で考察・分析する。

4.4.2 可能表現の否定についての先行研究
4.4.2.1 杉村博文 1979
　杉村博文（1979：16〜37）は「V 得/不 C」が意味的にも機能的にも形容詞に接

140　第一部 中国語における"把"構文の特徴

近しているため、"把"構文の述語として「V得/不C」が使えないのはこれが原因であると主張する。

4.4.2.2 刘月华 1980

刘月华（1980：246〜257）は、《曹禺剧作选》、《骆驼祥子》、《老舍剧作选》など六つの作品を調査し、可能表現について以下の[表 16]のような結論を示している。

[表 16] 可能表現（刘月华1980より）

	甲: 有能力、有条件、有可能	乙:准许、许可
肯定	能 VC/可以 VC　得 VC[90]	可以 VC
疑问	V 得/不 C/　能/不能 VC	能 VC/可以 VC
否定	V 不 C　不能 VC	不能 VC

甲の意味の肯定は、"能 VC"或いは"可以 VC"が多く使われ、"V得C"の用例は非常に少ない。甲の意味の否定では、"V 不 C"が多く使われ、"不能 VC"は極めて少ない。また、乙の意味の肯定では"可以 VC"が多く使われ、否定では"不能 VC"が一般的に使われていると結論づけた。

刘月华（1980）は"有能力、有条件、有可能"を表すときに、肯定文には"能 VC/可以 VC"がよく使われ、否定文には"V不C"がよく使われていると指摘するに留まり、"把"構文との関連性については言及していない。

4.4.2.3 小野秀樹 1990 1991

小野（1990：93〜100）によれば、VR の「他動性」（4.3.2.2 を参照）が強いときには、「能 VR」が使われ、弱いときには、「V得R」が使われる。

また、小野（1991）は、否定文において、VR の「他動性」の高低に関係なく、「V 不 R」を用いることが出来るとしている。その理由は、「否定」という概念の有する意味によって二つの否定形式が中和されているからであると考えてい

90）刘月华（1980：246〜257）によると、"得VC"であるが、筆者は"V得C"と理解する。

る。例えば、

(60) 下着雨 ➡ ＊没下着雨 ⎤
                             ⎬ 没下雨

(61) 下了雨 ➡ ＊没下了雨 ⎦

　よって、「VR」の動作行為が実現することが「不可能」であることを表す場合、その表現形式は「V不R」に中和されるのである。

　また、「不能 VR」の使用頻度が低い原因のひとつとして、それが表す意味が「禁止」に傾くことが挙げられていると主張している。

　小野（1991：11～19）は、「助動詞による可能」と「可能補語による可能」の否定は中和されていなくても、「可能補語による可能」の否定に集中し、「助動詞による可能」は「可能補語による可能」に比べて大幅にその使用の場を制限されると主張している。だが、"把"構文がなぜそうではないのかについては言及していない。

4.4.2.4 李锦姫 1996

　李锦姫（1996：132～138）[91] によれば、語用論的言い換えの関係において、"V 得 C"は"能 VC"に変換できる。しかし、"V 不 C"が"不能 VC"に変換できる条件は、ある種の主観的、客観的な条件が、V を実現させることに適合しないし、V の実現か否かに関係なく、結果が同じであるという場合においてのみである。"V 不 C"の文の中においては、動作行為者には動作行為の意思があるが、ある種の主観的、客観的な条件下において動作行為の結果に至らない。助動詞否定形式"不能"は動作"V"の不可能を表す。"V 不 C"は"V"を実現

---

91) 李锦姫（1996：132～138）によれば、「在语用意义的互换关系上，"V 得 C"可以变换成"能 VC"，"V 不 C"只在某种主观，客观条件对实现 V 不合适，与 V 的实现与否无关，结果都一样的情况下，才可以变换作"不能 VC"。在"V 不 C"句式里，动作发出者有动作行为的意志，但在某种主观、客观条件上不能达到动作行为的结果。能愿动词否定形式"不能"对动作"V"本身表示不可能。"V 不 C"不是不能实现"V"，而是能实现"V"，但结果不能出现，用能愿动词来表示这样的情况就发生矛盾，所以这种情况下，"V 不 C"不能变换作"不能 VC"（银花想不出办法来。＊银花不能想出办法来。）」と主張している。

142 第一部 中国語における "把" 構文の特徴

させることができないのではなく、"V" の実現は可能であるが、その結果は現れない。この場合、"V不C" は "不能VC" に変換できない。

李錦姫（1996）[92] は、"V不C" が "不能VC" に変換できるかどうかについて研究しているが、"把" 構文における動詞は処置の意味があるから、「可能補語による可能」で表現できないと述べる。

4.4.2.5 安本真弓 2009

安本真弓（2009）によれば、"不能V" と "V不C/D" の構文的意味について、以下のように定義づけられる。

"不能V"：話し手が一定の状況下で、ある動作の実現が不可能であることに対する判断を行う。

"V不 C/D"：話し手がある動作を実現後、一定の状況下で、ある結果の出現が不可能であることに対する判断を行う。

各言語学者は可能表現の否定について、それぞれの角度から分析し、可能表現を「助動詞による」表現と「可能補語による」表現に分け、その否定については、「可能補語による」表現が非常に多いことには言及するが、"把" 構文の可能表現の否定については、まだ論究されていない。では、なぜ "把" 構文の可能表現の否定は「可能補語」によって表現することがないのかについて、筆者が実例に基づき、考察・分析を試みる。

4.4.3 "把" 構文の可能表現の否定
4.4.3.1 「助動詞による可能」表現の否定

"把" 構文の文構造は「名詞$_1$＋"把"＋名詞$_2$＋動詞＋その他」である。この "把" 構文の核「"把"＋名詞$_2$＋動詞＋その他」は「変化のくみあわせ」であり、「変化のくみあわせ」はひとまとまり性のある連語であるため、一つの出来事として扱うことができる。よって、その可能表現は「変化のくみあわせ」の前に "能" を置くことしかできない。可能表現の否定は「可能補語による」

---

92) 李錦姫（1996：132〜138）によれば、"可能补语不用于 '把' 字句，（中略），'把' 字句中的V必须具有处置性，但 'V得/不C' 没有处置作用。" と述べている。

第四章 “把”構文における「その他」について　143

表現であることが多いが、“把”構文における「変化のくみあわせ」が強固なため、可能表現の否定も「助動詞による」表現しかできない。

(62) 都不能把这对“书呆子”从闷热的小屋里吸引出来。《中8》
　　　こういったものも二人の「本の虫」を蒸し暑い狭苦しい部屋から誘い出すことはできなかった。(『人：64』)

　例 (62) の“把这对‘书呆子’从闷热的小屋里吸引出来”は「変化のくみあわせ」である。これを一つの出来事として扱っているので、この出来事を実現することが可能な場合、“把”の前に可能を表す“能”を置く。その否定は“能”の前に“不”を置く。
　この文の構造は以下の[図12]のように示される。

[図 12] “把”構文の可能表現の否定

都（不（能（把这对“书呆子”从闷热的小屋里吸引出来）））。

「変化のくみあわせ」
可能表現
可能表現の否定

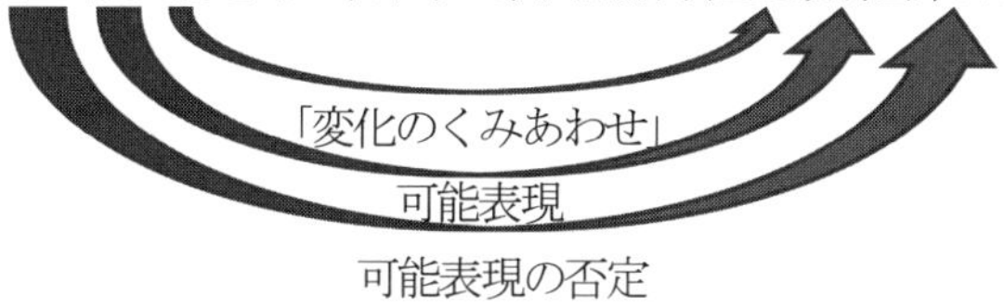

4.4.3.2 「可能補語による可能」表現の否定
　「可能補語による可能」に属する可能表現とは“得”と“不”を用いる「V得R」と「V不R」である。
　先行研究の張威 (1998：50) によれば、中国語の可能補語（V得/不C）の意味的特徴として
　　①C の実現が特に取り上げられて、それが可能であるか不可能であるかというところに表現の焦点が絞られている。
　　②動作の結果が強調され、それが表現の中心である。

(63) 除非一交裁倒，再也爬不起来，他满地滚也得滚进城去，决不服软！

144　第一部 中国語における"把"構文の特徴

《骆》4）

ぶっ倒れて身うごきもできなくなったのならともかく、そうでない
かぎり、這ってでも町まで行ってやる。負けてなるものか！
（『ラ』：53）

(64) 自己只要卖力气，这里还有<u>数不清</u>的钱，<u>吃不尽穿不完</u>的万样好东西。
《骆》4）

働きさえすれば、金はつぎつぎにはいってき、食おうが着ようがな
くなることのないすばらしいものが無限にあるのだった。（『ラ』：54）

　例 (63) の可能補語は"爬不起来"であり、動作"爬"によって、"起来"と
いうような結果に至ることができない表現である。同様に、例 (64) の可能補
語は"（数）不清"であり、動作"数"によって、"数清"の結果に至ることが
できない。可能補語は"吃不尽"、"穿不完"も同様である。
　要するに、可能補語の否定表現は以下のような[図13]で表すことができる。

[図 13] 「可能補語による可能」の否定表現の構文的意味

$$V不R = \boxed{V} + \boxed{不R} = \boxed{V} \Longrightarrow \boxed{不R}$$

（一つの出来事）（一つの出来事）

　可能補語が二つの出来事であるということは、「変化のくみあわせ」の一つの
出来事と矛盾するため、"把"構文の可能表現の否定には「可能補語による可能」
の否定形式を使うことができないと考えられる。

4.4.4 "把"構文に"不能"を用いる表現について

　"把"構文の"不能"表現は二種類に分けられる。一つ目は、「禁止」として
使われ（例65）、二番目は、「能力が無くて」として使われている（例66、例67）。

(65) 我们赶快找大泉去，让他多搜集一点儿，<u>不能把最生动的材料丢下</u>。
（《大道》）

早く大泉をつかまえて、もっといい話をさがさにゃ。一番生きのい
い話は落したくねえからな。(『道』)

　例 (65) の"不能把最生动的材料丢下。"は意訳をとっている。直訳すると、
「一番生きのいい話は落してはいけない」となるだろう。これは一つ目の「禁
止」という意味で捉えられる。

(66) 他决定放弃了买卖，还去拉车，<u>不能把那点钱全白白的糟践了</u>。
　　(《骆》)
　　彼は行商をやめて、車引きにもどることを決意した。たいせつな金
　　をむざむざ溝にすててしまうことはできなかったからである。
　　(『ラ』: 273)
(67) 把他划成中农，最多是政策上的宽大，<u>并不能把他过去剥削穷人的那</u>
　　<u>些事情一笔抹掉</u>。(《大道》)
　　奴を中農にいれたのは、政策上の寛大さが大きいんで、前に貧乏人
　　を搾取したつうことを帳消しにしたわけじゃねえ。(『道』)

　例 (66) の"不能把那点钱全白白的糟践了。"の"不能"はできないという意
味である。例 (67) の"并不能把他过去剥削穷人的那些事情一笔抹掉。"の意訳
は上述記載の通りであるが、直訳すると、「前に貧乏人を搾取したということを
帳消しにすることができない」となるだろう。

4.4.5 おわりに
　中国語の可能表現では、「助動詞による可能」と「可能補語による可能」の二
つに大きく分けられている。その否定表現は中和され、「可能補語による可能」
の否定は多く使われ、「助動詞による可能」の否定はわずかであることを各言語
学者は詳しく論述している。だが、"把"構文の可能表現は、「助動詞による可
能」によって表現されているが、その可能表現の否定も「助動詞による可能」
の否定によって表現されている。その理由は、「可能補語による可能」である
"V得C"と「可能補語による可能」の否定である"V不C"は"V"と"得/不

C″の二つで組み合わさっている。だが、"把"構文の核である「"把"＋名詞₂＋動詞＋その他」は「変化のくみあわせ」であり、そのまとまり性であるため、その中に二つの出来事が入ることができない。そのため、"把"構文の可能表現の否定は「助動詞による可能」の否定によってしかできないのである。

第五章　"把"構文の主体について

5.1 はじめに

中国語における"把"構文は、筆者の分析によれば、"把"および文中の動詞によって、"把"の客体の位置移動、状態の変化及び認識の変化を引き起こすことである[93]。例えば、以下の例 (1) は主体である"你"が動作"摔"によって、客体である"它"を"我脸上"に移動させることを表す。このような客体の変化だけではなく、主体の変化を表す場合もある。例 (2) は主体である"祥子"が動詞"听"によって、"明白"の結果をもたらすという表現である。この文の客体である"事儿"は、"祥子"が"听"の動作をする前後で全く変化を起こしていない。よって、例 (2) は決して客体の変化ではなく、主体の変化を表しているといえる。

(1) 要是钢条软了一根，你拿回来，把它摔在我脸上！（《骆》1）
　　そのときもしこいつが一本でもひんまがっていたら、もってきておれの面にたたきつけてくれたっていい。（『ラ』: 18）

(2) "祥子，你再去催！"虎妞故意倚重他，总在爸的面前喊祥子作事。祥子一声不出，把话听明白就走。（《骆》13）
　　「祥子、おまえもう一度催促に行っておいで」。虎妞は彼を引きたてようと、父親の前で祥子、祥子と使いたて、祥子は言われるままに無言で動きまわっていた。（『ラ』: 208）

　"把"構文は客体の位置の変化と状態の変化及び認識の変化だけではなく、

---

93) "把"構文は、輿水優・島田亜美 (2009 : 96) によれば、「……賓語に示されていた動作行為の受け手を"把"で取り出し、動詞の前に移す。動詞は、それ自身も、用いる形式も、なんらかの処置を表すものに限られる。この組立の分を"把"構文、処置文などと呼んでいる。ただし、処置文という日本語にこだわると、"他把钱包丢了。"（彼は財布を落とした）のような例が説明しにくい。」と説明し、問題点を指摘している。

148　第一部 中国語における"把"構文の特徴

主体の位置の変化と状態の変化及び認識の変化を表すこともできる。本節では、
"把"構文が主体の状態の変化及び認識の変化を表すこと（例2）について、
《骆驼祥子》及び《家》の中の実例に基づいて分析・考察し、これを証明する。

5.2　"把"構文の先行研究

　"把"構文を意味の角度から研究している言語学者は、「処置義」を提唱した
王力（1943：160〜172）をはじめ多数いる。宋玉柱（1979：84〜85）、薛凤生
（1987：4〜22，1994：34〜59）、崔希亮（1995：12〜21）、金立鑫（1997：415〜
422）、郭锐（2003：152〜181）（序論の先行研究を参照）がある。先行研究の各
言語学者は"把"構文について、「処置」か"致使"のどちらか一つのみの意味
があるか、両方の意味があると主張しているが、「処置」か"致使"かのどちら
かによって、変化を表すことが、"把"構文の最も重要な意味であると筆者は考
える。

5.3　"把"構文における客体の変化[94]について

　空間的な移動は基本義として、状態の変化及び認識の変化は派生義とする。
以下の例（3）、例（4）、例（5）、例（6）を見てみよう。

> (3)　"刘四爷，看看我的车！"祥子把新车拉到人和厂去。老头子看了车一
> 　　　眼，点了点头：（《骆》4）
> 　　　「親方、見ておくんなせえ」。彼が人和へ引いて帰ると、親方はちら
> 　　　りと見ただけでうなずいた。（『ラ』：58）
> (4)　他只能从眼角边显出点不满的神气，而把嘴闭得紧紧的。（《骆》5）
> 　　　せいぜい目にものを言わせるのが関の山で、口をきつく閉じるしかな
> 　　　かった。（筆者訳）[95]
> (5)　因此，在小的事情上他都很注意，仿佛是说只要把小小的家庭整理得美

94）本論文における「変化」は1.4.1を参照。
95）『駱駝祥子』立間祥介（2001：73）では、「となると、せいぜい目にものを言わせるのが
関の山で、ぶすっと黙りこんでいるしかなかった。」と訳されている。

好，那么社会怎样满可以随便。（《骆》7）

それで、彼はこまごましたことにひどく気を使った。このちっぽけな家庭さえりっぱにやってゆければ、社会がどうなろうと知ったことではないとでもいうみたいだった。（『ラ』: 104）

(6) "大个子"三个字把祥子招笑了，这是一种赞美。（《骆》2）

ノッポという三字が祥子の心をくすぐった。それは一種の賛美のことばだった。（『ラ』: 27）

例（3）の客体の"车"は"拉"によって、"到人和厂"という位置を変化させた。例（4）の客体の"嘴"は"闭"によって、"紧紧的"のような状態になっているという意味である。例（5）の客体"小小的家庭"は"他"の動作"整理"によって、"美好"という状態になっているという表現である。これによって、"小小的家庭"の状態は"美好"になり、元の状態から変化を起こすということがわかる。例（6）の客体"祥子"が"大个子"と呼ばれるのを聞いて笑ったのは、"祥子"の頭の中に"大个子"という言葉に対する反応があったからである。つまり、"祥子"の頭の中では、普通の"大个子"の言葉から自分がほめられたという変化が起きたと言えるだろう。"祥子"は、この"把"構文の客体なので、客体の認識の変化である。イメージスキーマ変換に基づけば、例（6）は認識の変化である。例（3）は客体の空間的な移動の変化を表し、変化の基本義であるが、例（4）、例（5）は客体の状態変化を表し、例（6）は客体の認識の変化を表している。

5.4 "把"構文における主体の変化について

"把"構文における主体の変化について、本節で分析・考察する。

5.4.1 基本義である空間的な移動

客体の変化と同様に、主体の変化の基本義は空間的な移動である。以下の例（7）をみてみよう。

(7) 他知道哥哥激动得厉害，便用左手把哥哥的手背轻轻拍了两下，微笑地

150 第一部 中国語における"把"構文の特徴

说：(《家》10)
彼は兄がとても興奮しているのが分かったので、左手で兄の手の甲を
軽く二回叩いて、微笑みながら言いました。

例 (7) の主体"他"は客体"哥哥的手背"を"拍了两下"「動詞＋補語」の
行為によって、客体の変化ではなく、主体の左手が二回動いたという位置変化
を表している。

5.4.2 派生義である状態変化
"把"構文は言語環境により状態変化を表す場合もある。

(8) 他抬头把月亮望了半晌，才低下头对觉慧说：(《家》10)
彼は顔をあげて月を暫く見てから、俯くと"觉慧"に話し掛けた。

例 (8) も同様に、主体である"他"は動詞の"望"によって、客体である
"月亮"に何も変化を起こさず、"他"は"望了半晌"によって、"他"におけ
る時間的な変化を表しているのである。このような"把"構文は「動詞＋動量
補語」によって、主体の変化を実現させている。

5.4.3 派生義である認識の変化
5.4.3.1 "把"構文における動詞により主体の認識変化を実現する場合
"把"構文は動詞による認識変化を表す場合もある。

(9) 他对猴子们特别的拿出耐心法儿，看在头儿钱的面上，他得把这群猴崽
子当作 [96]少爷小姐看待。(《骆》5)
そう思ったので、死んだ気になり、寺銭に免じてこの餓鬼どもをお坊
っちゃんお嬢ちゃん扱いしてやった。(『ラ』: 79)

---

96)《现代汉语词典》第七版 (2016 : 262) によれば、"当作"は動詞であり、"认为；作
为；看成"の意味である。

第五章　"把"構文の主体について　151

(10) 他自己反倒变成了有威严与力气的，似乎能<u>把她当作</u>个猫似的，拿到
　　　手中。(《骆》6)
　　　自分のほうが威厳と力をそなえた存在となり、彼女など猫でもつかま
　　　えるように、手中にできる気がした。(『ラ』: 89)

　例 (9) の主体"他"は、動詞の"当作"によって、"看在头儿钱的面上"と
いう原因で、客体の"这群猴崽子"と見なしていたのを"少爷小姐"と見直し
たのである。これは、いうまでもなく主体である"他"の認識変化である。例
(10) も同様である。主体である"他"は元々弱い人間であり、客体である
"她"は強い人間である。動詞"当作"によって、主体"他"の頭の中では、
"她"が猫のような弱い存在になったという表現である。以上の二例は全て、
動詞によって、主体に変化が起こったことを表すものである。

5.4.3.2　"把"構文における「動詞+その他」により主体の変化が実現する場合
　"把"構文における主体の変化は、動詞によってのみ実現するのではなく、
「動詞+その他」の部分によって、実現する例も多数存在している。

(11) 他的话确实是出于真心，不过这时候他并不曾<u>把他的处境仔细地思索
　　　一番</u>。(《家》10)
　　　彼の言葉はたしかに心底から出たものであったが、しかしこの時彼
　　　は自分の立場を深く考えていたわけではなかった。(『家』: 100)
(12) 祥子<u>把事儿已听明白</u>，照旧低着头扫地，他心中有了底；说翻了，揍！
　　　(《骆》14)
　　　祥子はすでにことの次第を聞いて分かった。いつも通り俯いて地べ
　　　たを掃いていたが、(筆者訳) [97]
(13) 祥子慢慢的<u>把人和厂的事打听明白</u>：刘四爷把一部分车卖出去，剩下

---

97)『駱駝祥子』立間祥介 (2001 : 225) では、「祥子はことの次第をすっかり耳におさめ、
いざとなったらぶっとばしてくれようと思いながら、掃除をつづけていた。」と訳されて
いる。

152 第一部 中国語における"把"構文の特徴

的全倒给了西城有名的一家车主。(《骆》17)

ぽつりぽつりとあたってゆくうち、人和[98]のことがしだいにわかって
きた。劉親方は、一部の車を売りはらい、残りは店ぐるみ西城で
も名の通った同業者に譲りわたしたのである。(『ラ』: 267)

(14) 祥子想找个地方坐下, <u>把</u>前前后后细想<u>一遍</u>, 哪怕想完只能哭一场呢,
也好知道哭的是什么; 事情变化得太快了, 他的脑子已追赶不上。
(《骆》12)

祥子は、どこか坐る場所を見つけて、今夜おこったことをはじめか
らとっくりと考えなおしてみたいと思った。そのあげくが泣くだけ
であったとしても、なぜ泣かなければならないのかだけでもわかれ
ばけっこうだと思った。いずれにせよ事態の変化があまりにもはや
く、彼の頭ではとうてい追いついてゆけなかったのだ。(『ラ』: 179)

　例 (11) は動詞"思索"によって、客体の"他的处境"に何も変化が起きて
いない。却って、主体の"他"が「動詞+動量補語」である"思索一番"によ
って、時間変化を起こしている。例 (12) の主体である"祥子"は動詞"听"
によって、客体の"事儿"に何も変化を起こしていない。客体の"事儿"はそ
のままであり変化がなく、主体の"祥子"が"听"によって、"明白"になった
のである。主体の変化は"听明白"によって実現されている。例 (13) の主体
である"祥子"は動詞の"打听"によって"把"の客体である"人和厂的事"
がはっきりと分かった。しかし、"人和厂的事"それ自体には何も変化がなく、
"祥子"が分からない状態からわかった状態になっているだけである。「動詞+
結果補語」である"打听明白"によって、主体の変化を表している。例 (14)
は主語である"祥子"が"前前后后"のことについて考えて、考え方が変わっ
ても、"已追赶不上"という結果になったという表現である。このような"把"
構文は、「動詞+動量補語」によって、"把"の客体ではなく、むしろ主体に変
化を起こしていることを表している。

　"把"構文における主体の認識の変化を生じさせる動詞は一部の動詞に限ら

---

98) "人和"は工場の名前である。

れる。例（9）から例（14）の"把"構文における動詞を見てみよう。"当作"2、"思索"、"听"、"打听"、"想"である。"当作"は評価動詞であるが（劉月華ほか1988：130〜165）、"思索"と"想"は心理活動動詞（黄伯栄ほか2011：10）であり、"听"と"打听"は動作動詞である。しかしながら、評価動詞も心理活動動詞も思考に根差している動詞である。"听"と"打听"については、それらの動作によって得られた情報は、思考を通じて理解されるものである。それはつまり、その者の考えに変化が生じることにつながる。要するに評価も心理活動も動作も、これらの活動のいずれもその前或いは後に動作主の頭の中で情報の処理が行われていて、変化が起こっているのである。

5.5 おわりに

　実例に基づいて、"把"構文における主体の変化について、考察してみた。"把"構文における客体の変化だけではなく、主体の変化も多数存在している。なぜならば、言語には維持性（辻幸夫, 2013：6）があり、"把"は基本的に動詞であり、「手に持つ」という意味があり、"把"構文に用いられても、その動詞の意味を残すからであると考えられる。「持つ」の意味があるため、一度何かを持てば、それをどこかに置かなければならない。それは、つまり、変化させたり、結果をもたらしたりするということである。"把"の主体が客体を変化させるのが一般的であるが、客体が変化しない場合は、主体が変化するのである。

第二部 "把" 構文が存在する理由

第六章 「"把"＋空間詞」の"把"構文について

6.1 はじめに

"把"構文の構造は「名詞₁＋"把"＋名詞₂＋動詞＋その他」であり、その基本義は名詞₁が名詞₂を処置し、名詞₂の位置或いは状態を変化させることである。その派生義の一種は、その中の「名詞₂」は空間詞であり、その構造は「名詞₁＋"把"＋空間詞＋動詞＋その他」である。

本章ではこの種類の"把"構文を「"把"＋空間詞」の"把"構文（以下「"把"＋空間詞」構文と略称）と呼ぶことにする。呂叔湘主編（1999：53〜56）では以下の例（1）、（2）、（3）のように "表示动作的处所或范围。"（動作の場所或いは範囲を表す）と主張している。

(1) 把东城西城跑遍了。（呂叔湘 1999）
東城西城を全て回った。
(2) 把个北京城走了一多半。（呂叔湘 1999）
北京を半分以上歩きまわった。
(3) 你把里里外外再检查一遍。（呂叔湘 1999）
中と外をもう一回チェックしてください。

この種類の"把"構文の"把"の客体である "东城西城"、"北京城"、"里里外外"はすべて空間詞であり、それぞれの動詞 "跑"、"走" 及び "检查" の動作の対象となる場所或いは範囲である。

(4) 在黑板上写字。（王还 1980：25）
黒板に漢字を書く。

例（4）のような "在字句" の中の "黑板" も漢字を書くという動作を行う場所であり、その構造は「(名詞＋)"在"＋空間詞＋動詞」である。二つの文型

第六章 「"把"＋空間詞」の"把"構文について　157

の中の空間詞とも、動作を行う場所を表すが、なぜ両者はお互いに取って代わることができないのだろうか。本節では実例を考察・分析し、それに基づき、以下のいくつかの点を明らかにする。

　①この種類の"把"構文の語義・語用
　②この種類の"把"構文と"在字句"の異同

6.2 空間詞の先行研究について

6.2.1 劉月華ほか1988

　場所名詞について、劉月華[99]ほか(日本語版 1988：51〜54)は以下のように述べている。

　「場所を表す名詞或いは名詞フレーズを場所語句"処所词语"と呼ぶ。場所語句には次のものが含まれる。

　　①方位詞（方位詞も場所を表すことができるからである）
　　②場所を表す固有名詞——"中国，北京（中略）"など（この類の固有名詞はすべて地理的位置から言われているものである）
　　③場所を表す代詞と普通名詞——"图书馆，学校，（中略）"など
　　④場所を表す名詞フレーズ（多く「名詞＋方位詞」の形で作られる）
　　　——"心里，报上（中略）"など」

6.2.2 朱徳熙1995

　朱徳熙（1995：47〜48）によれば、場所詞とは"在[…に（ある/いる）]，到[…に、まで（到る）]，往[…の方向へ]"の目的語になり、且つ"哪儿[どこ/どちら]"を用いて疑問を発し、"这儿[ここ]，那儿[あそこ]"を用いて代替することのできる体詞である。（①地名："中国"；②「トコロ」とみなし得る機関：

---

99) 刘月华ほか（中国語版 2001：60）によれば、"处所词语"については以下のように述べている。"表示处所的名词或名词短语叫做处所词语。其中包括：①方位词。②表示地方的专有名词。如'中国'、'北京'（中略）（这类专名表处所时都是从地理位置上讲的）。③表示处所的一般名词和代词，如'图书馆'、'学校'（中略）。④表示处所的名词短语（多由名词＋某些方位词组成）。如'心里'、'报上'（中略）。"

“学校”；③合成方位詞：“上头”。）に分けられると主張する。また、朱（148〜149）によれば、場所目的語は下記に挙げる例文に示されるように広義の場所目的語と狭義の場所目的語に分けられる。

    (5)　我惦记着家里。（私は家のことを気に掛けている。）
    (6)　我坐在家里。（私は家にじっとしている。）（朱德熙 1995）

　例 (5) の“家里”は広義の目的語であり、例 (6) の“家里”は狭義の目的語と主張している。

6.2.3 黄伯荣ほか 2011

　黄伯荣・廖序东（2011：9）によれば、“处所名词：河岸、东郊、周围、里屋（新疆、北京、广东、亚洲等兼属专有名词和处所名词）”と述べ、いくつかの単語の例を取り上げるのみで、具体的な定義づけは行われていない。

6.2.4 高橋弥守彦 2003

　高橋弥守彦（2003：48〜60）によれば、場所を表す単語を空間詞といい、連語を空間連語と言い、その総称を空間語と言うと述べている、また、空間詞を以下のような五類に分類している。

[表 17] 空間詞の分類（高橋2003より）

1. 固有名詞：池袋，王府井…	1. 自然地理名詞：山，草原…
2. 場所名詞：	2. 人工築造名詞：路，校园…
3. 方位詞：前，东…	3. 組織単位名詞：矿，银行…
4. 指示代詞：这儿，那儿…	4. 行政区域名詞：省，县城…
5. 物名詞：车，飞机…	5. 部分場所名詞：边，角落…

　本章では、高橋（2003）の空間詞の分類に従う。本章の空間詞も以上の五類を含め、場所を表す単語であり、空間連語は場所を表す連語である。なお、物名詞は単語だけでは物名詞だが、“他们坐飞机去大阪。”「彼らは飛行機で大阪に

行く。」の文に見られる"坐飞机"の"飞机"のように、連語の中で場所を表す
派生空間詞となる。

6.3 「"把"＋空間詞」構文の語義について

筆者は「"把"＋空間詞」構文を以下の三種に分類する。その構文構造は以下
のように現すことができる。

A．名詞＋"把"＋空間詞（対象）＋動詞＋その他

(7) 一镢一镢地把整座山一寸不落地刨开。（《插队》）
ひと鍬ひと鍬山全体を余すことなく掘り起こすのである。
（『大地』）

(8) 那时候，工宣队为了让大家都去，就把该去的地方都宣传得像二等天
堂。（《插队》）
あの頃労働者宣伝隊はみんなを農村へ行かせるために行くべき場所
を第二の天国のように宣伝した。（『大地』）

例 (7) の"把"の客体である空間詞"整座山[100]"の"山"は単語レベルで
みれば自然地理名詞であり、動詞である"刨开"の対象である。しかし、この

---

100) 高橋弥守彦（2003：59）によれば、「"车，飞机"などはこれまで物名詞として扱われ
てきた。これらの単語には物名詞としての側面もあるが、主体の行う出来事と関係する場
所を表すという視点からみれば、空間詞としての側面もある。たとえば、次の 2 例に現れ
る"车"である。①等我上了车，一个女孩儿正跟我那朋友大吵。（オレが乗ったら、子供
っぽい娘が友達にくってかかっているところだった。）②我不知什么时候睁开潮湿的眼睛，
见军官使劲地握了一下新娘的手，三脚两步跳下车去。（私は知らず知らずのうちにうるん
だ目をあけていた、将校がしっかりと花嫁の手を握りしめ、そのまま一人急いで列車から
下りて行くのが見えた。）
"车"は上例では主体の乗る場所であり、下例では主体の離れる場所である。これらは
いずれも主体の行う出来事"上了车，跳下车去"の場所を表している。"车"が物名詞であ
れば"跳下去车"と言えなければならないはずであるが、このような表現はできなく、例
文のような構造でしか表現できない。例文のような構造は動詞と空間詞との組合せであり、
構造の面からも"车"が物名詞ではなく、空間詞であることが理解できる。

160　第二部　"把"構文が存在する理由

空間詞は連語レベルでモノ名詞として扱われている。"把整座山一寸不落地刨开"は言い換えると"一寸不落地刨开整座山"となるだろう。例（8）の"把"の客体である空間詞"该去的地方"は空間連語であり、動詞である"宣传"の対象である。この空間連語も連語レベルでみればモノ名詞として扱われている。この文は言い換えると、"宣传该去的地方宣传得像二等天堂。"となるであろう。

　　B.名詞＋"把"＋空間詞（対象・場所）＋動詞＋その他

（9）旅客们已经把通路堵塞了，所有椅子上都站满了，只能听到那边的人在激动地讲话，车厢里热烈的掌声。《大道》
　　もう通路は乗客でふさがっていて、どの椅子にも人が立っており、向うの方で興奮して演説する声と、熱烈な拍手の音しか聞えなかった。（『道』）
（10）她立即走过去，取下来，敏捷地把衣服外面三个兜、内面一个兜搜抄了一遍。《插队》
　　すぐに歩み寄っておろすと手早く外側の三つのポケットと内側のポケット一つを探った。（『大地』）

　この種類の"把"構文の"把"の客体は動詞の対象であり、動作の行われる場所でもある。例（9）の"把"構文における"把"の客体"通路"は動詞"堵塞"の対象であり、動作"堵塞"の場所でもある。"通路"は場所を表す空間詞である。例（10）の"把"構文における"把"の客体"衣服外面三个兜、内面一个兜"は動詞"搜抄"の対象であり、動作"搜抄"を行う場所でもある。この"衣服外面三个兜、内面一个兜"の"兜"は単語レベルではモノ名詞であるが、連語レベルでは場所名詞として扱われている。

　　C.名詞＋"把"＋空間詞（場所・範囲）＋動詞＋その他

（11）我还不死心，接着又把金发常串门的几家，都找遍了，还是没见着。《丹》

第六章 「"把"＋空間詞」の"把"構文について　161

　　　そんでもあきらめきれねえで、よく金発が出入りする家をかたっぱ
　　　しから回ったんだが、見つかんねえ。(『眼』)
　(12)　让伙计们挑酒来，<u>把屋里屋外，墙角旮旯</u>，全都泼一遍。(《盖》)
　　　杜氏たちにお酒を持ってこさせて、部屋の内も外も、塀際や壁のすみ
　　　っこまで、まいてちょうだい。(『棺』)

　この種類の"把"構文の"把"の客体は動詞で表す動作を行う場所を表す。
例 (11) の"把"構文における"把"の客体である"金发常串门的几家"は
"金发常串门"の"几家"である。"家"(house)は場所名詞の下位分類「人工
築造名詞」であるが、ここではメタファーとして使われ、"金发常串门"の家
(home)の意味である。この"金发常串门的几家"は動作を表す動詞"找"の対
象ではなく、ただ動作"找"を行う場所・範囲である。動作である"找"の対
象は"金发"(人名)である。例 (12) の"把"の客体である"屋里屋外，墙角
旮旯"は、場所名詞の下位分類「部分場所名詞」である。この文の動詞である
"泼"の対象は"酒"であり、"把"の客体である"屋里屋外，墙角旮旯"は動
詞"泼"の動作を行う場所・範囲である。

6.4　「"把"＋空間詞」構文と"在字句"との異同について

　上述の分類の"把"構文の構造は「名詞＋"把"＋空間詞(場所・範囲)＋
動詞＋その他」であり、この空間詞で表す空間は動作が発生する場所である。
　「名詞＋"在"＋空間詞＋動詞」構造で作る"在字句"も、空間詞で表す空
間は、主体が動作を行う場所である。本節では両者の異同について論じる。

6.4.1　"在字句"についての先行研究
6.4.1.1　王还 1980 [101]

　王还 (1980：25〜29) によれば、動作が発生する場所を説明するときに、"在"

_____

101) 王还 (1980：25〜29) によれば、"在字句"について "凡是说明动作在哪里进行，我们
　就把'在'及其宾语放在动词前；说明人或事物通过动作到达于某处所，就把'在'及其宾语
　放在动词后。" と主張している。

162　第二部　"把"構文が存在する理由

及び賓語は動詞の前に置く。一方で、人や事物は動作によって、ある場所に至ることを説明する場合、"在"及び賓語は動詞の後ろに置く。

6.4.1.2 朱德熙 1981 [102]

　朱德熙（1981：4〜18）によれば、「在＋NP＋V＋N」は"把"構文に言い換えられるかどうかによって、A₁とA₂に分けることができる。A₁は"把"構文に変えられるのであれば、その"在＋NP"の文法的意味はヒトか事物かが所在する場所である。そうでないとすれば、"事件发生的场所"（出来事が発生した場所）である。

6.4.1.3 邵敬敏 1982 [103]

　邵敬敏（1982：35〜43）は、朱德熙（1981）の理論について、以下のような考えを述べている。A₁の文法的意味はヒトか事物かが動作を通じて、ある物をある位置（"在＋NP"）の結果に導くことである。A₂の文法的意味："在＋NP"は動作を発生させる動作者が所在している静態位置を表している。

6.4.1.4 齐沪扬 1998

　齐沪扬（1998：61〜67）によれば、動作は"在字句"の中の動詞の語義特徴であり、①非状態性②非移動性③非持続性の三つであると述べている。

6.4.1.5 孟万春 2003 [104]

　孟万春（2003：121〜124）によれば、A式（在黑板上写字）は動作が発生した場所を表すが、B式（"字写在黑板上。"）は動作によって、その動作の中に包摂

102）朱德熙（1981：4〜18）は、「"在＋Nₚ"表示的是人或者事物所在的位置。例如：他在黑板上写字（中略）"在＋Nₚ"表示的是事件发生的处所。例如：他在飞机上看书。（他在黑板上写字——把字写在黑板上，他在飞机上看书——＊把书看在飞机上）」と述べている。

103）邵敬敏（1982：35〜43）は、「A₁的语法意义表示的是，人或事物(N)通过动作(V)获得使它达到某种位置(在NP)的结果。（中略）A₂的语法意义应为："在＋NP"表示的是发出动作V的施事者（N施）所在的静态位置。」と述べている。

104）孟万春（2003：121〜124）によれば、"A式句的共性即主要特点"表动作发生的处所"，B式句的共性即主要特点是"动作参与者通过动作到达NP"と述べている。

第六章 「"把"＋空間詞」の"把"構文について　163

されている事物がNPに至ることを表す、としている。

　各言語学者の理論と実例の分析に基づくと、"在＋NP"が動詞の前に置かれるときは、"在＋NP"の文法的な意味は、その動作が発生する場所を表す。"在＋NP"が動詞の後に置かれる場合については別稿に譲る。

6.4.2 「"把"＋空間詞」構文と"在字句"との異同点について

　「"把"＋空間詞」構文の構造は「名詞₁＋"把"＋空間詞＋動詞＋その他」であり、この構造の中の空間詞は動作の行われる対象であり場所・範囲を表す。「名詞＋"在"＋空間詞＋動詞」構造の"在字句"における"在＋空間詞"も動作の行われる場所を表す。これら二つの文構造における空間詞は、同様に動作の行われる場所を表すことができるが、以下では二つの文構造がお互いに言い換えることができるかどうかについて分析する。

　　(13) 我还不死心，接着又把金发常串门的几家，都找遍了，还是没见着。
　　　　（再掲例11）
　　　　そんでもあきらめきれねえで、よく金発が出入りする家をかたっぱしから回ったんだが、見つかんねえ。（『眼』）
　　(14) 让伙计们挑酒来，把屋里屋外，墙角旮旯，全都泼一遍。（再掲例12）
　　　　杜氏たちにお酒を持ってこさせて、部屋の内も外も、塀際や壁のすみっこまで、まいてちょうだい。（『棺』）

　例(13)の"把金发常串门的几家，都找遍了"が表している意味は、動詞"找"の場所・範囲である"金发常串门的几家"だけではなく、これらの場所・範囲を探した結果まで含めた"找遍"に焦点を当てているのである。しかもこの動作"找"の前の"都"はその範囲である"金发常串门的几家"のすべてを表している。"把"構文によって、これらの場所・範囲をすべて探したという意味を表すことができる。その結果は"还是没见着"というような残念な気持ちにつながっている。この"把"構文は主観的にその事柄を説明しており、「"把"＋空間詞」の中の空間詞は動作が発生する場所であるというよりも、動作が発生する範囲であるといったほうが適切である。"在字句"は動作の行われ

164　第二部　"把"構文が存在する理由

る場所を表すことができるだけである。"在"を用いて、例 (13) を言い換えると、"在金发常串门的几家找了一遍"になるだろう。しかし、"在金发常串门的几家找了一遍"は、この場所である"金发常串门的几家"で、その動作"找"の行われる量的な回数を表してはいるが、この場所を全て探したというようなことは表現していない。"在字句"の文はただ客観的に事実を説明しているにすぎない。

　例 (14) の"把屋里屋外，墙角旮旯，全都泼一遍"が表している意味は、動詞"泼"の動作を行う場所である"屋里屋外，墙角旮旯"だけではなく、これらの場所・範囲に対象 (酒) を (全部一回) 撒いたという意味である。この文の「"把"＋空間詞」の中の空間詞も動作を行った場所であるというよりも、動作を行う範囲であると言った方が適切である。しかもこの動作を行った場所・範囲を変化させたという表現である。"在"を用いて、この文を言い換えると、"在屋里屋外，墙角旮旯，泼一遍。"になり、例 (14) に用いられている"全都"を用いることができなくなる。この文は、ただこの場所で動詞"泼"を行う回数を示すにとどまり、これらの場所の全てを"泼"の対象 (酒) に動作を行ったかどうかの表現とはならない。

6.5 おわりに

　本章では"把"構文の一種である「"把"＋空間詞」構文 (その構造は：「名詞＋"把"＋空間詞＋動詞＋その他」) について考察した。その結果、この種類の"把"構文は、以下の三種類に分けることができる。

　一つ目は「名詞＋"把"＋空間詞 (対象) ＋動詞＋その他」である (例 7、8)。この中の空間詞は動詞の対象となり、連語レベルではモノ名詞として扱われている。二つ目は「名詞＋"把"＋空間詞 (対象・場所) ＋動詞＋その他」である (例 9、10)。この中の空間詞は動詞の対象でもあり、動作を行う場所でもある。その理由は、名詞は動詞との組み合わせにより、連語レベルでモノ名詞になったり、空間詞になったりする。三つ目は「名詞＋"把"＋空間詞 (場所・範囲) ＋動詞＋その他」である (例 11、12)。この中の空間詞は動詞である動作が発生する場所・範囲である。この場所に対して動作を行い、主にこの空間詞で表している場所・範囲をどのようにしたかという表現である。

第六章　「"把"＋空間詞」の"把"構文について　165

　"把"構文は空間詞が動作の場所を表している「名詞＋"在"＋空間詞＋動詞」とは表現の焦点が異なる。「"把"＋空間詞」構文は、この空間詞である場所で動作を行い、この結果に焦点を当てているが、「名詞＋"在"＋空間詞＋動詞」の"在字句"は空間詞である場所で動作を行うことに焦点を当てている。よって、"把"構文は"在字句"に取って換わることができない。これは"把"構文が担う重要な役割であり、それが"把"構文の存在する理由の一つであると言える。

166

第七章 "把" 構文における使役表現について

7.1 はじめに

　"把" 構文は処置義を基本義（第一章の1.4）とし、「使役表現」と「受身表現」などを派生義とする。本章における「使役表現」の "把" 構文の構造は「コト・モノ＋"把"＋名詞 $_2$＋動詞＋その他」である。主体は「コト・モノ」であるため、ヒトがモノ・コトを処置することとは異なり、それらを直接的に処置するわけではない。この種類の "把" 構文は "使" 構文と似ているところが多いことから、"把" と "使" は交換できる場合もある。以下例(1)、(2)の「使役表現」の "把" 構文を見てみよう。

- (1) a.吃了一口，<u>豆腐把身里烫开一条路</u>；他自己下手又加了两小勺辣椒油。（《骆》4）

　　　ひと口すする。熱い豆腐が、<u>からだのなかにひと筋の道をひらき</u>、スーッとくだってゆくのを感じながら、辣油をもうふた匙たした。（『ラ』: 55）

- b.吃了一口，<u>豆腐使身里烫开一条路</u>；他自己下手又加了两小勺辣椒油。（作例）

　　　ひと口食べると、熱い豆腐で、<u>からだのなかにひと筋の道がひらけ</u>、スーッとくだってゆくのを感じながら、辣油をもうふた匙たした。

　例(1)aの "把" は "使" に替えることが可能である。例(1)aの "把" 構文は何らかの外的な力を使い、"身里" を "烫" し、"烫开一条路" という結果をもたらす。しかし、例(1)bは "使" により、"身里烫开一条路" という結果がもたらされる。変換前後では中国語の文意に変化が生じてしまう。

- (2) a.这句问话<u>把他窘住了</u>。（《家》: 9）

　　　この質問は<u>彼を困らせた</u>。

第七章 "把"構文における使役表現について　167

　b. 这句问话使他窘住了。（作例）

　　（訳文同上）

　例(2)a の "把" を "使" に替えることができる。変換前後の文意の概要は変わらないが、ニュアンスは変わってしまう。これらの "使" 構文は "把" 構文と同じように使役の意味を表し、同じ動詞を使うことができる。だが、なぜ "使" 構文は "把" 構文に取って替えられないのか。それは、"使" 構文が「誘発使役」であり、"把" 構文が「作用使役」であるということと関係があるからではないかと考えられる。本章ではこれらの事実について分析し、その理由について考察を試みる。「作用使役」については、後述する。

7.2 使役表現についての先行研究
7.2.1 李人鉴 1988
　李人鉴(1988：105〜110) [105] によれば、文の中の "使" を "把" に変えられる "使" 構文は多数存在する。同様に、"把" を "使" に変えられる "把" 構文もかなりある。また、"把" 構文と "使" 構文は同じ動詞を使う例も見られるという。

　(3) a.我们做思想政治工作，就是要用毛泽东思想教育人，使精神力量转化
　　　 为物质力量。（李 1988）
　　　 私たちが思想教育の仕事をしているのは、毛沢東思想によって、
　　　 人々を教育し、精神的な力を物質的な力に変えるためである。
　　 b.我们用战备思想武装群众，动员群众，就能把强大的精神力量转化为
　　　 巨大的物质力量。（李 1988）
　　　 私たちは戦備思想によって民衆を武装させ、民衆に働きかけるこ
　　　 とによって強大な精神力を巨大な物質力に転化させることができる。

---

105) 李人鉴(1988：105〜110)によれば、「有不少 '使' 字句可以把其中的 '使' 字换成 '把' 字，也有不少 '把' 字句可以换成 '使' 字。」と説明し、両構造の変換が可能な場合があるとしている。

168　第二部 "把"構文が存在する理由

　例(3)のような動詞"转化"は"使"構文でも用いることもできるし、"把"構文にも用いることができる。しかし、その理由については、李(1988)は述べていない。

7.2.2 楊凱栄 1989

　楊凱栄(1989：1)は、「使役表現」について、次のように述べている。「中国語の使役表現は「叫、讓、使」を用い、使役者が文の主語として現れ、被使役者が「叫、讓、使」の目的語であると同時に、後続する動詞の主語でもあるという構文的特徴を持っており、意味的には日本語と同様に使役者が被使役者にある動作・作用或いは状態変化をするようにしむけるという特徴を持っている」。また、楊(1989：108)によれば、使役者(X)が非情物で、被使役者(Y)が有情物の場合、このような原因使役文は中国語で次のような形で表される。

　　(4)　謙虚使人进步。
　　　　謙虚が人を進歩させる。(楊：109)

7.2.3 徐燕青 1999

　徐燕青(1999：52〜58)[106]は、主に"使"構文と"把"構文の共通点について取り上げ、検討している。具体的には、"使"構文と"把"構文を互換できる構文構造の特徴及び互換できるときの動詞と動詞の種類を分析するものである。それらの動詞は「処置」という意味も表せるし、「結果」という意味も表せる。同時に、それらの動詞の語義指向は主語も指すし、"把"の賓語と"使"の賓語も指す。だが、同じ動詞を使っている"使"構文と"把"構文の"使"と"把"を互換した後の文の意味の異同点については、触れていない。

---

106)　徐燕青(1999：52〜58)によれば、"使"構文と"把"構文に互換できる動詞の特徴を以下のように述べている。"谓语在语义上都是一种兼职动词，具有一身二任的特点。其语义特征可以概括为[＋处置、＋结果]。…从语义指向上说，是一种既指向主语，又指向"使"字或"把"字宾语的动词。"

7.2.4 贺晓玲[107] 2001

贺晓玲(2001)によれば、「(前略)"使"構文と"把"構文は同一語義範疇に属す—使役、…、語義からすれば、"使"構文は静態的な使役関係を表し、"把"構文は動態的な使役関係を表す。」とする。また、両者の構造の類似点から、語用についても研究している。"使"構文と"把"構文の"使"と"把"を互換できることも指摘するが、互換した後の文の意味の異同があるかどうかについては、触れていない。

7.2.5 周红 2006

周红(2006：86～88)は、"使"構文と"把"構文の異同について、"'使'字句表示泛力致使,'把'字句表示非泛力致使。二者的差别在于：①语义组合方式不同；②表达功能不同：静态描述与动态过程性。"("使"構文は一般的な力による働きかけを表し、一方で"把"構文は一般的な力による働きかけではないのを表す。この 2 つの違いは、①意味の組み合わせ方が異なること、②表現の機能が異なることであり、静的な記述と動的なプロセス性との関係にある。) と主張する。加えて"使"構文と"把"構文を互換できる条件については、以下[図 14]で表しているような式を挙げて説明している。A 式の"使"構文と"把"構文は動詞が"使动词"[108]であることでしか互換できないが、B 式の"使"構文と"把"構文は、それ以外の動詞であっても互換できる、とする。

    (5) 无端地，他的活力和冲劲儿感染了慧芳，<u>使她变得兴致勃勃</u>。(周红 2006)

        特にこれといったきっかけはなかったが、彼の活力と負けん気が慧芳に影響して、<u>彼女は興味津々になった</u>。

---

107) 贺晓玲(2001)は、両構文を「(前略)"使"字句和"把"字句属于同一语义范畴—致使,…,语义方面,"使"字句表示静态的致使关系,"把"字句描写动态的致使关系。」とのべている。

108) 周红(2006：88)によると、「在汉语中正好有这样一类动词，它带有"使某一对象具有自身这样的变化"的词汇意义，即本身具有"使变"的词汇意义，称为"使动词"，如：变、改善、改正、感动、解决、等等」と主張している。

170　第二部　"把"構文が存在する理由

(6)　田里的活已经把家珍累得说话都没力气了……（周红 2006）
　　外での野良仕事がすでに<u>家珍を話す力</u>もないほど疲れさせた。

［図 14］A式とB式（周红 2006 より）

A式：致使者＋"把"＋被使者＋致使力＋致使結果

　　　　　　　　↕　特例："使动词"

A式：致使者＋"使"（致使力）＋被使者＋致使結果（例5）

B式：致使者＋"把"＋被使者＋内在致使力（結果1）＋結果2（例6）

　　　　　　　↕

B式：致使者＋"使"＋被使者＋内在致使力（結果1）＋結果2

7.2.6 郭姝慧 2008

　郭姝慧（2008：27〜32）[109]によれば、"把"と"使"の互換関係について「"把"を直接"使"に取り換えることできる"把"構文は、文中の主要な動詞に制限があるほか、"把"の後の部分が独立した文として成り立つものであり、なおかつある結果を導く引き金となる動詞も暗に含まれている。もしその述語動詞が暗に含まれていなかったら、、"把"の後に置かれた部分は一般的に原因事象の動作主、感覚主体、或いは主体性要素であり、或いは、これらの成分所有関係にある成分である。"把"構文と置き換えられる"使"構文における動詞は必ず"把"構文に使える動詞である。」と指摘する。

　郭姝慧（2008：27〜32）は、互換可能な"把"構文と"使"構文の関係について、「一定の条件を満たせば、"使"構文は"把"構文と置き換えることができる。置き換えた二種の構文の異同については、"把"構文は使役の意味が強く（強致使）、"使"構文は使役の意味が弱い（弱致使）。」と主張している。

109）　郭姝慧（2008：27〜32）によれば、"把"構文と"使"構文について、「能把'把'字直接换为'使'字的'把'字句，除了句中主要谓词的限制这个因素外，'把'后部分都能独立成句；其致使事件谓词一般隐含；如果致使事件谓词没有隐含，那么'把'后成分一般得是致使事件的施事、感觉或主事性成分，或者是与这些成分有关的领属性成分，而能跟'把'字句置换的'使'字句，其句中的动词必须符合'把'字句的要求。例：a 这件事把我激动得说不出来话。（我是"激动"的感事）b 这件事使我激动得说不出来话。」と述べている。

7.2.7 木村英樹 2010

　木村英樹(2010：132)は、使役構文(X＋“让/叫/使＋Y＋動詞/形容詞)は三種に分類される。一つは X が、Y になんらかの動作・行為をさせようと積極的に指示するタイプの「指示使役」(例：刘备叫诸葛亮当参谋。)、次にXが、Yの意のままに何らかの動作・行為をさせようとするタイプの「許容使役」(例：王老师让小红随便说说。)、そして X が原因となって、Y を何らかの状態にならせるタイプの「誘発使役」(例：他的话使我很高兴。)の三種である。“让”と“叫”は三つのタイプのいずれにも用いることができ、“使”は「誘発使役」のみに用いることができると主張している。

　これまでの先行研究においても、“使”構文と“把”構文の互換条件および互換できる動詞を取り上げているが、互換前後の文の意味変化については、郭姝慧（2008：27〜32）だけが検討を行っている。本章ではそれらの先行研究に基づき、“使”構文と“把”構文の互換前後における文の意味変化について分析を行うものである。

7.3 「作用使役」の名付けについて

　「使役表現」を表す“把”構文の構造は「コト・モノ＋“把”＋名詞$_2$＋動詞＋その他」である。使役表現とは主体が客体に働きかける文であるが、主体が「コト・モノ」であるため、ヒトのように動作主として直接、対象に対して処置（働きかけ）を行うことができない。この種類の“把”構文とは、「コト・モノ」によって、“把”の客体である「名詞$_2$」に影響をもたらしているという表現である。

　西村、野矢(2013：130)によれば、主体が客体に影響をもたらしている表現として、以下の二例を挙げ、ヒト以外のNが主体となっている文をメタファー(隠喩)的とメトニミー(換喩)的とに大別している。

(7) <u>Cancer</u> kills thousands of people every year. 　（西村、野矢 2013：130）
　　がんは、毎年何千人もの人の命を奪う。

(8) <u>The key</u> opens the door. （西村、野矢 2013：134）
　　この鍵でこのドアが開けられる。

172　第二部　"把"構文が存在する理由

　以上の例(7)、(8)の主語は"Cancer"、"The key"であり、"Cancer"、は
"kills thousands of people"の原因である。"The key"は"opens the door"の
道具である。二つの文とも無生物主語の使役構文であり、それはメタファー(隠
喩)的ということ、道具主語の場合はメトニミー(換喩)的だと主張している。し
かしながら、次のようなメタファー(隠喩)的表現もある。

　　(9)　山风把断断续续的歌声吹散开在高原上。《插队》
　　　　山から吹き下ろす風が断続的にその歌声を高原中に届けている[110]。

　　例(9)の主体である"山风"は無情物(或いは非情物)であり、この文も使
役表現である。"山风"(主体)に対する"吹歌声"(陳述)、"歌声"(主体)に
対する"散开在高原上"(陳述)という表現である。"山风"が"吹"によって、
"歌声"に作用し、"歌声"が"散开在高原上"という結果をもたらしている。
この「使役表現」を表す"把"構文の構造は「コト・モノ＋"把"＋名詞₂＋動
詞＋その他」であり、この「使役表現」は、前述の木村英樹(2010：132)の分類
する使役文の用法「指示使役、許容使役、誘発使役」のいずれにも当てはまら
ない。これを文意から「作用使役」と名付けることとする。

7.4　"把"構文と"使"構文の異同について

　"把"構文と"使"構文の関係が密接であることについて、各先行研究では
実例を用いて論証している。また、互換できる"把"構文と"使"構文の動詞
についても、各先行研究では詳細に記述しているものの、互換前後の文意の変
化については、述べられていない。本節では、"把"構文を下記の二種類(7.4.1、
7.4.2)に分類したうえで、例文に基づき互換前後の文意の変化について考察・分
析を試みる。

---

110)翻訳本『大地』では「山の風がとぎれとぎれの歌声を高原中に撒き散らす。」のように
訳されているが、ここでは原文に基づいて訳した。

第七章 “把”構文における使役表現について　173

7.4.1 文構造1：「コト・モノ＋“把”＋名詞₂(ヒトを除く)＋動詞＋その他」

　“使”と“把”が置き換えられる“把”構文は、以下の例文に見られるように、意志を持たない「コト・モノ」が主体になり、ヒト以外の名詞が“把”の客体になっている。

(10) a. 把身心都机械化了，是否能写出好作品呢？(周红：88)
　　　身も心も全て機械化させたら、果たして良い作品が書けるのだろうか？

　　b. 使身心都机械化了，是否能写出好作品呢？　(作例)
　　　身も心も機械になったら、果たして良い作品を書けるのだろうか？

(11) a. 及至想到长顺的外婆，他又感到了为难，而把喜悦变成难堪。(徐燕青：56)
　　　長順さんのおばあさんのことを考えると、彼は困惑し、嬉しい気持ちが恥ずかしさに変わった。

　　b. 及至想到长顺的外婆，他又感到了为难，而使喜悦变成难堪。(訳文同上) (作例)

(12) a. 高妈的话永远是把事情与感情都搀合起来，显着既复杂又动人。(《骆》)
　　　高媽はいつも用件と自分の感情をごったにした物言いをする。それでいくぶんまだるっこしくもあるが、また親身にも聞こえる。(『ラ』：110)

　　b. 高妈的话永远是使事情与感情都搀合起来，显着既复杂又动人。(作例)
　　　高媽の話はいつも用件と自分の感情がごったになって、以下略

　例(10)a の“把”構文は(10)b の“使”構文に書き換えられるが、例(10)a の中の“机械化[111]”は他動詞として使われ“身心”を処置する。その結果、“机械

───────────────────
111) 《现代汉语第五版》(2011：214)によれば、“(前略)—化 绿化 规范化 现代化 自动化 大

174 第二部 "把"構文が存在する理由

化了"になり、"把身心都机械化了"は"机械化了身心"となる。しかし、"把"を"使"に替えると、"机械化"は自動詞として使われ、"使"という動詞により、"身心都机械化了"という結果になる（[図15]を参照）。

[図 15] "把"構文と"使"構文の異同

a. 把身心都机械化了 ⟶ 机械化 身心 ⟶ 机械化了身心
　　　　　　　　　　「処置」による作用　　　結果

b. 使身心都机械化了 ⟶ 身心都机械化了
　　　　　　"使"による誘発

　同様に、例(11)aと例(11)bは、日本語に訳すと一見同じ意味になるが、日本語では、人の感情は自然発生するものであり、人間の力で変化させることはできない。中国語では、"把"構文により、感情を変えることも表現できる。例(11)aの"変成"は他動詞として使われ、例(11)bの"変成"では自動詞として使われている。例(11)aの直訳は、"嬉しい気持ちを恥ずかしさに変えた"であるだろう。例(12)aの"把"構文の主体である"高妈的话"により、"高妈"が意図的に"揉合事情与感情"という行為を行うことによって、"揉合起来"という結果になっている。だが、例(12)bでは"使"構文の主体である"高妈的话"が"使"により、"事情与感情都揉合起来"という結果を導いている。その中の"揉合 [112]"は"被揉合"という意味を表している。"高妈的话"により、無意識的に"揉合"されている。このことから、"把"構文に用いる動詞は他動詞であるか、自動詞であるかにかかわらず、"把"構文の中の"把"を"使"に書き換られることが分かる。しかし、"把"構文の中の"把"を"使"に替えると、その文の構造と意味も変わってしまう。
　「使役」を表す"把"構文は、動詞により、"把"の客体に「作用」し、その

众化（中略）"化"是构成动词的词缀。"（"一化 绿化 规范化 现代化 自动化 大众化"の中の"化"は動詞になる"词缀"である。）
112）"揉合"は"揉合"も表すことができ、"被揉合"も表すことができる。"选"のように双方向性を持っている。例：代表选出来了。

第七章 "把"構文における使役表現について　175

結果を導いている。だが、"使"構文は動詞"使"により、直接的に結果を導く。この種類の"把"構文は従来の使役表現とは異なり、「作用使役」と名付けることができる。

7.4.2 文構造2：「コト・モノ＋"把"＋ヒト＋動詞＋その他」

　この種類の"把"構文は「コト・モノ」が主体になり、ヒトは"把"の客体になる。しかも、これらの"把"構文は"施事把字句"であり、動詞はヒトの内部の変化を表す動詞である。

　まず、"使"構文を見てみよう。

　　(13) 巧珠奶奶看到喜房里洋溢着一片红光和金光，<u>使她看得眼花缭乱</u>。
　　　　（周红：87）
　　　　巧珠おばあさんは新婚夫婦の部屋に赤い光と金色の光がいっぱいあるのを見て、<u>目がチカチカした</u>。
　　(14) 她一口纯正而漂亮的法语竟使主考官听呆了。（周红：87）
　　　　彼女の生粋の、美しいフランス語を聞いて、<u>試験官は聞き惚れてしまった</u>。

　例(13)と例(14)の二つの文の中の"使"を"把"に変えても、変換前後の文意の概要は変わらない。

　また、"把"構文も見てみよう。

　　(15) 类似的事情一件连一件，<u>就把婆婆气得心口作疼</u>。（周红：87）
　　　　よく似たことが次々と起こったので、<u>胸が痛くなるほど母親を怒らせた</u>。
　　(16) 有一次我们叫他"厕所"，他也答应了，那一次<u>把我们笑得全身发颤</u>。
　　　　（周红：87）
　　　　ある時、私たちが彼を"厕所"と呼ぶと、彼も返事した。そのことが、<u>全身が震えるほど私たちを笑わせた</u>。
　　(17) 心中堵着这块东西，他强打精神去作事，为是<u>把自己累得动也不能动</u>，

176 第二部 "把"構文が存在する理由

好去闷睡。(《骆》13)
それがあるために、彼はおのれに鞭打って働いた。<u>動けなくなるま
で自分のからだをこき使わないことには、眠ることもできない気分</u>
だったのである。(『ラ』: 206)

　例(15)と例(16)と例(17)の"把"構文の中の"把"を"使"に替えても、変換
前後の文意の概要は変わらない。
　しかし、例(13)の"使"構文の"使她看得眼花缭乱"の原因は"巧珠奶奶看
到喜房里洋溢着一片红光和金光"であり、その"红光和金光"を責める意図は
一切なく、ただその原因を客観的に説明しているだけである。同様に、例(14)
の"使"構文の中の"主考官听呆了"の原因は"她一口纯正而漂亮的法语"も、
その原因を責める意図はなく、ネガティブなニュアンスは皆無である。しかし、
例(15)の"把"構文の"把婆婆气得心口作疼"の原因は"类似的事情一件连一
件"であり、この文からは、読者を"婆婆"に同情させようとする作者の意図
が垣間見える。"把"があるために"类似的事情一件连一件"が悪いことを暗示
しているのだとわかる。また、同時にそれらの事柄を責めるというニュアンス
も出てくる。
　例(16)の"把"構文の"把我们笑得全身发颤"の原因は"他也答应了"であ
り、この"把"は、その原因が意外性のあることを暗示している。例(17)の
"把"構文の"把自己累得动也不能动"の原因は"他强打精神去作事"であり、
この"把"は、その原因が意図性のあることを暗示している。例(15)、(16)、
(17)にある隠れたニュアンスは"使"構文では表現しきれない。副詞を使えば、
"使"構文でもこれらの意味を表すこともできるかもしれない。例えば、例
(13)のネガティブなニュアンスには"可"を使い、例(14)の意外性は"竟"によ
って表せる。"把"構文の中の"把"を"使"に替えたり、また"使"構文の中
の"使"を"把"に替えると、意味が変わってしまうのである。ということは
"把"構文と"使"構文にはそれぞれ個別のニュアンスが固有にあり、それら
用法が果たす役割には、しかるべき根拠があるのである。

7.5 おわりに

　各言語学者は、同じ動詞が“把”構文でも使え、“使”構文にも使えると主張し、これらの動詞の特徴などについて分析を行っているが、本章では、さらに“把”字と“使”字を置き換えられる例文について、別の角度からこの二つの文について分析し、併せてこの二つの文が表している意味の異同について検討を行った。この種類の“把”構文については次のように整理することができる。

　　①構文構造：「コト・モノ＋“把”＋名詞$_2$(ヒトを除く)＋動詞＋その他」

　動詞が他動詞でも、自動詞でもある場合(例 10、11)、また使役と受身の双方向性を持つ場合(例 12)は、“把”構文を“使”構文に変換することができるが、変換前後の文の意味は変わってしまう。

　　②構文構造：「コト・モノ＋“把”＋ヒト＋動詞＋その他」

　この種類の“把”構文が“施事把字句”である場合、“把”構文は“使”構文に変換することができ、変換前後の文の概要は変わらない。しかし、“把”構文を用いることによって、より細やかなニュアンスを表すことができる(例 15、16、17)。よって、“使”構文は一見“把”構文と同じように思われるが、“把”構文に取って替わることができない。“把”構文で表す「作用使役」は以下の[図 16]で表すことができる。

[図 16] 使役表現について

　　　　　　　┌ 指示使役：“叫、让[113]”を用いる
　使役表現 ┤ 許容使役：“叫、让”を用いる
　　　　　　　│ 誘発使役：“使、叫、让”を用いる
　　　　　　　└ 作用使役：“把”を用いる

　よって、“把”構文は機械的に“使”構文に言い換えることができるものではなく、“把”構文によってしか表現できない意味の領域が存在することを本章で

---

113) 使役を表せる“令”について、口語性が低いので、本章においては、考察の対象から除いた。

178　第二部 "把"構文が存在する理由

明らかにした。

第八章 "把" 構文における副詞の位置について

本章では、"把" 構文における副詞 "都" と副詞 "再" "又" の位置について考察・分析する。

8.1 "把" 構文における副詞 "都" について

8.1.1 はじめに

"把" 構文に副詞 "都" を用いる場合、各言語学者は副詞 "都" は「"把" ＋名詞 ₂」の前後に用いることができると述べる。筆者は本節において、実例から "把" 構文の中の副詞 "都" の位置を分析し、副詞 "都" の位置互換性について考察する。

(1) a. 我把那些资料都复印了。(郭春貴 2001 : 225)

（私は）それらの資料を全部コピーした。[114]

b. ?我都[115]把那些资料复印了。(作例)

(2) a. 娃娃们都把大碗举向半空。(《插队》)

子どもたちは全員どんぶりを高く持ち上げる。[116]

b. 娃娃们把大碗都举向半空。(作例)

子どもたちはどんぶりをすべて高く持ち上げる。

(3) a. 小彬吃出一块糖来，女生们都笑眯眯地把目光投向他，说吃着了的有福[117]。(《插队》)

---

114) 郭春貴(2001 : 225)によれば、この文の訳文は「あの資料を全部コピーした」とあるが、筆者は説明するため、「（私は）それらの資料を全部コピーした。」と訳した。

115) この文の "都" は範囲副詞として非文であるが、強調を表す "连～都" の "都" であれば成立可能である。

116) "娃娃们都把大碗举向半空。" はコーパスから引用したものであり、その日本語訳は「子どもたちはどんぶりを上に突き出し。」となっていたが、筆者が改めて訳した。

117) この文の "都" は "把" の前に置く場合であるが、以下の例 (i) と (ii) のように文中に "笑眯眯地" などのような様態状語があり、範囲を表す副詞 "都" はその前後のどち

180 第二部 "把"構文が存在する理由

　　　　　小彬が食べた餃子の中に砂糖のかけらが入っていたので、女子連
　　　　　中は縁起がいいと言ってにこにこしながら彼を眺めていた。(『大
　　　　　地』)
　　　b. 小彬吃出一块糖来，女生们笑眯眯地<u>把</u>目光<u>都</u>投向他，说吃着了的有
　　　　福。(作例)
　　　　　訳文同上

　例 (1) のaとbの文では、その構文構造は「名詞₁ (単数) ＋"把"＋名詞₂
(複数・多数) ＋動詞＋その他」であり、aとbのどちらの文も範囲を表す副詞
"都"の位置は変えることができないが、しかし、例 (2)、(3) のaとbの文で
は、その構文構造は「名詞₁ (複数・多数) ＋"把"＋名詞₂ (複数・多数) ＋
動詞＋その他」であり、例 (2)、(3) のaとbどちらの文も副詞"都"の位置を
互換できる。ただし、例 (2) のaとbの文の「名詞₂」である"大碗"は「名詞
₁」である"娃娃们"の所有物であり、"大碗"と"娃娃们"は一対一の関係で
はないので、副詞"都"の位置を互換すると文の意味に違いが生じるが、例 (3)
aとbの文の「名詞₂」である"目光"と「名詞₁」である"女生们"は一対一の
関係であり、副詞"都"の位置を互換しても、その文の意味は基本的に変わら
ない。
　なぜこのような現象が起きるのか、また、互換後の文の意味変化についても、
本節において、分析・考察を行う。

8.1.2 副詞"都"と"把"構文における副詞"都"についての先行研究
8.1.2.1 副詞"都"についての先行研究

　副詞"都"について、香坂順一 (1962、1980 再版：48〜53)、呂叔湘 (1999 増
订版：18) では範囲を表し、範囲副詞と主張する。劉月華ほか[118] (日本語版

らにも置くことができる。なお、これについては、別稿に譲る。
　(i) 小彬吃出一块糖来，女生们都笑眯眯地把目光投向他，说吃着了的有福。《插队》
　(ii) 小彬吃出一块糖来，女生们笑眯眯地都把目光投向他，说吃着了的有福。(作例)
118) 劉月華ほか (日本語版 1988：187〜219) では、「"都"は範囲を表す副詞で、普通、前
で言及されている人或いは事物の全部を統括する。しかし構文論上は後の動詞或いは形容

1988 : 187～219）も、「"都"は範囲を表す副詞で、普通、前で言及されている人或いは事物の全部を統括する。」と主張する。また、李臨定（1993 : 25～26）も、"都"という副詞は範囲副詞に属していると主張している。屈承熹 紀宗仁（2005 : 79）では、「"包容与数量词"（包容力と数量を表す副詞）と"評量副詞"（量を計る副詞）」と主張する。さらに高橋弥守彦（『実用詳解中国語文法』2006a : 175～176）によれば、「範囲副詞は数量の限定・種類の制限・同一出来事・追加などを表し」、また、範囲副詞"都"については、「"都"は副詞なので、前との直接的な関係はなく、後ろの動詞や動詞連語が表す出来事と関係しているので、それらの出来事が「同一」であることを表します。」と主張している。

　中国語学界において、一般には副詞"都"は範囲または統括を表すと解釈されている。しかし、副詞"都"は後ろの動詞と動詞連語が表す出来事と関係しているので、本研究は、高橋（2006 : 175）[119]の「同一出来事」説に従って、論

詞を修飾しており、"都"で統括されている人或いは事物が、例外なく、述語動詞によって表される動作・行為を起こす、或いは述語形容詞によって表される性質・状態を具えていることを表す。

　①咱们都不要客气。お互い遠慮するのはやめましょう。

　①における"都"が統括しているのは"咱们"即ち話し手と聞き手の全部である。…"都"の前で言及されている人或いは事物がいずれも複数である場合、"都"が統括する部分は可能性として三種類の場合がある時がある。

　②这几个句子大家都翻译得很好。 このいくつかの文は皆さん全部良く訳せている。

　②における"都"が統括しているのは"这几个句子"であるかも知らず、"大家"であるかも知らず、または"这几个句子"と"大家"の二項目を合わせたものかも知れない。これは言語的コンテクストによって決まる。あるいは話し手がプロミネンスをどこに置くかによって"都"の統括する項目が明らかになる場合もある。例えば例文②に於いて、プロミネンスが"这几个句子"にあればそれが統括されているのであり、プロミネンスが"大家"にあればそれが統括されているのである。」

119) 高橋（2006 : 175）によれば、また範囲副詞"都"について、以下のように述べている。

　　「①二胡、琵琶都是民族乐器。（同一出来事）二胡も琵琶も民族楽器です。（同上）

　　②我都认识他们。（同一出来事）私は彼らをみな知っています。（同上）

　　③你都去访问些什么地方？（同一出来事）どの都市を訪問しますか。（同上）

　"都"の用法を説明する場合、これまでの説では例①や③のような例文だけを挙げ、平叙文などでは前を「総括」し、疑問文では後ろを「総括」するという説明がなされてきましたが、主体が単数を表し、前を総括できない例②のような例文だと、「総括」を表すというこれまでの説明では不十分となります。"都"は副詞なので、前と直接的な関係はなく、後ろの動詞や動詞連語が表す出来事と関係しているので、それらの出来事が「同一」

182 第二部 "把"構文が存在する理由

じたいと思う。

8.1.2.2 "把"構文における副詞"都"についての先行研究

8.1.2.2.1 劉月華ほか 1991

　劉月華ほか（日本語版 1991：623〜641）は、"把"構文の"把"と副詞の位置
関係について、「述語の前に範囲を表す"都"、"全"などの副詞が用いられ、そ
れが受け手目的語を統括する場合、"把"構文が用いられる。」と主張し例文も
挙げている。

　　　(4)　我一定要把我全部的手艺都传给你。（わしの持っているかぎりの技術
　　　　　を全てお前に伝授しよう。）（劉月華ほか 1991：627）

8.1.2.2.2 加藤晴子 [120] 1995

　加藤晴子（1995：88〜95）は以下のように述べている。

　範囲を表す状況語は"把"の前に置く場合もあるし、"把"の後に置く場合も
ある。しかし同じ文の中で、"把"の位置が変わると、文として成立できない、
或いは文の意味が変わってしまう。その理由は状況語が制限される部分の後に
置かれているからである。

であることを表すと説明すれば、この奇妙な説明をしなくてすみます。」高橋（2006：175）
によれば、「例①の"二胡、琵琶"はいずれも"都"によって出来事が同一"民族乐器"
であることを表している。例②③の"都"も同様で動詞や動詞連語で作る出来事が「同一」
であることを表している。なお、例②は"他们，我都认识。"と言うほうが一般的です。」と
主張している。
120)　加藤晴子（1995：88〜95）は以下のように述べている。
　表示范围的状况语有时出现在"把"前，有时出现在"把"后，但它们在同一个句子里
改变位置以后，句子或不能成立或意思会发生变化。这是因为它们出现在所限制范围的对象
之后。
　①这种态度使他只顾自己的生活，把一切祸患灾难都放在脑后。（加藤 1995）
　⇨＊这种态度使他只顾自己的生活，都把一切祸患灾难放在脑后。（加藤 1995）
　②我们把孩子们都送走，〈总括"孩子们"〉
　⇨≠我们都把孩子们送走，〈总括"我们"〉

(5) 这种态度使他只顾自己的生活，把一切祸患灾难都放在脑后。（加藤 1995）

　このような態度は彼に自分の生活だけを考えさせ、あらゆる災難をすべて後回しさせている。

⇨＊这种态度使他只顾自己的生活，都把一切祸患灾难放在脑后。（加藤 1995）

(6) 我们把孩子们都送走，〈总括“孩子们”〉

　われわれは子供たちをみんな見送った。

⇨≠我们都把孩子们送走，〈总括“我们”〉

　われわれは全員子供たちを見送った。

　加藤晴子（1995：88〜95）は、範囲副詞“都”を使う場合、“把”の前後に置くことができるかどうかについて、具体的に述べていない。また、“把”の前後に置いたとき、文の意味の変化についても述べていない。その理由について、その前の部分を「総括」すると述べている。加藤晴子をはじめとする一般的な観点に対して、筆者は“都”を“把”の前後に置く互換条件と互換後の意味の差異について、またその理由についても連語論の観点から論じる。

8. 1. 2. 2. 3 郭春貴 2001

　郭春貴（2001：216〜227）は、「“把”は介詞ですが、助動詞、副詞、否定副詞は介詞の前に置かなければなりません。（中略）一部の副詞はたまに動詞の前に置けますが、ほんの少数なので、あまり気にしなくてもよろしいです。（中略）この“都”は普通“把”の前に置きますが、もし目的語の範囲を示すならば、動詞の直前に置くこともできます。」と主張している。

(7) 我把那些资料都复印了。（あの資料を全部コピーした。）（郭春貴 2001：225）

8. 1. 2. 2. 4 杨德峰 2004

　杨德峰（2004：136〜149）は、“都、全、全都、一概”などのような総括範囲副

184 第二部 "把"構文が存在する理由

詞は"把"構文の中で状語になるとき、その位置は二箇所あり、一つは"把"
の前に置く、もう一つは動詞の前に置く。どこに置くかは、副詞の語義がどこ
を指すかによる。もしも副詞の語義が主語を指すなら、総括副詞は"把"の前
に置く（例8）。

(8) 他们仨<u>都</u>把姓名告诉了我。（杨德峰 2004）
　　彼ら三人は全員が名前を教えてくれた。
(9) 我笑嘻嘻地把八张牌<u>都</u>收了回来。（杨德峰 2004）
　　私は笑いながら八枚のカードを全てしまった。

　もしも副詞の語義は"把"の賓語を指すなら、状語は動詞の前に置くべき
（例9）と主張している。
　これらの先行研究は言語事実の角度から論じているが、その理由については、
「総括」、「語義指向」、「範囲」などの視点から論じている。しかし、"把"構文
に用いる"都"の位置の互換については、触れていない。

8.1.3 "把"構文における副詞"都"の位置

　先行研究では、"把"構文の中に用いる"都"は、"把"の前にも後にも用い
られる、と指摘している。"把"の前に用いるとの指摘には（郭春貴 2001：217
〜227、杨德峰 2004：136）があり、「"把"＋客体」の後、動詞の前に用いるとい
う指摘には（劉月華ほか 1991：623〜641、郭春貴 2001：217〜227、杨德峰 2004：
136）がある。その理由について、各言語学者は、「統括」、「範囲」、「語義指向」
などの観点から論じている。筆者は連語論の観点から副詞"都"の位置が文に
与える意味的な影響について分析してみる。

8.1.3.1 "把"の前に"都"が用いられる場合

　副詞"都"について、一般には範囲・統括を表すと述べられている。高橋弥
守彦（『実用詳解中国語文法』2006a：175〜176）では「同一出来事」を表すとし
ている。以下に挙げる文で分析してみよう。

(10) 我们虽然有时开些没分寸的玩笑，但心里都把爱情看得纯洁、神圣。
（《插队》）
われわれは時に度の過ぎた冗談を言うことはあるが、心の中では愛情を純潔で神聖なものと考えていた。（『大地』）

(11) 夏天的晚上，邻居们在院子里乘凉。香茶、团扇，徐徐的晚风，明亮的星星，有趣的新闻，海阔天空的闲扯，都不能把这对"书呆子"从闷热的小屋里吸引出来。（《中》）
夏の夜に隣家の人びとは庭に出て、夕涼みをする。お茶を入れ、団扇を使い、そよ風に吹かれ、星を仰いで世間話にうつつをぬかす。こういった風情も、このカップルの「本の虫」を、蒸し暑い部屋の中から外に引き出すことはできなかった。（『人』）

　例 (10) の「名詞₁」である"我们"の「同一出来事」は核「変化のくみあわせ」を表す"把爱情看得纯洁、神圣"である。高橋（2006：175～176）によれば、副詞"都"は出来事が「同一」であることを表すので、副詞"都"は、その「同一出来事」の前に用いられている。同様に、［表 18］のように、例 (11) の中における出来事は「変化のくみあわせ」を表す"把这对'书呆子'从闷热的小屋里吸引出来。"であり、否定副詞と助動詞はこの「変化のくみあわせ」の前に置く。"不能把这对"书呆子"从闷热的小屋里吸引出来"は"香茶"、"团扇"、"徐徐的晚风"、"明亮的星星"、"有趣的新闻"、"海阔天空的闲扯"それぞれの「同一出来事」であり、副詞"都"はこの「同一出来事」の前に用いられる。つまり、"把"の前に"都"を置く場合は「主語」を総括するということである。

［表 18］例 (11) の「同一出来事」

名詞₁	「同一出来事」（「変化のくみあわせ」）
"香茶"	不能把这对"书呆子"从闷热的小屋里吸引出来
"团扇"	
……	
"海阔天空的闲扯"	

186　第二部　"把"構文が存在する理由

8.1.3.2 「"把"＋客体」の後ろ、動詞の前に"都"が用いられる場合

(12) 他歪着头比划，把周围的人都看一遍，看有敢对此表示怀疑的人没有，脸上的麻子全变红。《插队》

　　彼は頭を傾けて手でそれを示して周囲の人々にひと渡り見せ、嘘だと思う奴は出てこいと言わんばかりの態度を示し、顔のあばたがまっ赤になった。「『大地』)

(13) 过节时请几个朋友来，施展一下中国的烹调技术，（艺术，我说），把那些美国人都惊倒。《插队》

　　祝日には友人を数人招待して中国の料理技術（私に言わせれば芸術だ）を発揮し、アメリカ人を卒倒させてやろう。『大地』)

　例 (12) の「名詞₁」である"他"の出来事は"看（周围的人）"であり、"周围的人"は一人ではない。よって、"看周围的人 A"、"看周围的人 B"などの「同一出来事」は"看（周围的人）"であり、副詞"都"は「同一出来事」"看（周围的人）"の前に用いられる（以下の[表19]のようにである）。

[表 19] 例 (12) の「同一出来事」

名詞₁	「同一出来事」		
"他"	"看"	（"周围的人"）	A B …

　上掲の例文と同様に、例 (13) の「同一出来事」は"惊倒（美国人）"であり、よって、これらの"把"構文の中の副詞"都"は、動詞"惊倒"の前に用いられている。つまり、動詞の前、"把"の後の"都"は客体を総括するということである。

第八章 "把" 構文における副詞の位置について　187

8. 1. 4 副詞 "都" の位置の互換条件及び互換後の差異について
8. 1. 4. 1 副詞 "都" の位置の互換条件

副詞 "都" が用いられる "把" 構文の構造には以下の三種類がある。

(i)名詞₁（複数・多数）＋ "把" ＋名詞₂（単数）＋動詞＋その他

(ii)名詞₁（単数）＋ "把" ＋名詞₂（複数・多数）＋動詞＋その他

(iii)名詞₁（複数・多数）＋ "把" ＋名詞₂（複数・多数）＋動詞＋その他

　(i) の「同一出来事」は、「変化のくみあわせ」を表す「"把" ＋名詞₂（単数）＋動詞＋その他」である。そのため、副詞 "都" は介詞 "把" の直前にしか置くことができない。同様に、(ii) の「同一出来事」は「動詞＋（"把" の客体）」であり、この場合の副詞 "都" は動詞の直前にしか置くことができない。(iii) の「同一出来事」は、「変化のくみあわせ」を表す「"把" ＋名詞₂（複数・多数）＋動詞＋その他」でもあり、「動詞＋（"把" の客体）」でもある。従って、副詞 "都" も「変化のくみあわせ」である「"把" ＋名詞₂（複数・多数）＋動詞＋その他」の直前にも、「動詞＋（"把" の客体）」の直前にも置くことができる。ただし、"都" は同時に文中の二箇所に用いることができるのではなく、どちらかの一方にしか置くことはできない。文中における副詞 "都" の位置により文意が異なってくる。

(14) 张大爷已经快七十了，可大家都把他当五十多岁的人。（加藤1995）
　　　張おじさんはもうまもなく７０歳になるけれど、みんなは全員が 50 歳いくつかの人だと見なしている。
　⇨＊张大爷已经快七十了，可大家把他都当五十多岁的人。（加藤1995）
(15) 那时候，工宣队为了让大家都去，就把该去的地方都宣传得像二等天堂。（《插队》）
　　　あの頃労働者宣伝隊はみんなを農村へ行かせるために行くべき場所を第二の天国のように宣伝した。（『大地』）
　⇨＊那时候，工宣队为了让大家都去，就都把该去的地方宣传得像二等天堂。（作例）
(16) a.娃娃们都把大碗举向半空。（再掲例2）

子どもたちは全員どんぶりを高く持ち上げる。（同上）
　　b. 娃娃们把大碗都举向半空。（再掲例2）
　　　　子どもたちはどんぶりをすべて高く持ち上げる。（同上）

　副詞"都"の位置互換条件は、「同一出来事」が二つ文中にあることである。言い換えると、(i)「名詞₁（複数・多数）＋"把"＋名詞₂（単数）＋動詞＋その他」（例14）と(ii)「名詞₁（単数）＋"把"＋名詞₂（複数・多数）＋動詞＋その他」（例15）の場合、副詞"都"の位置は互換できない。(iii)「名詞₁（複数・多数）＋"把"＋名詞₂（複数・多数）＋動詞＋その他」（例16）の場合は、それができる。例（16）aと（16）bのように、副詞"都"は"把"の直前にも置くことができるし、"把"の後の動詞の直前にも置くことができる。しかし、介詞"把"とその前後に置く副詞"都"の関係は、以下に挙げる例文のとおりである。

8.1.4.2 互換後の差異

　"把"構文の構造「名詞₁（複数・多数）＋"把"＋名詞₂（複数・多数）＋動詞＋その他」の"把"構文に「同一出来事」が二つある場合、以下の例文に示すように"都"の位置は互換できる。

（17）a. 我们都把那些资料复印了。（作例）
　　　　私たちはあの資料をそれぞれ一部ずつコピーした。
　　　b. 我们把那些资料都复印了。（作例）
　　　　（私たちは）あの資料を全部コピーした。

　例（16）の「名詞₁」である"娃娃们"と「名詞₂」である"大碗"は、一対一の関係ではない。「変化のくみあわせ」である「同一出来事」の"把大碗举向半空"と"举（大碗）"という「同一出来事」は一致しない。"大碗"は"娃娃们"の所有物であり、一人の"娃娃"は一つの"大碗"だけを持っているわけではなく、複数の"大碗"を持っている場合も十分あると考えられる。言い換えれ

ば、"大碗"の数≦"娃娃们"の数という可能性があり、一人の"娃娃"は"大碗"を高く持ち上げても、自分が持っている"大碗"の全てを持ち上げているとは限らない。よって、例 (16) a の"娃娃们"はそれぞれ碗を持っているが、残っている碗がある可能性もある（下記の[図17]のAのように）。一方では、例 (16) b の碗は全て高く持ち上げられたが、"大碗"の数≦"娃娃们"の数という可能性もあり、碗を持ってない"娃娃们"がいる（下記の[図17]のBのように）可能性もある。よって、例 (16) a と b とでは、副詞"都"の位置は介詞"把"の前後に置くことができるが、"都"の位置の互換前後では文の意味が変わってしまう。

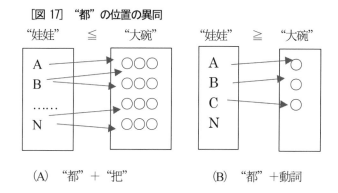

[図17] "都"の位置の異同

(A) "都"＋"把"　　(B) "都"＋動詞

同様に、例 (17) の「名詞₁」である"我们"と「名詞₂」である"那些资料"は一対一の関係ではないので、この文も副詞"都"の位置を互換すると、文の意味が変わってしまう。

一方、以下の例 (18) と例 (19) を見てみよう。

(18) a. 彬吃出一块糖来，女生们<u>都</u>笑眯眯地<u>把</u>目光投向他，说吃着了的有福。(再掲例3)
小彬が食べた餃子の中に砂糖のかけらが入っていたので、女子連中は縁起がいいと言ってにこにこしながら彼を眺めていた。(前出3)

190　第二部 "把" 構文が存在する理由

　　　　b. 小彬吃出一块糖来，女生们笑眯眯地把目光都投向他，说吃着了的
　　　　　有福。(作例)
　　　　(訳文同上)
　　(19) a. 他们仨都把姓名告诉了我。(再掲例8)
　　　　　彼ら三人は全員が名前を教えてくれた。(同上)
　　　　b. 他们仨把姓名都告诉了我。(作例)
　　　　(訳文同上)

　例 (18) の「名詞₁」である "女生们" と「名詞₂」である "目光" は一対一の
関係であり、一般に "女生们" の数 = "女生们" の "目光" の数 であり、「変化
のくみあわせ」である「同一出来事」"把目光投向他" と "投 (目光)" は「同
一出来事」と一致する。よって、例 (18) a と例 (18) b との意味は基本的に同
じである。同様に、例 (19) の「名詞₁」である "他们仨" と「名詞₂」である
"姓名" は「全体」と「部分」の関係であり、「部分」は「全体」を表す「主語」
の一部であり、よって、 "他们仨" の人数 = "(他们仨) 的姓名の数" である。
「変化のくみあわせ」である「同一出来事」"把姓名告诉了我" と "告诉 (了我)
姓名" は「同一出来事」と一致する。よって、例 (19) a と例 (19) b との意味
は基本的に同じであり、"都" が "把" の前後にあっても、実質的に主語を表し
ているので、"都" をどちらに置いてもよい。つまり、副詞 "都" の位置を互換
しても、互換前後で文としての意味に基本的に変化はない。しかし、"都" を
"把" の前におくと、"都" が強調される。

8.1.5 おわりに

　本節では "把" 構文 (「名詞₁ + "把" + 名詞₂ + 動詞 + その他」) の中におけ
る副詞 "都" の位置について考察してみた。"把" 構文の構文構造は「名詞₁ +
"把" + 名詞₂ + 動詞 + その他」のうち、連語で作る「変化のくみあわせ」を
「"把" + 名詞₂ + 動詞 + その他」としている。連語論の観点からみると、「同一
出来事」を表す副詞 "都" の語順は、主として「変化のくみあわせ」との関係
が深く、切り離せないものである。
　副詞 "都" は「変化のくみあわせ」の状況を表すので、やはり "把" の直前

第八章 "把"構文における副詞の位置について　191

に置くべきである。しかし、「変化のくみあわせ」を作る「"把"＋名詞₂＋動詞＋その他」の中の動詞を修飾するのであれば、その動詞の直前に置くべきである。ただし、二つの文の意味は同じではない。

　副詞"都"が用いられる"把"構文の構造には以下の三種類がある。

　(i)名詞₁（複数・多数）　＋"把"＋名詞₂（単数）　＋動詞＋その他

　(ii)名詞₁（単数）　＋"把"＋名詞₂（複数・多数）　＋動詞＋その他

　(iii)名詞₁（複数・多数）　＋"把"＋名詞₂（複数・多数）　＋動詞＋その他

　(i) と (ii) の場合、"都"のそれぞれの位置[121] は互換できない。だが、(iii)の場合は互換できる。「名詞₁」と「名詞₂」が一対一の関係でないとき、互換前後での文の意味に変化が生じる。一方で、「名詞₁」と「名詞₂」が一対一の関係である場合は、互換前後での文の意味には基本的に差異が生じない。

8.2　"把"構文における副詞"又""再"について
8.2.1　はじめに

　"把"構文（「名詞₁＋"把"＋名詞₂＋動詞＋その他」）に副詞"又"、"再"を用いる場合、各言語学者はこれらの副詞を「"把"＋名詞₂」[122] の前にも後にも用いることができると言っている。だが、その理由については、それぞれの説があり統一された見解になっていない。筆者は、同一の"把"構文の中で副詞"又"、"再"の位置を互換できるかどうかについて、さらにその理由についても、実例から考察、分析する。

　(20)　a. 他又把您添的家具搬走了几件。（加藤91）
　　　　　　彼はまたあなたが揃えた家具をいくつか持って行った。
　　⇨b. 他把您添的家具又搬走了几件。（加藤91）
　　　　　　彼はあなたが揃えた家具をまたいくつか持って行った。

121）"把"構文の文中で"把"の前に状語がある場合、"都"の位置と状語の位置とが互換できうる。この点については、別稿に譲る。
122）「"把"＋名詞₂」のことは、以下［把］と略称する。

192   第二部 "把"構文が存在する理由

(21) a. 高大泉扬起通红的脸蛋，躲闪着娘，│又│把那盛满井水的瓦罐从这只
        手倒换到另一只手上，用胳膊腕子抹抹脑门上的汗珠，那俊气的眼
        睛一眯，笑了。(《金光大道》)
        高大泉は、まっかになった顔をあげて、母親をかわし、井戸水をい
        っぱいにしたかめをもちかえ、うででひたいの汗をふき、そのさわ
        やかな目をほそめて笑った。(『輝ける道』)
    ⇨≠b. 高大泉扬起通红的脸蛋，躲闪着娘，把那盛满井水的瓦罐│又│从这只
        手倒换到另一只手上，(以下略) (作例)
        (略) 井戸水をいっぱいにしたかめをもう一度もちかえ、うでで
        ひたいの汗をふき、そのさわやかな目をほそめて笑った。

　例 (20) の文中の副詞"又"は"把"構文の中の[把]の前にも後にも置くこ
とができ、位置を入れ換えても、文の意味は基本的に変化しない。つまり、こ
の場合には、副詞"又"は"把"構文の中で位置互換性があると言える。一方
で、例 (21) aの文中の副詞"又"は訳されていないが、(21) bの"又"は「ま
た」「もう一度」と訳すだろう。例 (21) の文中の副詞"又"は"把"構文の中
の[把]の前に置くことができる上に、"把"構文の中の[把]の後、すなわち動詞
の前にも置くことができる。しかしながら、[把]の前後に副詞を用いると、文
の意味に違いが生じてしまう (例 21a と bのように)。つまり、この場合は、副
詞"又"に位置互換性がないと言える。なぜこのような現象が起きるのか、ま
た、位置互換性の条件および理由、互換後の文の意味変化についても、本節に
おいて、分析・考察を行う。

8.2.2 "把"構文における副詞"又"と"再"の位置についての先行研究
8.2.2.1 程仪 1983

　程仪 (1983：93〜95) [123) によれば、"又"、"也"のような"频率副词"(頻度副

---

123) 程仪 (1983：93〜95)によると、频度副词について、「范围副词、频率副词充当状语置于
把字前后均可。例如：……③她们不让小金子出来，每天早晨，小胜儿把饭食送进洞里去，
又把便尿端出来。(孙犁《白洋淀记事》第 32 页)④想到这里，他拉过椅子，靠近柳彤坐下，
把柳彤也按着坐下来。(亢彩屏《马兰草》第 303 页)……例③是频率副词充当状语，置于

第八章 "把"構文における副詞の位置について　193

詞）が状況語になる時、[把] の前にも後にも置くことができる。[把] の前に置くと、"又" は頻度を表す状況語としての働きを持つが、副詞 "也" は[把] の後に置くと、"把" の賓語（名詞 ,）を焦点化する状況語になる、と主張している。だが、副詞 "又" の位置互換性については、言及していない。

8.2.2.2 劉月華ほか 1991

劉月華ほか（日本語版 1991：623〜641）は、"把"構文中における副詞について、以下のように述べている。

> 反復を表す副詞 "再"、"又"、及びその他いくつかの副詞は "把" の前に置くこともでき、"把" の目的語の後に置くこともできる。

(22) a. 你把他又叫回来了干什么？（彼をまた呼び戻してどうするんだ？）
　　　　（刘 1991：635）

　　　b. 你又把他叫回来了干什么？（また彼を呼び戻してどうするんだ？）
　　　　（刘 1991：635）

(23) a. 他拼死拼活地干，想把地再买回来。（彼は必死になって働いて畑をまた買い戻そうとした。）（刘 1991：635）

　　　b. 他拼死拼活地干，想再把地买回来。（彼は必死になって働いてまた畑を買い戻そうとした。）（刘 1991：635）

劉月華ほか（1991：635）は "把" 構文の中の副詞 "又" "再" の位置互換が可能であるということについて説明しており、両者の違いを「また」の文中の位置のちがいに反映させたのは新たな成果であるが、なぜそれが可能なのかという理由については、説明していない。また互換できない理由についても、明確な説明がない。

"把" 字之前，④是频率副词充当状语，置于 "把" 字之后。一般地说，前置的强调频率状语，后置的强调意念宾语。」と述べている。

8.2.2.3 加藤晴子 1995

加藤晴子（1995：88～95）は、以下のように述べている。

表示重复的状语有两小类：第一小类既可出现在［"把"前］又可出现在［"把"后］，也可以同一句里改变位置。

(24) a. 他把剪子又落在里头了。

⇨b. 他又把剪子落在里头了。（加藤 1995）

有少数不能挪到［"把"后］的。

(25) a. 罗队长马上又把问题提到哲学的高度，说：

⇨b. ＊罗队长马上把问题又提到哲学的高度，说：（加藤 1995）

第二小类只能出现在［"把"后］。

(26) a. 您把那皮鞋再擦擦吧。

⇨b. ＊您再把那皮鞋擦擦吧。（加藤 1995）

"再"有时候起关联作用，不表示重复，这时候"再"只能出现在［"把"前］[124]。

（重複を表す状況語には2つの種類がある。一つは「"把"の前」および「"把"の後」の両方に出現することができ、同じ文の中で位置を変えることもできる。(24) a. 彼はまたはさみを中に落とした。いくつかの副詞は「把」の後に移動できないものがある。(25) 羅隊長はすぐにまた問題を哲学的なレベルに引き上げて、言った。二つ目は、"把"の後ろにしか現れない。(26) a. あの革靴をもう一度磨いてください。）

124）"再"有时候起关联作用，不表示重复，这时候"再"只能出现在［"把"前］。この点について、加藤（1995：89）は関連を表す副詞の例文を挙げている。

例：a. 他只有这么一个姑娘，眼看是没有出嫁的希望了，他不能再把她这个朋友赶了走。（加藤 89）

彼にはこの娘しかない、嫁さんになる見込みがないとなると、彼は娘のこの友達を追い出すことがもはやできなくなった。（筆者訳）

⇨b. ＊他只有这么一个姑娘，眼看是没有出嫁的希望了，他不能把她这个朋友再赶了走。（加藤 89）

第八章 "把"構文における副詞の位置について　195

　加藤（1995）は例（24）の文の重複副詞位置が互換できるということを明らか
にしたが、なぜ二つの位置が可能なのかという点については、説明されていな
い。例（25）、（26）の文中の副詞の位置について、加藤（1995）は、互換が不可
能な場合もあると述べているが、筆者は可能であると考える。その理由につい
ては後述する。

8.2.2.4 楊德峰 2004

　楊德峰（2004：136〜149）は、"又、再"などのような重複を表す副詞が"把"
構文の中の状況語になるとき、その位置は二箇所あり、一つは"把"の前に置
く、もう一つは動詞の前に置く。どこに置くかは、この副詞の語義が何を指す
かによる。もしも副詞の語義が"整个事件"（事柄全体）を指すなら、重複副詞
は"把"の前に置く（例27、29）。

> （27）回家又把这件事跟妈妈说了。（楊德峰2004）
> 　　　家に帰ると、またこの事を母に話した。
> （28）宋大成把烟又塞回沪生手里。（楊德峰2004）
> 　　　宋大成はタバコをまた滬生の手の中にやや強引に握らせた。
> （29）再把昨天的账目誊一份给我。（楊德峰2004）
> 　　　また昨日の収支明細を私に一部書き写してください。
> （30）把昨天的账目再誊一份给我。（楊德峰2004）
> 　　　昨日の収支明細をまた私に一部書き写してください。

　もしも副詞の語義が動詞を修飾するなら、状況語は動詞の前に置くべき（例
28、30）と主張している。楊德峰（2004）は"语义指向"（「意味指向」）の視点か
ら論じているが、同一の"把"構文に用いる"又"、"再"などの位置の互換前
後の文意の異同については、触れていない。
　本節は上記先行研究の成果をもとに、"把"構文における"又"、"再"の位置
と意味機能の問題について、具体的に分析を行う。

196   第二部 "把"構文が存在する理由

8.2.3 "把"構文における副詞"又"の位置及び互換条件について

"把"構文の中に用いる副詞"又"は、[把]の前にも後にも用いられるとする指摘には（程仪 1983：93〜95、劉月華ほか 1991：623〜641、加藤晴子 1995：88〜95、杨德峰 2004：136）があり、その理由については、"语义指向"（「意味指向」）などの観点から論じられているが、筆者はこの問題を連語論の観点から分析を試みる。

《现代汉语词典》第 7 版（2016：1592）によれば、"又"[125]の意味について、a. 重複と継続、b. 補充或いは追加、c. ほかの状況を説明する、など六つの用法が挙げられている。

8.2.3.1 "把"構文の中に用いる副詞"又"が、[把]の前にも用いられる理由

副詞"又"は重複を表す副詞（以上の用法①）であると同時に関連を表す副詞（以上の用法②と③）でもある。本節では、「重複を表す副詞」"又"を「重複副詞」と名付け、"又₁"と表記する。また、「関連を表す副詞」"又"を「関連副詞」と名付け、"又₂"と表記する。以下は"把"構文の中に用いる副詞"又"が、[把]の前に用いられる実例である。この場合、複文中の主節において、接続的な働きを表す。

> (31) a. 浪峰上有时托起一块上百斤重的大树根，然后 又₁ 把它重重地摔进河底，一会又见它在远处的急流里翻滚上来。(《插队》)
> 時折波頭に百斤もある木の株が持ち上げられてから、また 重そうに川底に引きずりこまれ、しばらくすると遠くの急流の中で揉まれている。(『大地』)
> ⇒b. 浪峰上有时托起一块上百斤重的大树根，然后把它 又₁ 重重地摔进河底，一会又见它在远处的急流里翻滚上来。(作例)

---

125) 《现代汉语词典》第 7 版（2016：1592）によれば、"又"は以下のように述べられている。①表示重复或继续。例：他拿着这封信看了又看。②表示几种性质或情况同时存在。例：又好又快。③表示补充，追加。例：孔子是教育家，又是思想家。④表示整数之外再加零数。例：一又二分之一。⑤说明另一方面的情况。例：心里有千言万语，可嘴里又说不出。⑥用在否定句或反问句里，加强语气。例：我又不是客人，你就不用客气了。

時折波頭に百斤もある木の株が持ち上げられてから、重そうに| ま |
　　　| た |川底に引きずりこまれ、(以下略)。

(32) a. 他的头是那么虚空昏胀，仿佛刚想起自己，就| 又₁ |把自己忘记了，象
　　　将要灭的蜡烛，连自己也不能照明白了似的。《骆》3
　　　頭のなかはからっぽで、ふとわれにかえったかと思うと、すぐ| ま |
　　　| た |わからなくなってしまう。それはちょうど、消えかかった蠟燭
　　　が、自分自身をすらよう照らしだすことができないようなもので
　　　あった。　　（『ラ』: 38）

　⇨b. 他的头是那么虚空昏胀，仿佛刚想起自己，就把自己| 又 |忘记了，象
　　　将要灭的蜡烛，连自己也不能照明白了似的。(作例)
　　　訳文同上

　一方で、例 (31) a の副詞 “又₁” は重複を表しているので、「変化のくみあわ
せ」を表す出来事は “把它重重地摔进河底” である。これを一つの事態として
まとめて考えると、“又₁” はその前に用いられる。また、「変化のくみあわせ」
内部の動詞を修飾すると、その動作の重複だけに焦点を当てていることになる。
このような場合であれば、副詞 “又₁” は位置互換性を持つ。しかも、互換前後
であっても文の意味に変化は基本的にない。同様に、例 (32) の副詞 “又₁” は
「もう一度」という意味を表し、その位置は “把” の前でも後でもよい。しか
も互換前も互換後も基本的には文の意味に変化は生じない。

(33) a. 高大泉勉强地吃了半个饼子，| 又₂ |把另外两个饼子揣在怀里，谢过了
　　　好心的人，就摇摇晃晃地朝前走了。　　《大道》
　　　高大泉は、餅子の残り半分をつめこむと、別にもらった二つをふと
　　　ころに押しこみ、親切な男に礼をいい、ふらふらと歩きだした。
　　　（『道』）

　⇨≠b.＊ (略) 把另外两个饼子| 又₂ |揣在怀里，(略) (作例)

(34) a. 高大泉没吭声，先蹲下，装了一袋烟，| 又₂ |把烟荷包递给了张金发。
　　　　《大道》
　　　高大泉はとりあわずにしゃがみこんで、キセルに刻みをつめ、刻

198　第二部　"把"構文が存在する理由

　　　　　　み入れを張金発に渡した。(『道』)[126]
　　⇨≠b.＊（略）把烟荷包又₂递给了张金发。(作例)

　　関連副詞"又₂"は、その前後の出来事の関係を表す関連副詞なので、後の出来事「変化のくみあわせ」を表す連語の前に用いられる。例（33）aの核である「変化のくみあわせ」は"把另外两个饼子揣在怀里"であり、前の出来事"勉强地吃了半个饼子"と後の出来事"把另外两个饼子揣在怀里"をつなげている。また、後ろの出来事は一つの出来事と考えられるので、関連副詞"又₂"は後の出来事「変化のくみあわせ」の前に用いられる。この文の関連副詞"又₂"の位置は互換ができない。例（33）aの"又₂"は日本語に訳すと、「もう一度」ではなく、「別に」という意味である。関連副詞"又₂"は動詞の前に置くと、"又₁"の意味に変わり、「また」「もう一度」の意味になる。例（33）bの中の"又"は"又₂"であるが、非文になる。同様に、例（34）の文も"又₂"は関連副詞として使われている。この場合も、副詞"又₂"の位置は互換できない。この"又₂"も「もう一度」ではなく、「それから」という意味である。上掲の日訳では"又"の意味が省略されている。

　　また、ここで前述の例（25）をもう一度見てみよう。

　　(25)' a. 罗队长马上又把问题提到哲学的高度，说：(加藤1995)
　　　　　 羅隊長はすぐにまた問題を哲学のレベルにまで押し上げて言った：
　　　　⇨b.＊罗队长马上把问题又提到哲学的高度，说：(同上)

　　例(25)' aの文中の"又"が重複副詞である場合、この文を(25)' bに書き換えることができ、しかも二つの文の意味は基本的に変わらない。

───────────────

126)『中日対訳コーパス（第一版）』北京日本研究センター2003「コーパス」では、「高大泉はとりあわずにしゃがみこんで、キセルに刻みをつみ、刻み入れを張金発に渡した。」のように訳されているが、ここでは原文に基づいて訳した。

8.2.3.2 "把"構文の中に用いる副詞"又"が、[把]の後に用いられる理由

"又"が[把]の後に用いられる例は非常に少ない。『中日対訳コーパス（第一版）』北京日本研究センター2003「コーパス」の《丹凤眼》、《插队的故事》、《人到中年》、《金光大道》、《盖棺》、《辘轳把胡同9号》に見られる601例と、《骆驼祥子》の428例を合わせた1029例の"把"構文中で、"又"が[把]の前に用いられる例は35例あるが、"又"が[把]の後に用いられる例は6例しかない。

(35) a. 他便难为情地把烟盒上的锡纸<u>又</u>包好，收起来。"其实我也不会。"（《插队》）

彼は気まずそうに銀紙を包み直してポケットにしまった。「実はおれもだ」。（『大地』）

⇒b. 他便难为情地<u>又</u>把烟盒上的锡纸包好，（以下略）（作例）

訳文同上

副詞"又"が動詞の前に用いられる場合、その動作を繰り返すことを表しているので、その場合、"又"は"又₁"であり、"又₁"の位置を互換できる。しかも互換前後の文の意味（例35aと35b）に意味変化は基本的に生じない。

副詞"又"の機能はいくつかあるが、ここでは重複副詞と関連副詞の機能について言及する。"又"は重複副詞であると同時に関連副詞でもあるが、重複副詞の場合であれば、"又₁"は[把]の前にも後にも置くことができる。しかも、同一の文の中で、"又₁"の位置を互換しても、文の意味としては変わらない。関連副詞の場合、"又₂"は[把]の前にしか置くことができず、位置互換ができない。なぜならば、「変化のくみあわせ」があるため、関連副詞"又₂"は排除される。時系列を表す関連副詞は一つの出来事を表す「変化のくみあわせ」の中に入れることができない。「変化のくみあわせ」の中に入れると、"又₂"が関連副詞の性質を失ってしまい、関連副詞"又₂"は重複副詞"又₁"に変わってしまうのである。

8.2.4 "把"構文における副詞"再"の位置及び互換条件

『中日対訳コーパス（第一版）』北京日本研究センター2003「コーパス」の

200 第二部 "把"構文が存在する理由

《丹凤眼》、《插队的故事》、《人到中年》、《金光大道》、《盖棺》、《辘轳把胡同9号》の601例と《骆驼祥子》の428例を合わせた1029例の"把"構文中で、"再"が［把］の前に用いられる例はわずか5例のみである。［把］の後に用いられる例は1例も検出されなかった。

(36) a. 算啦，再把我身上裹的这些捣腾给你，一丝一缕的，不又得折腾上
       半天？你的裤子，你去算啦！(《盖棺》)
       やめとこう。それに、とりかえるといっても、おれの脚に巻きつけて
       あるボロを、一つ一つはずして、またおまえの脚に巻きつけるのに
       半日はかかってしまう。おまえにはズボンがあるんだから、いっそ
       おまえが行けよ。(『棺』)

⇒≠b. 算啦，把我身上裹的这些再捣腾给你 (以下略) (作例)
       訳文同上

(37) a. 瘸子把一根铁丝缠在孩子胸上，再把鼓敲一阵。(《插队》)
       (男が) 針金を子どもの胸に巻き付けてもう一座小太鼓を叩いた。
       (『大地』)

⇒≠b. 瘸子把一根铁丝缠在孩子胸上，把鼓再敲一阵。(作例)
       訳文同上

(38) a. 我们再把表往回拨。(《插队》)
       私たちはもう一度針を戻しておく。(『大地』)

⇒?b. 我们把表再往回拨。 (作例)
       訳文同上

(39) a. 当她小心翼翼地把眼球结膜剪开，再把角巩膜半切开时，在一旁的
       姜亚芬已把穿好线的针递了过来。(《中》)
       彼女は注意深く眼球の結膜を切開し、鞏角膜を半層切開した。こ
       の時いち早く、側にいた姜亜芬が糸を通した針を差し出した。
       (『人』)

⇒≠b. (略) 把角巩膜再半切开时 (以下略) (作例)

例 (36)、(37)、(38)、(39) の副詞"再"は、その前後の出来事の関係を表す

関連副詞なので、後の出来事「変化のくみあわせ」を表す連語の前に用いられる。副詞"再"は時系列を表しており、「そして」、「それから」などと訳す。例(38)は文脈によって、交換できる可能性がある。例(39)は意訳されているので、"再"の辞典上の意味は省略されている。

また、ここで前述の例(26)をもう一度見てみよう。

(26)'a.您把那皮鞋再擦擦吧。(加藤1995)

あの革靴をもう一度磨いてください。

⇨b.＊您再把那皮鞋擦擦吧。(同上)

例(26)'aの文中の"再"は[把]の後、動詞の前におく例であるが、筆者はこのような用例を一つも見つけられなかった。この場合の"再"は重複を表す重複副詞であるため、この文を(26)'bに書き換えることができ、しかも二つの文の意味は基本的に変わらない。しかし、例(26)'bの"再"はもう一つ関連を表す関連副詞の意味があり、この場合、「それから」という意味である。

8.2.5 おわりに

文は単語と連語で作られている。"把"構文も例外ではない。"把"構文の文構造は「名詞$_1$＋"把"＋名詞$_2$＋動詞＋その他」である。筆者は"把"構文の核となる連語で作る「変化のくみあわせ」を「"把"＋名詞$_2$＋動詞＋その他」としている。連語論の観点からみると、文中の副詞の語順は、主として「変化のくみあわせ」との関係である。

本節では"把"構文における重複副詞"又"、"再"の位置について分析を行った。その結論は以下のようにまとめられる。

(i) 副詞"又"、"再"が[把]の前にも後にも用いられる理由。

副詞"又"、"再"は[把]の前に用いられ、その理由については、処置を意味する「"把"＋名詞$_2$＋動詞＋その他」などの構造が、ひとまとまり性のある"把"構文の核「変化のくみあわせ」だからである。

副詞"又"、"再"は[把]の後にも用いられる。なぜならば、副詞"又"、"再"は、「変化のくみあわせ」を作る「"把"＋名詞$_2$＋動詞＋その他」の中の動詞を修飾する場合において、その動詞の前に用いられるからである。

202　第二部 "把"構文が存在する理由

(ii) 副詞 "又"、"再" は[把]の前に位置することが多い。

「変化のくみあわせ」は動詞を核とする連語である。よって、[把]の前に置く場合が多い。

(iii) 同一 "把" 構文内における副詞 "又"、"再" の互換条件

副詞 "又"、"再" の機能として重複（"又$_1$"、"再$_1$"）と関連（"又$_2$"、"再$_2$"）が挙げられる。重複副詞（"又$_1$"、"再$_1$"）であれば、同一 "把" 構文の中で位置互換ができる。しかも互換前後でもその文は、基本的に意味変化が生じない。関連副詞（"又$_2$"、"再$_2$"）であれば、時間系列と関係するので、その位置を互換することができない。

第九章 "把个"構文について

9.1 はじめに

"把个"構文は一種の特別な"把"構文であり、例えば、例 (1) の"小张把个孩子生在火车上了。"のような文である。この種類の"把"構文の構造は「名詞 1＋把＋个＋名詞 2＋動詞＋その他」である。本研究ではこの種類の"把"構文を"把个"構文と名付けた（「名詞 1＋把＋"一个"＋名詞 2＋動詞＋その他」構文を除く）。

(1) 小张把个孩子生在火车上了。（王还 1985）
    張さんは子供を電車の中で産んでしまった。

(1)' 小张把孩子生在火车上了。（作例）
    張さんは子供を電車の中で産んだ。

(2) 杨杰看他缸里水干了，挑起水桶，不大一会儿，给老汉挑了两担水，把个老汉感动得简直不知说什么好了。（杉村 1999）
    楊傑さんはかめの中の水がなくなったのを見て、水桶を担いで、しばらくして、老漢のために二つの水桶の水を担いできて、老漢を感動させて、老漢はなんと何を話したらいいかわからなくなった。

(2)' 杨杰 …… 给老汉挑了两担水，把老汉感动得简直不知说什么好了。（作例）
    楊傑さんは老漢のために二つの水桶の水を担いできて、老漢を感動させて、老漢は何を話したらいいかわからなくなった。

例 (1) の"小张把个孩子生在火车上了。"の意味は決してわざわざ"孩子"を"生在火车上"ということをしたわけではない。この中の"个"は"一个"の"个"ではなく、その"孩子"も任意の"孩子"ではなく、張さんが産んだ子供である。例 (1)"小张把个孩子生在火车上了。"によって、話者は"小张"を責めて、その事実に対して意外な反応を表している。"个"がないと、ただ単

204　第二部　"把"構文が存在する理由

に"小张把孩子生在火车上了。"という事実だけを表している文となる。例 (2)
"杨杰"は老漢のために二つの水桶の水を担いできただけで、意外にも、何を
話したらいいかわからなくなったほど老漢を感動させた。同様に想定外の結果
になっている。本節では《儿女英雄传》 (111 例)、《红楼梦》 (27 例)、《儒林外
史》 (12 例)、《老残游记》 (1 例)、《骆驼祥子》 (2 例)、《人到老年》 (1 例) 等の
言語資料の"把个"構文 (合計 154 例) を調査・分析する。

9.2 先行研究

"把个"構文について、各言語学者がそれぞれの説を唱えているが、代表的
研究には朱徳熙 (1982)、杉村博文 (1999：347〜362、2002：18〜27、2006：17〜
23)、土井和代 (2000：27〜45)、陶红印・张伯江 (2000：433〜450)、張誼生
(2005：14〜19) がある。

9.2.1 朱徳熙 1982

朱徳熙 (1982) では、"偏偏把个老王病倒了"の文の中の"老王"が定的な対
象にも関わらず、その前に不定数量詞の"一个[ひとつ]"が用いられているの
は明らかに矛盾である。この現象については、次のような解釈が可能であろう。
即ち、"老王"は確かに特定された人物である；しかし、話し手はもとより、病
気になる人が"老王"であるとは思いもよらない；にも関わらず、それはほか
の誰でもなく"老王"その人であった ("偏偏"[よりによって]という語が何よ
りもこの間の意味合いを伝えている)；その意味において"老王"は話し手にと
っては既知の対象ではない；そこで"一个"が添えられることになる。(杉村、
木村訳 1995 による)

しかし、筆者の考えでは、どの状況の"老王"でも"老王"であり、同一の
人物である。既知の情報であり、特定である。

9.2.2 杉村博文 1999

杉村博文 (1999：347〜362) は、"把个N"を"把一个N"と区別し、また"把
个 N"の量詞を"个"に限ったうえに、この"个"を社会通念的属性や現況の
活性化を意図した「不定化」の"个"だと位置づけ、「N に対する思い入れ」

「事態の展開に対する驚き」という意味を表すと主張している。

また、杉村（2002：18〜27）[127]によると、"把"構文における"把"の目的語が固有名詞や定名詞句の時"个"を伴う現象が見られる（把个NV）が、この場合には予想外（"出乎意料"）の気持ちを含意する。話し手がNに対して本来持っていたイメージや社会的な常識から外れた行動を取ったときに生まれるNとVの間のねじれ現象（"扭曲関係"）から生じる含意であり、Nに対するこのようなイメージや社会通念を"情理値"と呼んでいる。

9.2.3 土井和代 2000

土井和代（2000：27〜45）[128]は杉村（1999：347〜362）の説に対して、異を唱えている。土井和代（2000：27〜45）は、"把个"構文の"个"は「Nの属性からその存在を具体的に表示する」という機能であり、いわゆる、「属性表示機能」であると主張しているが、Nの種類別に用例を通じて検証している。

9.2.4 陶红印・张伯江 2000

陶红印・张伯江（2000：433〜450）[129]によれば、"把个＋不及物动词"構文の

127）杉村博文（2002：18〜27）は、「"把个NV"这个格式表达事态的发展出乎说话人的意料之外，而意得自说话人对N的认识。"出乎意料"这一语义特征在形式上表现为无定成分出现在"把"宾语的位置，在意义上表现为N和V之间的扭曲关系。说话人对N的量词特征最重要的外观特征——和数量都不感兴趣，只对N的情理值感兴趣，在这样一种语义表达过程中，量词"个"所起的作用就在于通过"类化"激活N的情理值。量词的泛化（亦即"个"化）以及数词"个"的消失都是这种心理活动所带来的句法后果。」と述べている。

128）土井和代（2000：32）は、「この両者（"一个N"と"个N"）をはっきり区別したうえで、"个N"の"个"を、Nを属性から具体的な存在であることを表示するもの——「Nの属性表示機能」を有するものと捉える。"个"をそのように捉えれば、"把"構文の目的語は話しても聞き手も特定指示できるものという文法規則に反しないばかりでなく、すでに特定できる目的語に"个"を附加して、属性からその存在を示すという特殊な用法であるために、この"把个N…"がそう多用されることのない説明にもなるからである。」と述べている。

129）陶红印・张伯江（2000：433〜450）によれば、「总起来看，我们认为个的主要作用是专化和类化，不在于指示名词信息的性质。（中略）"把个＋不及物动词"在近代汉语晚期为一常见格式，其功用是描写外在事物导致人物心理情绪的变化，现代汉语中"把个＋不及物动词"的格式基本不存在。」と述べている。

206 　第二部 "把" 構文が存在する理由

"个"は特定か類化になる。"把个"構文の意味は外来のことにより、人物の心
理情緒の変化を表すと主張している。

> (3) 既然已经把个孤儿抱回了金府，那无论如何也不能再扔出去。(陶张448)
> すでに孤児を金府に抱いてきた以上、どうしても再び捨て去ること
> ができない。

　この"个"は"这个孤儿"（"专化"）も指すし、"这样的孤儿"（"类化"）も指
すと主張している。

9.2.5 张谊生 2005

　张谊生（2005：14〜19）[130] によれば、意味を表す特徴から見ると、"个"の役
割は把字の賓語を不定化、実体化、類別化、確定化することであり、"把个"構
文は"超常性"（超常性）、"兼容性"（兼容性）、"傾向性"（傾向性）、"承接性"
（承接性）という特徴がある。

　以上の先行研究では、"把个"構文の"个"は名量詞として研究されているが、
動量詞として使われる"个"も多数存在している。しかも、"把个"構文の意味
についても「ねじれ現象」だという解釈が主流となっているが、筆者は"把个"
構文の意味には多義性があると考えている。本研究では、"把个"構文の"个"
の役割及び"把个"構文の意味について考察・分析する。

9.3 "把个"構文における"个"について
9.3.1 量詞"个"について

　"把个"構文の意味を研究するために、"把个"構文と"把"構文を区別する
必要がある。その区別には、文の中の"个"の役割が重要な要素である。本節
では、量詞"个"及び"把个"構文の"个"について、考察を行う。

130）张谊生（2005：14〜19）によれば、"从表义特点看，"个"的功用是使得把字宾语无定
化、实体化、类别化、专指化；而把个句式在表达上的特点则是效果超常性、施受兼容性、
主观倾向性和语篇承接性。"

第九章　"把个"構文について　207

9.3.1.1　"个"の先行研究
9.3.1.1.1　輿水優 1985
輿水優（1985：130〜136）は、以下のように述べている。

　　「名量詞」の中で、形態単位としてもっとも広範囲に使われるのは"个"である。（中略）さらに動賓連語の賓語の前において動作量をもあわせてあらわすはたらきをすることがある。

　　(4)　我打个电话告诉他吧（ひとつ電話をしてかれにお知らせしよう）
　　　　　（輿水 1985：135）
　　　　　（中略）

　　この用法は動賓連語の熟語として固定しているものに多く見られ、それを二つならべて、「（ちょっと）〜したり、〜したり」といった表現をつくることが少なくない。またときには"跟他见了个面"（かれと一度顔を合わせた）と、明確に数量（回数）をしめすことがあるものの、ほとんどは「ちょっと；すこし」と不定の、軽いひびきをもった動作量表現となる。

9.3.1.1.2　杉村博文 2006
杉村博文（2006：18）[131] は、"个"の意味機能は、その後の名詞の不定性を示すことにある。たとえば、

　　(5)　到了饭店，一看，门前修得不错，张灯结彩，蛮是气派，这是一座二
　　　　　层小楼，包间雅间齐全。（杉村 2006：18）
　　　　　料理店に着いた。見てみると、出口の前の装飾が実に素晴らしく、提
　　　　　灯や飾りで色とりどりだ。これは、二層からなる小さな楼閣で、個室
　　　　　の数は充分だ。

131）杉村博文（2006：18）は、"个"について、以下のように述べている。「"个"的语义功能在于表示其后名词的无定性，可以加数词"一"说成"一个"。（中略）而"个"的另一个语义功能——用来激活一个事物不属于百科全书式知识的属性（本文姑且称之为文化属性）——则是其他量词所不具备的。」

208 第二部 "把"構文が存在する理由

"个"はもう一つの意味機能がある。ある事物百科事典のように知識の属性に属しないことを活性化する——文化属性と名付けられている。この機能は他の量詞にない機能である。

9.3.1.1.3 《现代汉语八百词》増订本 1999

《现代汉语八百词》増订本（1999 : 222）によれば、"个"の一つの用法は以下の通りである。"动＋个＋宾。常常连用两个，有时还在后面'的'或'什么的'。整个句子显得轻松，随便。例：他就爱画个画儿，写个字什么的。/有个差错怎么办？"（「動＋个＋賓」という形で、"个"はよく二つを連用し、時には後ろに'的'か'什么的'が使われて、その文は軽く感じる。）

9.3.1.1.4 《现代汉语词典》第 7 版 2016

《现代汉语词典》第 7 版（2016 : 442）は、"用于带宾语的动词后面，有表示动量的作用（原来不能用'个'的地方也用'个'）：'见个面儿'，'说个话儿'。"（賓語がある動詞の前に置き、動量を表す役割を持つ。もともと"个"を置けない場所でも"个"が使える。）と書いてある。

9.3.1.2 "说个话儿" と "说话儿" の異同について

以上の先行研究によると、"个"には二つ機能があり、一つは、名量詞である。"个"は"个"の後の名詞の数を表している。そのほかに、動量詞である。この"个"は動詞の回数を表している。

9.3.1.2.1 名量詞の "个"

"个"はヒトとモノを数えるときの助数詞であるが、その文法的な意味は数量のみではなく、例えば、

(6) 从小，她就是个孤苦伶仃的女孩子。《中》3）
　　幼少から孤独な子であった。（『人』17)

(7) "我承认自己是个懦夫。我不敢面对生活，我没有勇气。我只好让自己变得糊涂点，可以在遗忘中过日子。"（《家》第 14 章)

「俺も自分で卑怯者だとわかっている。俺は生活とまともに取り組まない。俺には勇気がないんだ。俺は自分で馬鹿になって、忘却の中で日を過ごすより仕方がないんだ。」(『家』147)

　例 (6) の"她就是个孤苦伶仃的女孩子"の"个"は"一个"とも言えるが、この"个"は名量詞の"个"である。この例 (7) の"我承认自己是个懦夫。"は"我承认自己是一个懦夫。"に言い換えられない。前者は"我"が"懦夫"のような人で、後者は"我"が本当に"懦夫"であるという意味を表している。この"个"によって、本当の"懦夫"から"懦夫"のような人になっている。

9.3.1.2.2 動量詞の"个"
　"个"は動量詞の場合、動作の時間や回数が少量であることを表す。

(8) 今天跟人说个话，居然脸红了，毕竟我脸薄，好久没有跟不认识的人说话了。(weibo.cn)
　　今日は人とちょっと話したら、意外にも顔が赤くなった、なぜなら私は人見知りで、久しく知らない人と話していないからだ。
(8)' 今天跟人说话，居然脸红了，…(作例)
　　今日は人と話したら、意外にも顔が赤くなった、

　例 (8) の"今天跟人说个话"は"今天跟人说一个话"に言い換えられないので、この"个"は決して"话"の名量詞ではなく、"说"の動量詞である。「人とちょっと話す」というような意味である。行う動作が少量であるという気持ちである。ちょっと話しただけで、顔が赤くなったという描写であり、ちょっとした会話というとるに足らない行動と対照させるために、顔が赤くなったという反応に文の意味の重点を置いている。例 (8)' は例 (8) の持つ少量の意味がなく、ただ事実を述べただけである。よって、"个"は動量詞の場合、動作の時間や回数が少量であることを表す。この時間や回数が少量であるということから、「ちょっと～する」というように、語気を和らげるために用いられる。行う動作が少量であるということは、主語がその動作に対して気軽に取り組める

という意図が働き、動作主の動作に対する気軽な・気楽な態度を表すことができる。

9.3.2 "把个"構文における"个"について

筆者は"把个"構文の"个"は名量詞でもあるし、動量詞でもあると考える。"把个"構文は、「名詞₁＋把＋个＋名詞₂＋動詞＋その他」であるが、名量詞の場合、"个"は"把"の目的語である「名詞₂」の「不定」の"一个"を表していたり、特定の"这个"、"那个"を表していたりする。動量詞の場合、この"个"は"把"の回数を表している。「ちょっと」、「少し」という意味である。

 (9) 黛玉听说，回手向书架上把个玻璃绣球灯拿了下来，命点一支小蜡来，递与宝玉，道："这个又比那个亮，正是雨里点的。"(《红》45回)
　　黛玉はそれを聞くと、つと手を伸ばして、書棚の上から玻璃張りの繡毯灯（手毬型の提灯）を取りおろし、これに小蝋燭を一本点させて宝玉に差し出し、「この方がそれより明るいでしょう。これでしたら雨降りに点すようにできておりますもの」(『紅』45回：186)

例 (9) にある"回手向书架上把个玻璃绣球灯拿了下来，"の中の"个"は"一个"であり、この"玻璃绣球灯"は任意ではなく、"黛玉"がとってきた"玻璃绣球灯"である。この"个"はたったひとつの"玻璃绣球灯"の数量を表していて、"一个"或いは"那个"である。よって、名量詞である（下記[図18]のように）。

　　[図18] 名量詞の"个"
　　回手向书架上把个玻璃绣球灯拿了下来…
　　　「名詞₁＋把＋个＋名詞₂＋動詞＋その他」

　　　　　　　名量詞

しかし、

(10) 你只怨人行动嗔怪了你，你再不知道你自己恼人难受。就拿今日天气比，分明今儿冷的这样，你怎么倒反<u>把个</u>青肷披风脱了呢？《红》20回

あなたは人が自分を何かと咎めだてするといっては不平そうにしていらっしゃいますけれど、そういうご自身が他人につらい思いをさせていようとは、いっこうお気づきでないのですからね……。早いはなしが今日のお天気、いわずとも今日はこのとおりお寒いのでしょ、それなのにあなたは、なぜ逆をいって裏毛皮の黒のうわっぱりを脱いだりなさいましたの？（『紅』: 20回335）

　例（10）の"你怎么倒反把个青肷披风脱了呢"の"个"は"一个"ではなく、"这个"でもなく、前例の"说个话儿"と同じく、動量詞である（下記[図19]のように）。「なぜ逆をいって裏毛皮の黒のうわっぱりを脱いだりなさいましたの」というような責める気持ちを表している。

　[図 19] 動量詞"个"
　你怎么倒反把个青肷披风脱了呢
　　「名詞$_1$＋把＋个＋名詞$_2$＋動詞＋その他」

　　　　　　　動量詞

　"把"構文の中の"把"は動詞から変遷してきて、前置詞になったものである。清末のとき、動詞の属性はまだ存在している。よって、この中の"个"は動量詞である。

9.4 "把个"構文の意味について
　以上先行研究をまとめると、"把个"構文の意味は「意外性」であり、「ねじれ関係」であるが、本節では《儒林外史》、《红楼梦》、《儿女英雄传》、《老残游记》、《骆驼祥子》、《人到老年》の153例の実例をみて、分析する。

212　第二部　"把"構文が存在する理由

9.4.1　"把个"構文の意味
9.4.1.1　意外性について
　"把个"構文によって、「意外性」を表す。

(11) 众人扶起，借庙门口一个外科郎中姚驼子的板凳上坐著，胡屠户站在
一边，不觉那只手隐隐的疼了起来。自己看时，把个巴掌仰著，再也
弯不过来；自己心里懊恼道："果然天上文曲星是打不得的，而今菩
萨计较起来了！"（《儒林外史》3)
隣人たちは范進をたすけ起こすと、廟の門口のせむしと呼ばれる骨
つぎ医の先生から長腰掛を借りて坐らせた。胡のおやじさんはかた
わらにつっ立っていたが、ふと手がずきずきしはじめた。見てみる
と、ひろげた掌がにぎろうとしてもにぎれない。心中ひそかに「や
っぱり天上の文曲星をなぐるって法はなかったんだ。いよいよ菩薩
様が罰をおくだしになったのだぞ！」と思い悩み、（『儒』34)

(12) 他瞧瞧里间屋子，用手指着说："他是我本不愿意的，都是老太太他们
捉弄的。好端端把个林姑娘弄死了。……"《红》104)
（宝玉）ちらと奥の方をながめやり、指ざしして見せながら、「あち
らとのことは、わたしはもともと気が進まなかったのだよ。万事は
お祖母さまをはじめみなさんの手で仕組まれ、揚句に罪もない黛さ
んという人を死地に追いやってしまったのさ。……」（『紅』第 104
回：139)

　例 (11) の"把个巴掌仰著，"の中の"个"は"一个"であり、この"巴掌"
も"胡屠户"の"巴掌"である。この"一个"は数量のみを表している。胡屠
户は、自分の手が怪我していたことが分からなくて、確認すると怪我していた
ことがわかり、そのことにびっくりしたという表現である。例 (11) の"个"
は名量詞であるが、意外性を表している。例 (12) の中の"个"は動量を表す
動量詞である。"把"の後に"个"により、"林姑娘"がなくなる可能性がない
のに、亡くなったということにびっくりした表現である。"林姑娘"が"死了"

第九章 "把个" 構文について　213

という事にたいして、とても残念な気持ちを表している。

9.4.1.2 「ねじれ関係」 について
"把个" 構文により、「ねじれ関係」を表す。

(13) 感情在他心中绕着圆圈，把个最简单的人闹得不知道了东西南北。
　　　（《骆》19)
　　　　頭がすっかり混乱してしまい、この単純至極な男がくたくたになっ
　　　　て、東西南北までまちがえる仕儀になった。　（『ラ』: 309)
(14) 把赵氏急得到处求神许愿，都是无益。到七日上，把个白白胖胖的孩
　　　子跑掉了。赵氏此番的哭泣，不但比不得哭大娘，并且比不得哭二爷，
　　　直哭得眼泪都哭不出来。（《儒林外史》6)
　　　　趙氏はあわててほうぼうの神様に祈り、願をかけたが、なんの益も
　　　　なく、七日目に、白いふとった赤ん坊は早くも駄目になってしまっ
　　　　た。今度の趙氏の嘆きかたは、前の奥さんの時はいうに及ばず、主
　　　　人の時の比ではなかった。泣きに泣いて、もう涙もでない。（『儒』
　　　　61)

　例 (13) の "把" の目的語は "最简单的人" であるが、その動詞及び結果は
"不知道了东西南北" となっている。その "最简单的人" が "不知道了东西南
北" という状態になっている。これはいわば「ねじれ関係」であるといえる。
同様に、例 (14) の "把" の目的語は "白白胖胖的孩子" であるが、その動詞
及び結果は "跑掉" となっている。この "白白胖胖的孩子" はかわいい子供と
いう意味で、この "跑掉" はなくなったという意味である。可愛い子供は普通
健康に成長していくことになるが、ここではなくなったということになってい
て、これも「ねじれ関係」になっている。

9.4.1.3 一般的な因果関係について
"把个" 構文により、一般的な因果関係を表す。

214　第二部　"把"構文が存在する理由

(15)　平儿道："姥姥别说闲话，你既是姑娘的干妈，也该知道的。"便一
　　　五一十的告诉了。<u>把个刘姥姥</u>也唬怔了，等了半天，忽然笑道："你
　　　这样一个伶俐姑娘，没听见过鼓儿词么，这上头的方法多着呢。这有
　　　什么难的。"（《红》119回）
　　　そこで平児はたしなめて、「お婆さん、余計なことはおっしゃらな
　　　いでくださいな。ところであなたは姫さまの義母でいらっしゃるか
　　　ら、承知していていただきたいのですが」と、さっそくことの次第
　　　を一部始終語って聞かせました。これには劉婆さんもさすがにびっ
　　　くり、唖然としました。ややあって突然、笑い出し、「あなた様の
　　　ような利発な姉さんが、祭文語りをお聞きになったこともございま
　　　せぬので？あのなかにはいろんな手がどっさりございますよ。この
　　　件なら、なにも頭脳をひねるほどのこともございませぬわい」
　　　（『紅』119：304）

(16)　贾母道："他外头好，里头弱。又搭着他老子逼着他念书，<u>生生的把个</u>
　　　<u>孩子</u>逼出病来了。"　（《红》29回）
　　　「いえ、この子はちょっと見には丈夫そうでも、芯は弱いのでして
　　　ね。おまけにこれの父親ときたら、無理やり学問をさせようとする
　　　もので、これでは、子供もなにも病気にされてしまわぬ方が不思議
　　　というものでしょうよ」と、後室。（『紅』29：328）

　例（15）の"平儿"は"一五一十的告诉刘姥姥"のため、"刘姥姥"は"唬
怔了"という結果になった。これは一般的な因果関係であると言える。この
"个"は"这个"か"那个"の意味であるが、それを加えることによって、叙
述文にある種の生き生きとしたニュアンスを附加している。例（16）の"把"
の目的語である"孩子"は"他外头好，里头弱"という特徴があって、"他老
子逼着他念书"の条件があって、その因果関係で"逼出病来了"という蓋然的
な結果になった。この文は、文中"个"によって、"贾母"のとても残念な気
持ちが表れている。
　以上の分析によると、"把个"構文の"个"は、「意外性」、「ねじれ関係」を

第九章 "把个" 構文について 215

表すだけではなく、一般的因果関係も表すことができる。ただ、"把个" 構文が一般的な "把" 構文と違うのは、ちょっとした、気軽なニュアンスおよび生き生きとしたニュアンスを帯びている点である。

9.4.2 "把个" 構文における動詞

上記の文献の153例の "把个" 構文における動詞について、分析・考察する。

9.4.2.1 及物動詞
9.4.2.1.1 処置義動詞

收拾、闹、拖、撮、脱、逼、烘染、问、拿、裹、拈、摆、送、揉搓、落、打、要、弄、嫁、仰、晃荡、放、宠、丢、养活、铺、塑、扔、钓、按、作成、抹、寄放、倒、揭、低、伸、贴、革、穿插、联、绷、拉、搦、说、掳、救护、擎、望、腆、拴、拐、踹、断送、递、撅、看、搁、扎、应酬、堵、接、登、养、脱落。65個ある。

9.4.2.1.2 心理活動動詞

气、心疼、唬、臊、急、欢喜、慌、怄、吓、羞、喜欢、乐、伤。13個ある。

9.4.2.2 不及物動詞

没、哭、跑、走、死、疼。6個ある。

9.4.2.3 形容詞

坏、忙。2個ある。

以上動詞の調査により、"把个" 構文における動詞は心理活動動詞・不及物動詞のみではなく、処置義がある及物動詞も多く存在しているということが明らかになった。"把个" 構文における動詞についての先行研究はまだ見つからなかった。今回の研究により、"把个" 構文は一般的な "把" 構文と同じく動詞を用いることも明らかになった。よって、"把个" 構文は "把" 構文と同じ意味を持っているが、ただ "把" 構文よりも気楽なニュアンスを帯びているのに過ぎな

216　第二部　"把"構文が存在する理由

い。

9.5 おわりに

　本章では"把个"構文について、考察・分析した。"把个"構文の中の"个"は名詞にかかっている名量詞だけではなく、"把"にかかっている動量詞も多数存在している。名量詞の場合、"个"の前に"一"も置くことができるが、動量詞の場合はできない。その"个"は数量、指定を表す名量詞でもあり、少しの意味と気楽な気持ちを表す動量詞でもある。また"把个"構文の意味・動詞からみても、"把个"構文は「意外性」（例11, 12）、「ねじれ関係」（例13、14）を表すことができるが、一般的な"把"構文と同じく結果を表すこともできる（例15、16）。ただ一般的な"把"構文と違うのは、ちょっとした、気軽なニュアンスおよび生き生きとしたニュアンスがあることである。

第十章 実例からみる"把"構文の日本語訳の傾向

10.1 はじめに

　本章において、「"把"＋客体」の日本語訳について、分析してみる。一般には「"把"＋客体」を日本語に訳すると、「ヲ格の名詞」になるものと思われる。だが、実例を収集し分析してみると、ヲ格の名詞以外の日本語訳も相当数あることがわかった。

　以下の例文に見られるように、"把"構文は一般に「処置義」（例 1、2、7）を表すと言われているが、「非処置義」（例 3、4、5、6、8、9)を表すこともできる。

(1)　记起来了，是坐在一旁的秦波同志客客气气地把她拦住了。(《中》7)
　　　ああ、そうだ、隣に坐っていた秦波夫人がいとも丁寧に彼女を遮ったのだ。(『人』: 35)

(2)　他拍拍脑门儿，嘿嘿笑起来，捶了赵涛一拳，把坐椅晃得吱吱响。(《丹》)
　　　彼はおでこをたたきながら笑い出し、趙涛をひとつこづいたので、坐っている椅子がきしんだ。(『鳳凰の眼』)

(3)　不消几日，单是好烟好酒就把老王的两个立柜塞满了。(『講読』⑤: 74)
　　　何日も経たないうちに、良い酒、良いタバコだけでも、王さんの二つの戸棚にいっぱいになった。(『講読』⑤: 79)

(4)　那么多的字把她写得头昏眼花。(金立鑫: 17)
　　　たくさんの漢字を書いて、彼女の頭は朦朧となった。

(5)　也把傅家杰从麻木的疲惫状态中惊醒。(《中》)
　　　傅家傑も疲労に朦朧とした状態からハッと呼び醒まされた。(『人』)

(6)　因为工龄不够，一上大学还把工资免了。(勤務年数が足りないから大学に進学すると給料まで止められる。)(再掲第一章例 7)

(7)　看把人家的鞋踩掉了没嘛!(《插队》)

218　第二部　"把"構文が存在する理由

　　　　靴が踏まれて脱げたじゃないの。(『大地』)

　　(8)　"心肌梗塞"四个字把他吓住了。(《中》)
　　　　「心筋梗塞」の四文字が彼を驚愕させた。(『人』)

　　(9)　"你已经把我惊倒了，"仲伟说。(《插队》)
　　　　ぼくだってもう卒倒させられているよ。(『大地』)

　上掲の"把"構文を日本語に翻訳した文を見ると、能動文(主にヲ格(例1)、
ガ格(例2)、二格(例3)、ハ格(例4))などで翻訳される場合と、受身文(例
5、6、7)、使役文(例8)、使役受動文(例9)で翻訳される場合とがある。本章
では、先行研究と実例に基づいて、その理由について分析する。

10.2　"把"構文及び"把"構文の客体に関する種類
10.2.1　"把"構文の分類 [132] について

　高橋(2014：125)は、一つの現実を表現する中国語の文レベルの体系を[表
20]と[表21]のようにまとめている。

　　[表20] 文レベルの体系 (高橋2014より)

　　(10)　他喝牛奶了。("主谓句")　(彼は牛乳を飲んだ。)(高橋2014a)

　　(11)　他把牛奶喝了。("把字句")　(彼は牛乳を飲んだ。)(同上)

　　(12)　牛奶他喝了。("受事主体句")　(牛乳は彼が飲んだ。)(同上)

　　(13)　牛奶被他喝了。("被字句")　(牛乳は彼に飲まれてしまった。)
　　　　(同上)

　　(14)　母亲让他喝了牛奶。("使令句")　(母親は彼に牛乳を飲ませた。)
　　　　(同上)

---

132)　李臨定(1993)は、"把"構文を以下の六種類に大別している。
　①述語の動詞の後に助詞"了""着"が付いているもの。②述語の後に各種の補語をと
もなっているもの。それをさらに六種類に下位分類している。③述語の後に別に賓語を伴
っているもの。それをさらに八種類に下位分類している。④動詞の後に他の成分を伴わな
くてもよいが、その場合、動詞の前になにか連用修飾語がなくてはならない。⑤謂語が2
個の動詞連語を連用しているもの。それをさらに二種類に下位分類している。⑥述語のな
い"把"構文。

第十章 実例からみる"把"構文の日本語訳の傾向　219

[表 21] 一つの現実を表す文体系（現実の世界：意味構造）

一つの現実　言葉の世界	主体　＋　出来事	
主述文：	仕手	仕手の行為や感情など（例10）
"把"字構文：	仕手	処置などによる対象の強調（例11）
受事主体文：	受け手	受け手の強調となる仕手の行為や感情など（例12）
受身表現：	受け手	仕手の影響を受ける行為や感情など（例13）
使役表現：	仕手	仕手の影響による受け手の行為や感情など（例14）

　高橋弥守彦（2014）は、文の体系における処置の強調を表す"把"構文（例15、16）を基本とし、"把"構文でしか表現できない文（例17、18、19）を「派生」としている。

(15)　把他打伤了。（金立鑫 2002：16）
　　　彼を怪我させた。

(16)　把书写成了。（金立鑫 2002：16）
　　　本を書いた。

(17)　他要把美元换成人民币。（《成功之路》順利篇 2：36）
　　　彼は米ドルを人民元に両替するつもりだ。

(18)　把大门上了锁。（朱德熙 2010：165）
　　　ドアに鍵をかけた。

(19)　把杂志翻了几页。（金立鑫 2002：16）
　　　雑誌を何ページかめくった。

　例（15）、（16）の文構造は「"把"＋客体₁＋述語＋その他」であり、この場合(15)'"打伤了他。"と（16)'"写成了书。"とも言える。（15）、（16）はそれぞれ(15)'と(16)'の処置を表す強調文である。また、例（17）、（18）、（19）の文構造は「"把"＋客体₁＋動詞＋客体₂」であり、「客体₁」は"把"の「客体」であり、述語動詞の「客体」は「客体₂」である。中国語では、二つの客体を持て

220 第二部 "把"構文が存在する理由

る動詞は少なく（二重目的語文で使う動詞を指す）、二つの客体を持てない動詞
の場合には、よく"把"構文を使う。

10.2.2 "把"構文の客体の種類

　"把"構文の客体の種類について、各言語学者はそれぞれ分類している。そ
のうち、金立鑫（2002：16）は以下のように13種類に分類している。

① 受事：把他打伤了。
② 结果：把书写成了。
③ 对象：把他教育坏了。
④ 工具：把鞭子抽断了。
⑤ 方式：把A调唱成了降A调。
⑥ 处所：把床睡塌了。
⑦ 原因：把经费愁完了。
⑧ 致使：把嘴闭上。
⑨ 目的：把朋友等来了。
⑩ 施事：把个囚犯给跑了。
⑪ 同源：把歌唱走了调。
⑫ 时段：他把一个多小时给浪费了。
⑬ 时点：他把韩国的三点钟当成中国的三点钟。

　本節は日本語の格の観点から"把"構文の客体の種類を以下のように分類す
る。それに対応する金立鑫の分類する"把"構文の客体13種類は括弧内に示す。

A. 対象[133]（1、2、3、5、8、11、12、13）
B. 動作主・経験者（9、10）
C. 原因・道具（4、7）
D. 場所（6）

133）長谷川信子（1999：37）は、意味役割を動作主、対象、経験者、原因、着点、起点、
受益者、道具の8種類に分類している。

10.3 実例からみる"把"構文の日本語訳

　高橋弥守彦（2014a：125）は、一つの現実を表現する文の体系（現実の世界：意味構造）について、日本語は基本的に能動文、受身文、使役文、使役受動文の四文型に分けられ、中国語は主述文、"把"字構文、受事主体文、受身表現、使役表現の五つに分けられるとしている。また、高橋弥守彦（2014b：5）によれば、日本語では、例（20）から（24）までの動詞に見られるように、他動詞から自動詞までのヴォイスの体系[134]を捉えることができるとしている。

> （20）次郎は汚水を（川に）流した。（他動詞、能動文）
> （21）汚水は次郎によって（川に）流された。（受動態、受身文）
> （22）太郎は次郎に汚水を（川に）流させた。（使役態、使役文）
> （23）次郎は太郎に汚水を（川に）流させられた。（使役受動文、使役受動態文）
> （24）汚水が（川に）流れた。（自動詞、能動文）

　ここでは『中国語学講読シリーズ①〜⑥』及び『コーパス』の実例を収集し、中国語の"把"構文に対応する日本語の翻訳傾向を検討した結果を［表 22］のように整理する。"把"構文の日本語訳がこのように多様になるのは、文の体系が両者で異なるからと言えよう。

［表 22］"把"構文の意味と翻訳文

中国語の"把"構文		日本語の翻訳傾向
処置義（例1、2、7）		能動文（例1、2）、受身文（例7）
非処置義	受身表現（例6）	受身文（例6）
	使役表現（例3、4、5、8、9）	能動文（例3、4）、受身文（例5）、使役文（例8）、使役受動文（例9）

　以下では実例からみる中国語の"把"構文における日本語訳を調査し、その

134）鈴木康之（2014）によれば、「汚水の流れが（川に）現れた。」の文も挙げ、動詞「流す/流れる」から名詞「流れ」へ転成も可能であると主張している。

222　第二部　"把"構文が存在する理由

翻訳傾向を見てみることにする。

10.3.1 能動文
10.3.1.1 ヲ格、ガ格 [135]、ハ格で訳す場合

(25) 我急忙帮她把车窗抬起。(『講読』③：76)
　　　私はすぐに彼女を手伝って、列車の窓をひきあげた。(『講読』③：
　　　80)
(26) 他把工作证递过去。(『講読』③：117)
　　　彼は職務証明書をさし出した。(『講読』③：123)

　例 (25)、(26) の"把"構文の客体は述語動詞の「対象」であり、これらの
文は動作を表す動詞がこの「対象」を処置することを意味する。その文構造は
「"把"＋対象＋動詞＋その他」であり、日本語の訳文の動詞「ひきあげた」、
「さし出した」は、いずれも他動詞である。よって、日本語の能動文はヲ格の
名詞で訳す。

(27) 难道，一巴掌就把多年建立的感情全抹了。(『講読』②：57)
　　　びんたの一つで、長年来築きあげてきた感情がすっかり立ち消えに
　　　なったとでもいうのか。(『講読』②：63)
(28) 希望她把儿子培养成有用的人。她一直把他的话记在心里。(『講読』
　　　④：110)
　　　二人の子供を立派に育ててくれと言い残したことが、今でも鮮やか
　　　に心によみがえる。(『講読』④：117)
(29) 高大泉转身往外走，忽忽悠悠地下了高台阶，进了小屋。他现在才算
　　　把事情看透了。(《大道》)

---

135)　『現代日本語文法』2 (2009：5) によれば、ガ格は「動きの主体」、「状態の主体」、
　　　「同定関係の主体」、「心の状態の対象」と「能力の対象」、「所有の対象」を表す、として
　　　いる。

第十章 実例からみる"把"構文の日本語訳の傾向　223

高大泉は外へ出た。ふらふらと高台を降り、自分の小屋にはいった。
やっと事情が飲みこめた。(『道』)

　例 (27) の"把"の客体である"多年建立的感情"と例 (28) の"他的话"
は"感情"或いは"事"を表す名詞であり、運動を表す動詞の"抹"と"记"
によって、変化或いは状態の結果を示す。また、日本語の訳文の動詞「立ち消
えになった」、「～心によみがえる」は自動詞である。よって、「変化の主体」か
「状態の主体」となり、ガ格の名詞で訳す。例 (29) の"把"の客体である
"事情"は"看"によって、理解される。「心境の変化」となる、「飲みこめた」
は他動詞の可能態なので、ガ格で訳す。

(30) 你呀，反正都有理。老东西，简直把瓜种成了蜜！(『講読』①：105)
　　　お前さん、うまい逃げ道があるんだな。あれ、お前さんのスイカは、
　　　まるで蜂蜜のようじゃねえか。(『講読』①：107)
(31) 这回，轮上大家"唰"地一下把眼光对准这位"随便糟踏党的宝贵财
　　　富"的甄局长了。(『講読』①：82)
　　　ここで、みんなの目はいっせいに、その「党の貴重な財産を勝手気
　　　ままに踏みにじった」甄局長に注がれた。(『講読』①：84)

　本来ならヲ格で訳すべきところだが、文脈から解釈して、"把"の客体の前を
加訳 [お前さんのスイカは] にしてハ格で表現している。例 (31) も同様で、
「みんなが」を省略したので、「みんなの目は」にしてハ格で表現している。

10.3.1.2 ニ格で訳す場合

(32) 不消几日，单是好烟好酒就把老王的两个立柜塞满了。(再掲例3)
　　　何日も経たないうちに、良い酒、良いタバコだけでも、王さんの二
　　　つの戸棚にいっぱいになった。(同上)
(33) 他歪着头比划，把周围的人都看一遍，看有敢对此表示怀疑的人没有，
　　　脸上的麻子全变红。(再掲第8章例12)

224　第二部　"把"構文が存在する理由

　　　　　彼は頭を傾けて手でそれを示して周囲の人々にひと渡り見せ、嘘だ
　　　　　と思う奴は出てこいと言わんばかりの態度を示し、顔のあばたがま
　　　　　っ赤になった。（同上）
　　(34)　这夫妻俩一边商量，一边哭，反反复复地折腾了一夜，才把逃荒的事
　　　　　情定下来。《大道》
　　　　　夫婦は語りながら、むせび、一夜を悩み明かしたあげく、母子だけ
　　　　　が飢饉の故里を捨てて行くことにきめた。（『道』）

　　例（32）の"把"の客体である"老王的两个立柜"は動作の"塞"の到達点
であり、例（32）の文構造は「"把"＋場所＋動詞＋その他」である。例（33）
の"把"の客体である"周围的人"は動作"看"の接触点であり、「動作の対象」
である。例（34）の"把"の客体である"逃荒的事情"は動作"定"の結論を
表している。その文構造は「"把"＋対象＋動詞＋その他」である。よって、ニ
格の名詞で訳す。

10.3.1.3 デ格で訳す場合

　　(35)　这些，他都是忍着，咬着牙听着，把手指甲深深掐进自己的手心里…
　　　　　（『講読』⑤：103）
　　　　　こうしたすべてにたえぬいた。歯をくいしばって聞き流し、指で自
　　　　　分のたなごころを深くつねって…（『講読』⑤：109）

　　例（35）の"把"の客体である"手指甲"は述語動詞"掐"の「道具」であり、
その文構造は「"把"＋道具＋動詞＋その他」である。道具は一般に日本語で表
現するとデ格となる。

10.3.1.4 マデ格、モ格、ト格で訳す場合

　　(36)　韩德来已经乐不可支啦。最后，他终于把留给自己的那张票也贡献出
　　　　　来。《胡同》

第十章 実例からみる“把”構文の日本語訳の傾向　225

　　　韓徳来は大いにご満悦で、とうとう自分の切符まで、このこたえられ
　　　ない愉しみに捧げてしまった。(『胡同』)
(37)　昨个一天，他把十几家的锅碗瓢盆都给抢走了，还让局子抓走三个人。
　　　(《大道》)
　　　昨日も、何十もの世帯から鍋、釜まで引っさらった上に、警察に三
　　　人引っぱらせたんだ。(『道』)

　　例 (36) の“把”の客体である“留给自己的那张票”は動作の“贡献”の
「対象」であり、例 (37) の“把”の客体である“十几家的锅碗瓢盆”は動作
“抢”の「対象」である。その文構造は「“把”＋対象＋動詞＋その他」である。
日本語の訳文の動詞「捧げる」、「引っさらう」はいずれも他動詞であり、通常
のヲ格で訳す。だが、例 (36) の動詞“贡献”の前に“也”があり、例 (37)
の“把”の客体の後に“都”があり、これは「範囲」を表す。よって、マデ格
で訳す。

(38)　把我也埋在前川枣树滩里。(《插队》)
　　　わしも前の川の棗樹灘に埋めてくれと言う。(『大地』)
(39)　我曾走过许多地方，把土拨鼠带在身旁，为了生活我到处流浪，带土
　　　拨鼠在身旁……(《插队》)
　　　ぼくはいろんな所へ行った、モルモットと一緒に。生きるためにあち
　　　こちさすらった、モルモットと一緒に……(『大地』)

　　例 (38) の文中には「類同」を表す“也”があるので、モ格となるだろう。
例 (39) の“把”の客体“土拨鼠”は述語動詞“带”の「対象」となり、その
文構造は「“把”＋対象＋動詞＋その他」である。だが、“带”の動詞の意味か
ら日本語は「ト」で表現する場合が多いであろう。よって、ト格で訳す。

10. 3. 1. 5 名称格で訳す場合

(40)　这个回答，使孙逸民那么高兴。他松开了按在太阳穴上的手指，好象

226　第二部　"把"構文が存在する理由

　　　額头不那么涨痛了。他立刻改变了主意，要把谈话认真地进行下去。
　　　他审视着这女学生，问道：（《人到中年》）
　　　彼女の答えに孫逸民は歓喜した。神経の疲労がいっぺんに吹きとん
　　　だかのように、彼はこめかみを押さえた指を離すと、身を乗り出し、
　　　本腰で話し始めた。女子学生を注意深く観察しながら彼は問い返し
　　　た。（『人』）

(41)　高大泉没等表姐把话说完，早就跳出了东屋，一撩门帘儿进了西屋，
　　　没见人就先喊："表姐夫，表姐夫！"（《大道》）
　　　高大泉は、従姉の話し終るのを待たずに、東の棟をとびだしてゆき、
　　　「おじさん、おじさん」と叫びながら、西の棟の入口のカーテンを
　　　まくり…（『道』）

　例 (40) の述語動詞"进行"と"把"の客体"谈话"の日本語訳は、「話し
（を）始める」となる。例 (41) の「述語動詞＋補語」である"说完"と"把"
の客体"话"を合わせると"说完话"であり、それは日本語に訳すと、「話し
（を）終わる」となる。これらの訳から「ヲ格」を取っている。よって、名称
格で訳す。

10.3.1.6 ノ格、「～ニヨッテ」で訳す場合

(42)　女的只需把棉帽换成围巾。（《插队》）
　　　女子は帽子の代わりにスカーフを巻く。（『大地』）

(43)　我们把混浊的程度不同分为初期、膨胀期、成熟期、过熟期，一般认
　　　为在成熟期做手术比较好……（《人到中年》）
　　　その混濁の程度によって、初期、膨脹期、成熟期、過熟期に分類し
　　　ますが、一般的には成熟期に手術するのが良いとされています。
　　　（『人』）

　例 (42)、(43) の"把"の客体はすべて述語動詞の「対象」であり、その文
構造は「"把"＋対象＋動詞＋その他」である。だが、動詞の意味から訳すと、

第十章 実例からみる“把”構文の日本語訳の傾向　227

動詞を中国語の名詞として訳し、対象としての名詞と中国語の名詞を日本語の
ノ格によって名詞連語とし、もう一つは根拠を表す「～ニヨッテ」で訳す。

10. 3. 2 受身表現

　高橋弥守彦（2014a）によれば、日本語の動詞の受動態を用いる文は、受身と
非受身とに大別できる。非受身は自発、尊敬、可能、個別認識に分類されると
主張している。以下のような“把”構文及び日本語訳を見てみよう。

(44) 到了一月份，酒房里的酒曲就做成了。把它移到叫做六尺桶的大桶里。
　　（高橋2014a：132）
　　酒蔵では一月にはいると，酛は出来上がり、六尺桶とよばれる大桶
　　にうつされる。（高橋2014a：132）
(45) 别让他把人家姑娘给欺负了……（《丹》）
　　娘さんがいじめられないように見てあげなきゃ…（『鳳凰の眼』）
(46) 把个囚犯给跑了。（金立鑫2002：16）
　　罪人に逃げられた。
(46)’（那个监狱/他）把个囚犯给跑了。（作例）
　　（あの監務所/彼）は罪人に逃げられた。
(47) 在院子里的香椿树下边，好几个人又把他围上了。（《大道》）
　　高台の庭にある椿の木の下でも、馮少懐は何人かに取りかこまれた。
　　（『道』）

　例（44）は客観性が強く、誰がしても同じ手順となる。この文は六尺桶を移
す動作主が現れておらず、移される対象としての六尺桶が重要なことを表して
いる。その文構造は「“把”＋対象＋動詞＋その他」である。例（45）は、文意
の主観性を強くとらえ、動作主が現れている。だが、話し手は“把”の客体で
ある“人家姑娘”の立場にたって叙述している。例（46）’の文は“那个监狱/
他”の立場、例（47）の文は“他”の立場にたって叙述されている。例（46）
と例（47）とも受身表現であるが、例（46）は第三者受身である。こちらの文
で現れる「受身」の意味は違うが、形から見ると受身である。よって、これら

228　第二部　"把"構文が存在する理由

はいずれも受身文で訳されている。

10.3.3　使役表現

　筆者の収集した言語資料では、以下の例（48）、（49）のように「～サセル」
の場合もある。

　　（48）　一句话能把小姑娘噎出眼泪……这还不算什么。（《丹》）
　　　　　その小娘にベソをかかせる…これなどまだいい方だ。（『眼』）
　　（49）　这更把男生都激怒了。（《插队》）
　　　　　これがさらに男子全員を怒らせた。（『大地』）

　例（48）の"把"の客体"小姑娘"は動詞"噎出眼泪"の動作主であり、そ
の文構造は「"把"＋動作主＋動詞＋その他」である。日本語の「ベソをかく」
の動詞「かく」は他動詞なので、この文は使役文で表す。例（49）の文構造は
「"把"＋対象＋動詞＋その他」である。鈴木康之（2014）によれば、使役文で
も表現が可能である。

10.3.4　使役受動文

　筆者の収集した言語資料では、以下の例（50）のように「～サセラレル」の
場合もある。

　　（50）　"你已经把我惊倒了，"仲伟说。（再掲例9）
　　　　　ぼくだってもう卒倒させられているよ。（同上）

　例（50）の"把"の客体"我"は動詞の"惊倒"の動作主であり、その文構
造は「"把"＋動作主＋動詞＋その他」である。また、日本語の動詞「卒倒する」
は自動詞である。よって、この文は使役受動文で表現する。
　上記の分析の結果として、"把"構文の「"把"＋客体」の日本語訳を［表 23］
のように整理する。

第十章 実例からみる"把"構文の日本語訳の傾向　229

[表 23] "把"構文の「"把"＋"把"の客体」の日本語訳

中国語		日本語
"把"の客体の意味役割	動作主・経験者	受動文（自動詞）、使役文（他動詞）、使役受動態文（自動詞）
	対象	能動文[ヲ格(他動詞)、ガ格（自動詞、他動詞の可能態）、ニ格、ハ格] 受動文（他動詞）、使役文（自動詞）
	道具/原因	デ格
	場所	ニ格
動詞の意味（副詞も含む）		マデ格、モ格、ノ格、「〜ニヨッテ」、名称格

10.4 おわりに

　本章では、"把"構文の「"把"＋客体」の日本語訳の傾向について、実例に基づいて検討を行った。その結果として、中国語の介詞"把"を用いる"把"構文は、[表 22]のように文意から「処置義」と「非処置義」（受身表現・使役表現）とに2大別できる。日本語で表現すると、能動文・受身文・使役文・使役受動文などで訳す傾向にある。また、能動文の場合には、「"把"＋客体」はヲ格・ガ格・ハ格・ニ格・デ格・マデ格・モ格・ト格の名詞などで訳す傾向にあることが分かった。

　筆者の分析によれば、中国語の"把"構文を日本語の能動文・受身文・使役文・使役受動文で訳すか否かは、文中の"把"の客体の意味役割（動作主/経験者・対象・道具/原因・場所）と日本語の動詞（他動詞か自動詞か）による。また、"把"の客体が動作主である場合、能動文で訳す例は見つからなかった。また「"把"＋客体」は日本語でヲ格・ガ格・ハ格・ニ格・デ格・マデ格・モ格・ト格の名詞などに訳すか否かも、"把"の客体の意味役割が動作主/経験者・対象・道具/原因・場所であるか否か及び述語動詞の意味（[表 23]）によることが明らかとなった。

230

終　章

11.1 本研究のまとめ

　各言語学者は "把" 構文について、それぞれ "処置把字句" と "致使把字句" を主張している。筆者は "把" 構文である「名詞₁＋"把"＋名詞₂＋動詞＋その他」の最大の特徴は「変化」を表すと考え、"把" 構文の核である「"把"＋名詞₂＋動詞＋その他」を「変化のくみあわせ」とし、これを「連語論的な意味」と「構造的なタイプ」から「意図的な処置のむすびつき 1」(他并没等病好利落了就把车拉起来。)、「意図的な処置のむすびつき 2」(他把以前的挣扎与成功看得分外光荣。)、「動作の範囲・場所のむすびつき」(他把东城西城都跑遍了。)、「使役のむすびつき」(那么多的字把她写得头昏眼花。)、「心理活動のむすびつき」(把一切都忘了。)、「第三者の受身のむすびつき」(因为工龄不够，一上大学还把工资免了。) に分類した。

　"把" 構文の表す変化は位置の変化や状態の変化を指し、"把" の主体である「名詞₁」と客体である「名詞₂」の変化を指す。即ち、「名詞₁」の原因で、「名詞₁」が変化して (我把这件事弄明白了。この事を解き明かした。)、「名詞₁」の原因で、「名詞₂」が変化した (我把那本书拿来了。私はその本を持ってきた。) というような変化である。変化を表すのに、なぜ "把" を使うのだろう。言語には維持性 (辻幸夫：2013) があり、維持性とはその内容語が機能語に文法化しても、元の語彙的な意味を残したり、分布に関して文法化の過程を反映した制約をもったりする (辻幸夫：2013)。

　"把" は動詞であり、「手に持つ」の意味があり、"把" は "把" 構文に用いられても、その動詞の意味を残している。「持つ」の意味があるため、"把" は "把" の後の「名詞₂」を「定」的にさせる。単語レベルで不定であっても、文レベル或いは文脈レベルでは「定」的である。よって、"把" は単語レベルでは「定」的モノのマーカーになるとは言えない場合もある。即ち、変化されるものである「名詞₂」は「定」的なものであり、或いは「名詞₂」の変化の原因は「定」的なものである。

"把"構文の動詞について、「情態類"把"構文」に用いられる動詞は"把"の客体・主体を変化させることができる動詞であり、「結果類"把"構文」に用いられる動詞は"把"の客体・主体を変化させ、結果まで導く動詞である。よって、同一の動詞は全ての"把"構文に適応するわけではない。

　"把"構文が存在する理由として、"把"構文と関連文型との異同から分析した。まず、「"把"＋空間詞」構文と"在字句"の異同について、「"把"＋空間詞」構文の空間詞を動詞の対象、対象・場所、場所・範囲の三つの角度から分析した。"把"構文が表す意味は、動作を行った後の結果に焦点を当てている。これは"在字句"との根本的な差異である。また、"把"構文と"使"構文の異同について、"把"構文が表す意味の一つは使役であるが、"使"構文との異同を分析し、「作用使役」と命名し、これにより、よりよく"把"構文が存在している理由を理解できるようにした。最後に、"把"構文における副詞の位置についても考察した。目的語の範囲を表現したいときには"把"構文でしか表現できないため、さらに"把"構文が存在する意義を明確にした。

11.2 今後の展望

　本研究では、現代中国語における"把"構文の特徴及び存在している理由について研究を行ったが、"把"構文の変遷については、博士論文では明清時代から現代まで調べた。今後の課題として、さらに明清時代から唐の時代まで遡って研究する必要があると思われる。

言語資料

① 『中日対訳コーパス（第一版）』北京日本研究センター2003「コーパス」
・《丹凤眼》　　　略《丹》　　　『鳳凰の眼』　　　略『眼』
・《插队的故事》　略《插队》　　『遥かなる大地』　略『大地』
・《人到中年》　　略《中》　　　『人、中年に到るや』略『人』
・《金光大道》　　略《大道》　　『輝ける道』　　　略『道』
・《盖棺》　　　　略《盖》　　　『棺を蓋いて』　　略『棺』
・《辘轳把胡同9号》略《辘轳》　『轆轤把胡同九号』　略『九号』
② 『中国語学講読シリーズ①～⑥』 1991 外文出版社
③ 《汉语口语速成》入门篇（下）（《汉语口语》）马箭飞等 2007 第二版
　　　　　　北京语言大学出版社
④ 《骆驼祥子》（略《骆》）老舍 人民文学出版社 1978年11月湖北第6次
　　『らくだのシアンツ』（略『ラ』）立間祥介訳 1980年 岩波書店
⑤ 《家》 巴金 人民文学出版社 1953年第一版
　　『家』飯塚朗訳 1956年岩波書店
⑥ 《红楼梦》（略《红》）曹雪芹著 人民文学出版社 2020年3月第78次印刷
　　『紅楼夢』（略『紅』）伊藤漱平訳 1968年平凡社
⑦ 《儒林外史》（略《儒林》）吴敬梓 （1749年抄本 1803年出版）
　　『儒林外史』（『儒林』）稲田孝訳 1968年平凡社

参考文献

中国語

贝罗贝 1999. 〈早期"把"字句的几个问题〉，《近代汉语研究二》，商务印书馆出版，146～160

陈　光 2007. 〈与"把"字结构自主性相关的两个语义·语法问题〉《汉语动词和动词型结构二编》，151～167 北京大学出版社

陈　平 1987. 〈释汉语中与名词性成分相关的四组概念〉《中国语文》第 2 期，81～92

陈珊珊 2009. 〈《语言自迩集》对日本明治时期中国语教科书的影响〉《吉林大学社会科学学报》第 2 期，117～123

陈晓阳 2007. 〈"把个$_2$"句式的主观性轨迹〉《汉语语法的认知与功能》，93～107 世界图书出版公司北京公司

程　仪 1983. 〈浅谈"把"字句状语的位置〉《河南师大学报（社会科学版）》第 2 期，93～95

程　仪 1986. 〈再谈"把"字句状语的位置〉《河南师大学报（哲学社会科学版）》第 5 期，115～118，12

储泽祥 2010. 〈事物首现与无定式把字句的存在理据〉《语言研究》第 4 期，28～34

崔希亮 1995. 〈"把"字句的若干句法语义问题〉《世界汉语教学》第 3 期，12～21

崔显军 2012. 《语义功能语言学视野下的汉语研究》 北京大学出版社，176～180

邓学琴 2015. 〈汉语教学中"使"字句和"把"字句辨析〉《长春教育学院学报》第 22 期，71～72

刁晏斌 2007. 《初期现代汉语语法研究》，241～260 辽海出版社

范　晓 2001. 〈动词的配价与汉语的把字句〉《中国语文》第 4 期，309～319，383～384

范　晓 2017. 〈句式的几个问题–基于语言习得的视角〉《语言文字学》第 2 期，37～50

郭浩瑜 2010. 〈近代汉语中的一种特殊"把"字句——遭受义"把"字句〉《语文研究》第二期(总 115 期)，50～54

234

郭　锐 1993.〈汉语动词的过程结构〉《中国语文》第6期, 410～419

郭　锐 2003.〈把字句的语义结构和论元结构〉《语言学论丛》第28辑, 152～181　商
　　　　　务印书馆

郭姝慧 2008.〈"把"字句与"使"字句的置换〉《山西大学学报》第3期, 27～32

贺晓玲 2001.《两种表致使义句式的异同考察－"使"字句和"把"字句》暨南大
　　　　　学硕士学位论文

胡附等 1990.〈'把'字句问题〉《现代汉语语法探索》 116～124

黄伯荣等 2011.《现代汉语》(增订第五版)上、下册　高等教育出版社

加藤晴子 1995.〈状语的意义和状语在"把"字句中的位置〉『中国語学』, 88～95
　　　　　日本中国語学会

江蓝生 2008.〈句式省缩与相关逆语法化倾向－以"S+把+你这NP"和"S+V+补语标
　　　　　记"为例〉《近代汉语研究新论》 107～143 商务印书馆出版

蒋绍愚 1997.〈把字句略伦－兼论功能扩展〉《中国语文》第4期, 298～304

金立鑫 1993.〈"把OV在L"的语义、句法、语用分析〉《中国语文》第5期, 361～
　　　　　366

金立鑫 1997.〈"把"字句的句法、语义、语境特征〉《中国语文》第六期, 415～423

金立鑫 2002.〈"把"字句的配价成分及其句法结构〉『现代中国語研究』朋友書店

金稀玉 2013.〈日语助词「を」的标记性问题考察－兼与介词"把"比较〉《日语学
　　　　　习与研究》第3期, 31～35

黎少銘 2009.〈「把」字句的次話題及信息作用分析〉《中國語文通訊》第 85/86 期
　　　　　（合刊）, 123～131

李锦姬 1996.〈两种可能式的语用分析〉《南京师范大学报(社会科学版)》第 3 期,
　　　　　132～138

李人鉴 1988.〈试论"使"字句和"把"字句〉《扬州师院学报》105～110

李人鉴 1990.〈试论"使"字句和"把"字句(续)〉《扬州师院学报》第3期, 59～
　　　　　61,71

李人鉴 1991.〈试论"使"字句和"把"字句（续）〉《扬州师院学报》第1期, 49～
　　　　　53

蔺　瑾 2006.〈试论宾语位置上名词性成分的有定性〉《语文研究》第4期, p23-26

刘朝华 2012.〈"把＋N＋V＋了"句式中动词与动态助词"了"的扭曲关系〉《楚

雄师范学院学报》第 11 期, 9～14

刘丹青 2002. 〈汉语类指成分的语义属性和句法属性〉《中国语文》第 5 期, 411～422, 478～479

刘培玉 2001. 〈有关"把"字句研究的两个问题〉《阜阳师范学院学报（社会科学版)》第 1 期, 17～19

刘培玉 2002. 〈把字句的句法、语义和语用分析〉《华中师范大学学报》第 5 期, 134～139

刘培玉 2003. 〈把字句句法、语义的认知研究〉《汉语学报》第六期 44～49 湖北教育出版社

刘培玉等 2006. 〈把字句动词的类和制约因素〉《中南大学学报（社会科学版)》第 1 期, 121～125

刘燕君 2007. 《"使"字句与"把"字句的动力意象图式比较》，硕士研究生学位论文, 北京语言大学

刘一之 2008. 「"把"字句的句式及其意义」『岐阜聖德学園大学紀要、外国語学部編 47』，77～84

刘月华 1980. 〈可能补语用法研究〉《中国语文》第 4 期, 246～257

刘月华 1988. 〈动态助词"过₁过₂了₁"用法比较〉《语文研究》第 1 期, 6～16

刘月华等 2001. 《实用现代汉语语法（增订本)》, 176～208 商务印书馆

陆俭明等 1985. 〈"把"字句的补议〉《现代汉语虚词散论》200～211 北京大学出版社

陆俭明 1990. 〈90 年代现代汉语语法研究的发展趋势〉《语文研究》第 4 期, 4～11

陆俭明 2014. 〈关于"有界无界"理论及其应用〉《语言学论丛》第 50 辑, 29～46

陆俭明 2016. 〈从语言信息结构视角重新认识"把"字句〉《语言教学与研究》 第 1 期， 1～13

罗竹风主编 2001. 《汉语大词典》, 420～427 汉语大词典出版社

吕叔湘主编 1948. 〈把字用法的研究〉《汉语语法论文集》, 169～191 辽宁教育出版社

吕叔湘主编 1984. 《汉语语法论文集（增订本)》, 176～208 商务印书馆 1999 年印刷

吕叔湘 1990. 《吕叔湘文集（第二卷）汉语语法论文集》, 176～208 商务印书馆

吕叔湘主编 1999. 《现代汉语八百词（增订本)》 商务印书馆

吕文华 1994. 〈"把"字句的语义类型〉《汉语学习》第 4 期, 26～28

马贝加 2014.《汉语动词语法化》, 333～386 中华书局

马庆株 1992.《汉语动词和动词性结构》北京语言学院出版社

马　真 2015.《简明实用汉语语法教程》, 116～120 北京大学出版社

孟万春 2003.〈"在"字句语义内容分析〉《延安大学学报（社会科学报）》第 2 期,
　　　　121～124

彭广陆等 2013. 铃木康之著《现代日语词组学》北京大学出版社

朴乡兰 2010.〈"处所类"把字句的演变〉《语言教学与研究》第 5 期, 50～56

齐沪扬 1998.〈动作"在"字句的语义、句法、语用分析〉《上海师范大学学报》第
　　　　2 期, 61～67

齐沪扬 2006.《对外汉语教学语法》, 82～89 复旦大学出版社

齐沪扬 2013.〈"把+O+VR+L"构式的认知分析〉『中国言語文化学研究』第 2 号

钱学烈 1992a.〈试论《红楼梦》中的把字句〉《深圳大学学报（人文社会科学版）》
　　　　第 2 期, 1～7

钱学烈 1992b.〈试论《红楼梦》中的把字句〉《近代汉语研究一》, 283～292 商务印
　　　　书馆出版

屈承熹等 2005.《汉语认知功能语法》, 79～111 黑龙江人民出版社

杉村博文 2002.〈论现代汉语"把"字句"把"的宾语带量词"个"〉《世界汉语教
　　　　学》第 1 期, 18～27

杉村博文 2006.〈量词"个"的文化属性激活功能和语义的动态理解〉《世界汉语教
　　　　学》第 3 期, 17～23

邵敬敏 1982.〈关于"在黑板上写字"句式分化和变换的若干问题〉《语言教学与研
　　　　究》第 3 期, 35～43

邵敬敏 2002.〈"把"字句及其变换句式〉《著名中年语言学家自选集邵敬敏卷》
　　　　72～95（原载《研究生论文选集》, 江苏古籍出版社 1985 年版）

邵敬敏等 2005.〈"致使把字句"和"省隐被字句"及其语用解释〉《汉语学习》第
　　　　4 期, 11～19

沈家煊 1995.〈"有界"与"无界"〉《中国语文》第 5 期, 67～380

沈家煊 2002.〈如何处置"处置式"？—论"把"字句的主观性〉《中国语文》第五
　　　　期, 387～399,478

沈家煊主编 2005.《现代汉语语法的功能语用认知研究》商务印书馆出版

沈家煊 2011.《语法六讲》商务印书馆出版

沈　阳 1997.〈名词短语的多重位移形式及把字句的构造过程与语文解释〉《中国语文》(6)，402～414

沈　阳 2000.《配价理论与汉语语法研究》，261～288 语文出版社

施春宏 2010.〈从句式群看"把"字句及相关句式的语法意义〉《世界汉语教学》第 3 期，291～309

施春宏 2015.〈边缘"把"字句的语义理解和句法构造〉《语言教学与研究》第 6 期，53～66

石毓智 2006.〈处置式产生和发展的条件〉《语言研究》第 3 期，42～49

宋玉柱 1979.〈"处置"新解—略谈"把"字句的语法作用〉《天津师范学院学报》第 3 期，84～85

宋玉柱 1981.〈关于"把"字句的两个问题〉《语文研究》第 2 辑，39～43

宋玉柱 1992.《现代汉语语法基本知识》语文出版社出版，114～132

宋玉柱 1991.《现代汉语特殊句式》山西教育出版社出版，1～31

宋玉柱 1996.〈"把"字句、"对"字句、"连"字句的比较研究〉《现代汉语语法论集》北京语言学院出版社

陶红印等 2000.〈无定式把字句在近现代汉语中的地位问题及其理论意义〉《中国语文》第五期，433～446,479～480

王　还 1980.〈再说说"在"〉，《语言教学与研究》第 3 期，25～29

王　还 1985.〈"把"字句中把的宾语〉《中国语文》第 1 期，48～51

王　还 1987.〈"把"字句和"被"字句〉《汉语知识讲话》(合订本)上海教育出版社，1～37　原载于 1959〈"把"字句和"被"字句〉《汉语知识讲话》上海教育出版社

王红旗 2003.〈"把"字句的意义究竟是什么〉《语文研究》第 2 期，35～40

王红旗 2004.〈功能语法指称分类之我见〉《世界汉语教学》第 2 期，16～23

王军虎 1988.〈动词带"过"的"把"字句〉《中国语文》第 5 期，372～373

王　力 1943.《中國現代語法》，上册中華書局出版發行，160～173

王　力 1980.《漢語史稿》，中華書局出版发行，474～483

王　力 1984.《王力文集》第一卷，116～123 山东教育出版社

王　力 1985.《王力文集》第二卷，124～139 山东教育出版社

王　力 1989.《漢語語法史》，266～271 商務印書館

王　力 2004.　《漢語史稿》（重排本）中華書局出版發行

王璐璐等 2016.〈述结式与"把"字句的构式意义互动研究〉《语言教学与研究》第 3 期，54～63

王亚新 2023.〈汉语"S 是（一）个 NP"的语义结构与功能〉『東洋大学人間科学 総合研究所紀要』第 25 号、15～34

王一敏 1993.〈"把"字句的语用结构分析〉《上海师范大学学报》第 1 期，122～124

吴福祥 2003.〈再论处置式的来源〉《语言研究》第 3 期，1～10

徐燕青 1999.〈"使"字句与"把"字句的异同考察〉《世界汉语教学》第 4 期，52～ 58

许少峰 2008.《近代汉语词典》上册，28～33 中华书局

薛凤生 1987.〈试论"把"字句的语义特性〉《语言教学与研究》(1) 4～22

薛凤生 1994.〈"把"字句和"被"字句的结构意义——真的表示"处置"和"被 动"？〉沈家煊译《功能主义与汉语语法》，34～59 戴浩一、薛凤生 主编，北京语言学院出版社

颜力涛 2016.〈汉语被字句的"预期偏离"义〉《语文研究》第 3 期，52～56

杨德峰 2004.《汉语的结构和句子研究》教育科学出版社，40～46 135～159

叶向阳 2004.〈"把"字句的致使性解释〉《世界汉语教学》第 2 期，25～39

袁莉容 2003.〈说不尽的把字句-20 世纪 90 年代以来把字句研究综述〉《内蒙古师范 大学学报(哲学社会科学版)》，105～109

袁毓林 2013.〈试析"把"字句对述结式的选择限制〉『中国語文法論叢』，107～129 白帝社

张伯江 2000.〈论"把"字句的句式语义〉《语言研究》第 1 期，28～40

张伯江 2001.〈被字句与把字句的对称与不对称〉《中国语文》第 6 期，519～524

张济卿 2000.〈有关"把"字句的若干验证与探索〉《语文研究》第 1 期，28～37

张　黎 2007.〈汉语"把"字句的认知类型学解释〉《世界汉语教学》52～63

张旺熹 1991.〈"把字结构"的语义及其语用分析〉《语言教学研究》第 3 期，88～ 103

张旺熹 1999.《汉语特殊句法的语义研究》，1～19 北京语言文化大学出版社

张旺熹 2001.〈"把"字句的位移图式〉《语言教学与研究》第 3 期，1～10

张旺熹 2007a.《汉语语法的认知与功能探索》世界图书出版公司

张旺熹 2007b.《汉语特殊句法的语义研究》北京语言大学出版社

张谊生 2005.〈近代汉语"把个"句研究〉《语言研究》第 3 期, 14～19

张豫峰 2008.〈现代汉语致使语态句分析〉《中州学刊》第 2 期, 246～248

赵金色 2010.〈"把"字句句法、语义研究〉《内蒙古大学学报（哲学社会科学版）》
　　　　　第 2 期, 144～148

赵元任 1979.《汉语口语语法》, 174 商务印书馆

中国社会科学院语言研究所词典编辑室 2016.《现代汉语词典》第 7 版 商务印书馆

周　红 2006.〈"使"字句与"把"字句致使表达异同分析〉《吉林省教育学院学报》
　　　　　第 2 期, 86～88

朱德熙 1981.〈"在黑板上写字"以及其相关句式〉《语言教学与研究》第 1 期, 4～
　　　　　18

朱德熙 1982.《语法讲义》商务印书馆出版

朱德熙 2010.《语法分析讲稿》, 164～169 商务印书馆出版

祝敏彻 2007.〈论初期处置式〉《祝敏彻汉语史论文集》, 1～19 中华书局

日本語

アン・Y・ハシモト 1986.《Mandarin Syntactic Structures》, 72～78（中川正之・
　　　　　木村英樹訳 1986『中国語の文法構造』）白帝社

庵功雄 2001.『新しい日本語入門』スリーエーネットワーク, 60～71

王亜新 2012.「中国語の"是"構文における"（一）个NP"について」, 『日中言
　　　　　語対照研究論集』第 14 号, 138～151

王学群 2008.「「見える」と"看得見"について」『日本語と中国語の可能表現』,
　　　　　27～52 白帝社

大河内康憲 1997.『中国語の諸相』, 149～160 白帝社

大島吉郎 2002.「動詞重畳型に関する通時的研究（四）──《金瓶梅詞話》を中
　　　　　心に」『大東文化大学紀要』第 40 号, 363～382

大島吉郎 2004a.「動詞重畳型に関する通時的研究（六）──《儒林外史》を中心
　　　　　に」『大東文化大学紀要』第 42 号, 201～219

大島吉郎 2004b.「対話文中における"有点儿"の機能」『語学教育研究論叢』第

21号，1〜20 大東文化大学

大島吉郎 2006.「動詞重畳型に関する通時的研究（八）──《三言》を中心に」
『大東文化大学紀要』第44号，159〜181

大島吉郎 2007.「動詞重畳型に関する通時的研究（九）──《兒女英雄傳》を中心に」『大東文化大学紀要』第43号，19〜47

大島吉郎 2013.「存在文における発話の意図に関する若干の考察─動詞"有"の例を中心に─」『大東文化大学外国語学研究』第14号，15〜23

大島吉郎 2015.「動詞重畳型に関する通時的研究（十一）──《二拍》を中心に」
『大東文化大学紀要』第53号，59〜75

太田英次 2003.「"把"構文の意味的研究」『熊本大学社会文化研究』，75〜97

太田辰夫 1985.『中国語歴史文法』，258〜262 朋友書店

奥田靖雄 1976.『ことばの研究・序論』 むぎ書房刊

小野秀樹 1990.「中国語の可能表現─「他動性」を通じての「能VR」及び「V得R」の考察─」『中国語学』第237号，93〜100

小野秀樹 1991.「中国語における可能表現の"否定"─"他動性"を通じての「不能VR」及び「V不R」の考察─」『中国語学』第238号，11〜19

郭春貴 2001.『誤用から学ぶ中国語』，216〜226 白帝社

神野智久 2016.「現代中国語における内外への変化事象に見られる非対称性の認知言語学的な研究─「移動」・「存在」事象を併せて─」博士論文

木村英樹 2010.『中国語入門Ⅰ』，170〜171 放送大学教材教育振興会

木村英樹 2012.「ヴォイスの意味と構造」 『中国語文法の意味とかたち』，187〜213 白帝社

木村英樹 2012.「「虚」の意味の形態化と構造化に関する研究」『中国語文法の意味とかたち』，223〜224 白帝社

木村裕章 1996.「"把"字句と目的語前置文の比較分析」『中国語学』No.243 日本中国語学会，56〜64

言語学研究会編 （責任編集者 鈴木重幸・鈴木康之）1983『日本語文法・連語論（資料編）』むぎ書房刊

香坂順一 1962.『現代中国語文法』，48〜53 光生館

胡振剛1998.「中国語の"把"構文に関する考察」『長崎ウエスレヤン短期大学紀要21』, 13～23

小路口ゆみ2014.「中国語の"把"構文の"'把'＋N＋V＋了"について」『外国語学会誌』No.43（39～52）大東文化大学外国語学会

小路口ゆみ2015.「中国語の"把"構文における"把"の「客体」についての再考—"把"の「客体」の「定性」について—」『外国語学会誌』No.44, 87～100 大東文化大学外国語学会

小路口ゆみ2015.「実例からみる"把"構文の日本語訳の傾向について」『外国語学研究』第16号, 27～34 大東文化大学大学院外国語学研究科

小路口ゆみ 2015.「中国語の"把"構文における副詞の位置について—副詞"都"を中心に」『研究会報告』第38号, 91～102 日本語文法研究会発行

小路口ゆみ 2016.「中国語の"把"構文における副詞の位置について—副詞"又""再"を中心に」『日中言語対照研究論集』第 18 号, 219～231 日中対照言語学会

小路口ゆみ 2017.「"把"構文における可能表現の否定について」『外国語学会誌』No.46, 165～173 大東文化大学外国語学会

輿水優1985.『中国語の語法の話　中国語文法概論』光生館

佐々木勲人 1996.「"被…给"と"把…给"—強調の"给"再考」『中国語学』No.243, 65～74 日本中国語学会

時衛国著2011.『中国語の程度表現の体系的研究』, 181～191 白帝社

時衛国著2012.『中国語の量的修飾構造の研究』, 152～166 好文出版

朱徳熙 1995.『文法講義』, 47～49、148～149、250～255 白帝社　（訳者：杉村博文　木村英樹）

続三義2012.「"把"構文について」,『日本語と中国語のヴォイス』, 白帝社, 230～251

杉村博文 1979.「能学好・学得好・能学得好」『日本語と中国語の対照研究』第4号, 16～37

杉村博文 1984.「処置と遭遇」,『中国語学』No.231 中国語学会, 11～24

杉村博文 1992.「可能補語の考え方」『日本語と中国語の対照研究論文集』213～

231 くろしお出版

杉村博文 1999 「"把个老汉感动得…"について」『現代中国語研究論集』347～
362 中国書店

鈴木慶夏 2010. 「非専攻中国語教育からみた"把"構文教学の現状と課題—"把"
構文の何が難しいのか—」『中国語教育』8 号：127～156 中国語
教育学会

鈴木康之 1977. 『日本語文法の基礎』 三省堂

鈴木康之 2000. 『日本語学の常識』 海山文化研究所

鈴木康之 2011. 『現代日本語の連語論』日本語文法研究会

鈴木康之 2014. 講義録『連語論入門』

曹泰和 2012. 「中国語の"把"構文と日本語の結果構文における対照研究—認知
言語学の視点から」『駒沢大学外国語論集 12』, 229～252

高橋太郎 2005. 『日本語の文法』, ひつじ書房, 33～49

高橋弥守彦 1995. 「場所詞について」『大東文化大学紀要 33 号』大東文化大学

高橋弥守彦 1996. 「個体量詞"个"における若干の問題」『語学教育研究論叢』
第 13 号, 181～199

高橋弥守彦 2004. 「位置移動の動詞"过"における基本義と派生義とについて」
『大東文化大学紀要 43 号』, 249～275

高橋弥守彦 2006a. 『実用詳解中国語文法』, 355～360 郁文堂

高橋弥守彦 2006b. 「時間副詞について」『語学教育研究論叢 23 号』大東文化大
学語学教育研究所

高橋弥守彦 2008. 「可能表現に用いる能願動詞"能"」 『日本語と中国語の可能
表現』白帝社

高橋弥守彦 2009 『格付き空間詞と〈ひと〉の動作を表す動詞との関係』語学教
育フォーラム第 17 号

高橋弥守彦 2011a. 「中国語の受身表現"被字句"と対応する日本語」『日中対照
言語学概論』 日本語文法研究会

高橋弥守彦 2011b. 「中日対照関係からみる時間詞の位置」、『中日対照言語学概論』
日本語文法研究会

高橋弥守彦 2012. 「"被字句"の語順について」、『日中言語対照研究論集』第 14

号, 152〜166 白帝社

高橋弥守彦 2013. 「文法体系から見る中国語教育」2013年5月口頭発表

高橋弥守彦 2014a. 「実例から見る日本語受身文の翻訳傾向について」『中国言語文化学研究』第3号：123〜137　大東文化大学大学院外国語学研究科

高橋弥守彦 2014b. 「受身表現に関する日中両言語の視点について」口頭発表

高橋弥守彦 2017. 『中日対照言語学概論―その発想と表現―』日本僑報社

竹島毅 2017. 「中国語初級テキストの文法項目における若干の問題点」『外国語学会誌』No.46, 128〜136 大東文化大学外国語学会

谷口一美 2003. 英語学モノグラフシリーズ20 『認知意味論の新展開―メタファーとメトニミー』研究社

谷口一美 2006. 『学びのエクササイズ　認知言語学』ひつじ書房

中国語学研究会 1969. 『中国語学新辞典』光生館

辻幸夫 2013. 『新編認知言語学キーワード事典』研究社

六角恒廣 1994. 『中国語書誌』不二出版株式会社

張威 1998. 『結果可能表現の研究』くろしお出版

鳥井克之 2008. 『中国語教学（教育、学習）文法辞典』, 324〜330 東方書店

張文青 2010. 「中国語処置文"把"構文の教授方法に関する考察」『ポリグロシア 19』, 91〜105

陳愛玲 2007. 「中国語"把"構文の事象構造」『千葉大学ユーラシア言語文化論集』10, 243〜256

西井和弥 2008. 「"把"の教授法に関する再検討」『東アジア地域研究』85〜95

西村義樹・野矢茂樹 2013. 『言語学の教室』中央公論新社

仁田義雄 2009. 『現代日本語文法』2 日本語記述文法研究会

長谷川信子 1999. 『生成日本語学入門』大修館書店

方美麗 2004. 『物に対する働きかけを表す連語―日中対照研究―』海山文化研究所

町田茂 1991. 「動詞―賓語―動詞―結果補語」式の文法的意味―処置の"把"と非処置のV―『中国語学』第238期, 86〜95

町田茂 1997. 「動詞連接試論」『中国語学』第244期, 12〜22

丸尾誠 2005. 『現代中国語の空間移動表現に関する研究』博士学位論文 白帝社

森中野枝 1999. 「中国語の程度副詞"挺"」『中国語学』No.246

安井二美子 1996. 「"把"構文に於ける目的語について」『中国語学』No.244, 43〜
53

安井二美子 2003 「"是(一)个 N"の認知言語学的アプローチ」『中国語学』
No.250, 151〜170

安本真弓 2009. 『現代中国語における可能表現の意味分析－可能補語を中心に』
白帝社

楊凱栄 1989. 『日本語と中国語の使役表現に関する対照研究』くろしお出版

李臨定著/宮田一郎訳 1993. 『中国語文法概論』光生館

刘月华・潘文娯・故韡著/相原茂監訳・片山博美・守屋宏則・平井和之訳 1988.
『現代中国語文法総覧(上)』, 50〜55, 183〜219 くろしお出版

刘月华・潘文娯・故韡著/相原茂監訳・片山博美・守屋宏則・平井和之訳 1991.
『現代中国語文法総覧(下)』, 623〜641 くろしお出版.

劉志偉 2012. 「中国語の"把"構文の習得について」『歴史文化社会論講座紀要』
9, 23〜33 京都大学大学院

六角恒廣 1994. 『中国語書誌』, 92 不二出版株式会社

英語

Lakoff, G. 1987. *Women, Fire, and Dangerous Things: What Categories Reveal about the Mind.* Univ. of Chicago Press. (池上嘉彦・河上誓作・辻幸夫・西村義樹・坪井栄治郎・梅原大輔・大森文子・岡田禎之訳. 1993. 『認知意味論―言語から見た人間の心』紀伊國屋書店)

Taylor, J. R. 2012. *The Mental Corpus: How Language is Represented in the Mind.* Oxford Univ. Press.

図表一覧

[表 1]　「意図的な処置のむすびつき」の分類.............................. 45
[表 2]　"把"構文の意味構造と文構造..................................... 49
[表 3]　"把"構文の基本義と派生義についての分類..................... 52
[表 4]　"把"の客体の特徴.. 77
[表 5]　単語レベル・連語レベル・文レベル・文脈レベルの割合........... 88
[表 6]　"把"の客体のまとめ... 89
[表 7]　動詞の分類（崔希亮 1995 より）.................................. 95
[表 8]　単語の種類及び用例（陈光 2007 より）........................... 98
[表 9]　"把"構文の文構造.. 108
[表 10]　文構造「名詞$_1$＋"把"＋名詞$_2$＋動詞＋その他」の下位分類..... 108
[表 11]　「名詞$_2$」の分類結果.. 124
[表 12]　単音節動詞の分類表... 127
[表 13]　能力を表す能願動詞"能"（高橋 2008 より）.................... 131
[表 14]　「助動詞"能"による可能」と「可能補語による可能」の異同... 135
[表 15]　「変化のくみあわせ」の特徴.................................. 138
[表 16]　可能表現（刘月华 1980 より）................................. 140
[表 17]　空間詞の分類（高橋 2003 より）............................... 158
[表 18]　例（11）の「同一出来事」..................................... 185
[表 19]　例（12）の「同一出来事」..................................... 186
[表 20]　文レベルの体系（高橋 2014 より）............................ 218
[表 21]　一つの現実を表す文体系（現実の世界：意味構造）............. 219
[表 22]　"把"構文の意味と翻訳文..................................... 221
[表 23]　"把"構文の「"把"＋"把"の客体」の日本語訳.............. 229

[図 1]　「空間的な移動」のスキーマ................................... 50
[図 2]　"指称"の分類系統.. 66
[図 3]　"通指"の特徴.. 68

［図 4］「定」の定義 70
［図 5］"一本旅行支票"の認知スキーマ 74
［図 6］話し手・聞き手の角度からの「定」 77
［図 7］情態類の認知スキーマ 104
［図 8］結果類の認知スキーマ 106
［図 9］"把杯子里的酒喝了"のイメージスキーマ 122
［図 10］「助動詞による可能」の構造 133
［図 11］「可能補語による可能」表現の構文的意味 135
［図 12］"把"構文の可能表現の否定 143
［図 13］「可能補語による可能」の否定表現の構文的意味 144
［図 14］A 式と B 式(周紅 2006 より) 170
［図 15］"把"構文と"使"構文の異同 174
［図 16］使役表現について 177
［図 17］"都"の位置の異同 189
［図 18］名量詞の"个" 210
［図 19］動量詞"个" 211

あとがき

　本書は、私の博士論文『中国語における"把"構文の研究─連語論と通時的視点から』の現代中国語における"把"構文の部分を加筆修正し、さらに第五章（"把"構文の主体について）、第九章（"把个"構文について）を加えて再構成し、『中国語における"把"構文の研究─連語論の視点から』に改題したものです。第一部は「現代中国語における"把"構文の特徴」について、第二部は「"把"構文が存在する理由」について論じています。

　私は、修士課程進学以前から"把"構文に強い関心を抱いていました。それは、社会人対象のクラスで中国語の講義をしていた時のことです。"把"構文について教えても、学習者はなかなか理解することができず、理解できたとしても適切に使いこなすのは至難の業でした。　そのため、私は"把"構文がどのような特徴を持っているか、"把"構文をどのように教えればよいかなどについて研究する必要があると思うようになりました。修士論文の作成過程で、"把"の目的語が既知であるか未知であるか、「定」であるか「不定」であるかについて、連語論を用いて解明しましたが、その後幅を広げ、"把"構文と関連文型との異同（「"把"＋空間詞」の"把"構文と"把"構文における使役表現）、"把"構文における副詞（"都"など）の位置などについても分析を行いました。これらの分析により、学習者がよりよく"把"構文の存在理由について理解が得られることを願うものです。光陰矢の如しというのはそのとおりで、修士課程進学以来十年目になりましたが、ようやく本書をまとめ、世に問うことができました。

　本書の執筆にあたり、多くの方々からご指導・ご鞭撻を賜りました。まず、修士指導教官の大東文化大学高橋弥守彦教授（現名誉教授）、博士指導教官の大東文化大学大島吉郎教授からは、構想の最初期から丁寧なご指導を賜りました。深く感謝申し上げます。跡見学園女子大学文学部安本真弓教授、東洋大学元教授王学群先生、王亜新先生、続三義先生には、研究の過程で、また学会・研究会などでの発表の際においてもご指導を賜り、感謝に堪えません。さらに、東

アジア国際言語学会会長須田義治教授、副会長時衛国教授、高橋雄一教授、東アジア言語文化学会会長代行呉川教授、副会長趙海城教授、日中対照言語学会会長彭飛教授、副会長竹島毅教授には、学会発表の機会をいただいたのみならず、貴重なご指摘、ご助言を賜り、御礼申し上げます。論考の最終段階では、安徽科技学院胡春艶副教授からご指摘をいただき、感謝申し上げます。南京工業大学外国人講師小路口一樹先生はじめ多くの方々には、日本語文章を校閲していただきました。心より感謝いたします。

　最後に、本書の出版にあたり、白帝社社長佐藤和幸氏、編集部岸本詩子氏に多大なご支援をいただき、心より感謝の意を表します。

2023 年 8 月吉日
著者

索　引

あ

意外性　176, 211, 212, 214, 216

維持性　153, 230

位置互換性　179, 192, 193, 197

一般的指示　67

意図的な処置のむすびつき 1
　39, 40, 42, 43, 51, 52, 230

意図的な処置のむすびつき 2
　39, 40, 42, 44, 51, 52, 230

意味構造　49, 219, 221

意味役割　25, 220, 229

イメージスキーマ　50, 122, 149

因果関係　6, 12, 13, 23, 103, 213,
　214, 215

受身表現　52, 166, 219, 221, 227

受身文　3, 218, 221, 228, 229

か

可能補語による可能
　128, 129, 132, 134, 135, 138, 139, 141, 142,
　143, 144, 145

関係動詞　93, 106

関連副詞　196, 198, 199, 201, 202

既知　54, 57, 58, 59, 61, 63, 65,
　71, 72, 77, 78, 90, 204

機能語　230

基本義　21, 39, 42, 45, 49, 52, 121,
　136, 148, 149, 156, 166

基本名詞連語　71, 73, 79, 80, 81, 86, 88,
　89

客体の変化　124, 147, 148, 149, 150,
　153

空間的な移動　45, 50, 148, 149

経験者　220, 229

結果類 "把" 構文
　106, 107, 231

限定語　65, 79, 80, 81, 89

構造的なタイプ　31, 33, 40, 51, 230

異なり語数　97, 98, 99, 100, 101, 102,
　111, 112, 113, 114, 115, 116, 117, 118, 119

さ

作用使役　39, 137, 167, 171, 172,
　175, 177, 231

使役受動文　218, 221, 228, 229

使役動詞　106

使役のむすびつき
　39, 40, 43, 46, 47, 51, 52, 230

使役表現　5, 36, 52, 137, 166, 167,
　168, 171, 172, 175, 177, 219, 221, 228, 229

使役文　120, 168, 172, 218, 221,
　228, 229

"使"構文　　　4, 5, 36, 166, 167, 168, 169, 170, 171, 172, 173, 174, 175, 176, 177, 231

述連構造　　　60

状態の変化　　　50, 147, 148, 230

情態類"把"構文　　　106, 107, 231

処置義動詞　　　215

助動詞による可能　　　128, 129, 130, 133, 138, 141, 142, 145, 146

心理活動動詞　　　48, 99, 101, 103, 106, 153, 215

心理活動のむすびつき　　　39, 40, 43, 47, 48, 51, 52, 230

趨向動詞　　　106

属性表示機能　　　205

存現動詞　　　106

た

第三者の受身のむすびつき　　　40, 43, 48, 49, 51, 52, 230

他動詞　　　7, 92, 125, 173, 174, 177, 221, 222, 223, 225, 228, 229

単音節動詞　　　60, 99, 125, 126, 127

中和　　　140, 141, 145

重畳形　　　60, 110(注)

重複副詞　　　195, 196, 198, 199, 201, 202

デ格　　　224, 229

同一出来事　　　181, 184, 185, 186, 187, 188, 190

動作動詞　　　14, 59, 94, 98, 99, 100, 101, 102, 103, 106, 124, 153

動作の範囲・場所のむすびつき　　　39, 40, 42, 46, 51, 52, 230

動量詞　　　206, 208, 209, 210, 211, 212, 216

な

二音節動詞　　　60, 99, 111, 112, 127

二格　　　218, 223, 224, 229

認識の変化　　　50, 147, 148, 149, 150, 152

認知言語学　　　50

ねじれ関係　　　211, 213, 214, 216

能願動詞　　　93, 106, 131, 132

能動文　　　48(注), 218, 221, 222, 229

は

派生義　　　39, 40, 45, 49, 52, 148, 150, 156, 166

派生客語　　　73, 86, 87, 88, 89

派生名詞連語　　　73, 86, 87, 88, 89

ハダカ名詞　　　81, 86, 88, 89

汎称　　　74, 75, 76, 77, 78, 82, 88, 89

非意図的な処置のむすびつき　　　39, 40, 42, 45, 46, 51, 52

被動作主	52, 121, 122, 123, 124, 127, 128		ら	
		連語論的な意味	33, 40, 51, 230	
賓語後置文	58, 59			
頻度副詞	192		わ	
不定化	204, 206	枠組み理論	73(注), 79	
	ま		を	
名称格	225, 226, 229	ヲ格の名詞	31, 217, 222	
名量詞	115, 206, 207, 208, 209, 210, 212, 216			

著者紹介

小路口ゆみ（コジグチ　ユミ）

中国生まれ。2015 年大東文化大学外国語研究科博士前期課程中国
言語文化専攻修了、2018 年同大学博士後期課程中国言語文化専攻
修了、博士（中国言語文化学）。東洋大学、跡見学園女子大学、清
和大学などで中国語講師を務める。専門は中国語学・中国言語文
化学、日中対照言語学。「中国語の"把"構文における主体の変化
について」（日中対照言語学会『日中言語対照研究論集』2019 年第
21 号）など論文多数。

中国語における"把"構文の研究
——連語論の視点から

2024 年 3 月 15 日　初版発行

著　者　　小路口ゆみ
発行者　　佐藤和幸
発行所　　白帝社
　　　　　〒171-0014 東京都豊島区池袋 2-65-1
　　　　　TEL 03-3986-3271　　FAX 03-3986-3272
　　　　　https://www.hakuteisha.co.jp

印刷　大倉印刷(株)／製本　カナメブックス
装丁　(株)アイ・ビーンズ

©Kojiguchi Yumi 2024　Printed in Japan　ISBN 978-4-86398-571-1
落丁本・乱丁本はお取り替えいたします。